正说明朝十六帝

许文继　陈时龙　著

中国友谊出版公司

图书在版编目（CIP）数据

正说明朝十六帝 / 许文继，陈时龙著 . -- 北京 ：中国友谊出版公司，2021.12

ISBN 978-7-5057-5347-1

Ⅰ . ①正… Ⅱ . ①许… ②陈… Ⅲ . ①皇帝－人物研究－中国－明代 Ⅳ . ① K827=48

中国版本图书馆 CIP 数据核字 (2021) 第 213969 号

书名	**正说明朝十六帝**
作者	许文继　陈时龙
出版	中国友谊出版公司
发行	中国友谊出版公司
经销	新华书店
印刷	北京画中画印刷有限公司
规格	880 × 1230 毫米　32 开
	9 印张　202 千字
版次	2021 年 12 月第 1 版
印次	2021 年 12 月第 1 次印刷
书号	ISBN 978-7-5057-5347-1
定价	49.80 元
地址	北京市朝阳区西坝河南里 17 号楼
邮编	100028
电话	（010）64678009

再版前言

《正说明朝十六帝》最早在2005年出版时，正赶上阎崇年先生自央视“百家讲坛”掀起的历史普及读物的热潮，遂夤缘一度成为热销之书，发行了十余万册，在香港和台湾也都出了繁体版。社会的热度固然是基础，内容也很重要。那时候两位作者都是不到三十岁的青年，只因为读了多年的史书，对明代历史有很多想说的话，便借此机会让这些话磅礴而出。细想起来，如果再晚几年，也许就没有那样的写作激情了。

《正说明朝十六帝》以明代十六位皇帝为纲。按照毛佩琦先生的理解，明朝应该有十七位皇帝，那位北京崇祯帝自缢之后在南京即位的南明弘光帝朱由崧还要计入，在1645年南京被清军攻陷后明朝才正式覆亡。这当然是不同的学者对于一个朝代兴亡的不同理解。如果按照清修《明史》以来的传统说法，十六帝的说法自然更稳妥，因为清修《明史》的本纪部分只列了十六帝。

本书是紧紧围绕着皇帝的生平而展开的，类似于正史的本纪，却也不同于正史的本纪。同的地方在于，写皇帝生平的同时始终注重同时期的国家大事，例如写成化皇帝时附带写西厂、传奉官等；不同的地方在于，为了让皇帝的生平读来更动人，我们在史实的选择上不仅关注同时期重大事件，也更注重帝王生平的细节，因此在史料的选择上就采入了不少明人笔记小说中的记载。因为整体的文风要求通俗易懂，那些来自笔记小说的史料多经过我们的笔转写，以至于若干年后想要回溯其出处已变得难乎其难了。这些细节让描写更具现场感。医官徐伟对坐在椅子上大限将到的嘉靖帝说“皇上的龙袍在地上”，而过后嘉靖帝让人重赏徐伟的忠心，只是因为他不是说“皇上的龙袍在地下”。还有比这更好玩的细节，能让我们看见嘉靖皇帝修道多年却求生不能时的那颗脆弱的玻璃心。能从十六帝的生平见到其性情，更隐然触摸到其所在的那个时代的一些脉搏，这是《正说明朝十六帝》在那个时期的历史普及中曾经有的一点贡献。

风潮总是来得快，也退得快。在大约几年的光景之后，大众对历史普及读物似乎转向到更欣赏庄重而系统的史的作品，或是各类简明的史的读本，各种通史的重印与新编就是表征之一。各种历史普及读物写作的新的探索也从未停止过。“正说”系列本身也似乎成了大众读物出版史中的一段历史了。其间有出版社联系过重版事宜，但往往最后搁置了。所以，到了真的可以重版的时候，我们更为珍惜，欣慰其“重生”。于是，重新把书找出来，认真地读一遍，修正其中一些不太合适的观点，改正了一些明显的错误，交付给出版社。希望没有经历过那个“正说”系列风行时期的读者们能从本书中感受到一些读史的兴趣。

作者

2021.5.31

目录

孝宗朱祐樘　弘治元年（1488）——十八年（1505）

武宗朱厚照　正德元年（1506）——十六年（1521）

世宗朱厚熜　嘉靖元年（1522）——四十五年（1566）

熹宗朱由校 天启元年（1621）——七年（1627）

思宗朱由检 崇祯元年（1628）——十七年（1644）

附录

太祖朱元璋

洪武元年（1368）——三十一年（1398）

提到明朝，人们首先想到的就会是明太祖朱元璋。正是如此，在今天的影视剧、评书小说以及明代历史研究中，朱元璋是一个颇为引人关注的历史人物。不但著名明史学者吴晗为其作传，甚至毛泽东也曾亲自对这部传记提出自己的修改意见，这种情况在毛泽东的一生中是不多见的。那么，是什么引起了人们对朱元璋的兴趣？清代的史学家赵翼曾说：“盖明祖一人，圣贤、豪杰、盗贼之性，实兼而有之者也。”朱元璋正是这样一个人，他的身上，豪气和匪气并存，后世对他的评价也是毁誉参半。但不论如何，谁也无法忽视他的存在，谁也无法否认他是个有“色彩”的人。他奇特的个性、传奇的身世、跌宕起伏的创业史以及独树一帜的治国驭人之术，都令人好奇，引人深思。

成功之路：草莽中走出的“真龙天子”

贫苦出身。中国历史上的开国皇帝中似乎没有谁比朱元璋出身更加低微、身世更加凄惨的。元朝文宗天历元年（1328）九月十八日，朱元璋出生在濠州钟离东乡（今安徽嘉山县治明光镇北赵府村）一座破旧的二郎庙中。他的父母没有土地，是靠租种别人田地为生的佃农。他是家里的第六个孩子，上面有三个哥哥和两个姐姐，取名重八，后来改名元璋，字国瑞。朱元璋小时候曾读过几个月的私塾，后因没钱交学费，只好退学给人家放牛。

元顺帝至正四年（1344），淮河流域灾害频发，旱灾、蝗灾、瘟疫接踵而至。朱元璋的家里也遭受了灭顶之灾，他的父亲、母亲、大哥、大哥的儿子在灾难中相继去世，大嫂带着孩子回了娘家，家里只剩下他和二哥。虽然性命保住了，但是日子却实在没有办法过下去，家里一粒米都没有，二哥只好出外逃荒。朱元璋因为年纪小，到村子附近的皇觉寺出家做了和尚。因为寺中也没有余粮，朱元璋只做了几十天的和尚，便被打发出门，云游四方。直到至正八年（1348），朱元璋才又回到了皇觉寺。云游的几年间，他居无定所，风餐露宿，靠化缘度日，其实和讨饭也差不多。然而经过这几年云游的磨砺，朱元璋的视野大为开阔，人生阅历大为丰富。

走向巅峰。朱元璋的悲苦经历在当时社会中有相当的典型性，元朝残暴的统治和地主阶级的无情压榨，使得农民的生活十分艰辛。官逼民反，各地农民起义此起彼伏，形成了历史上著名的元末红巾军起义。之所以称为红巾军，是因为起义者头裹红巾。当时红巾军主要有刘福通、芝麻李、徐寿辉等数支队伍，各自为战。

朱元璋虽然身在寺庙中，但他显然是六根未净，不久就投身到了蓬勃兴起的农民起义浪潮中。至正十二年（1352）闰三月，由于皇觉寺被毁，又有友人来信相邀，朱元璋来到濠州城下，投奔了红巾军的郭子兴部，成了郭子兴的亲兵。他胆大机敏，作战勇敢，在红巾军中很快就崭露头角，逐渐升迁。郭子兴将养女马氏嫁给了他，使他在军中的地位不断提升。后来，朱元璋自已拉起人马，成为割据一方的枭雄，加入了群雄争霸的战团。元至正十六年（1356），朱元璋听从谋士的意见，攻下金陵（元代称集庆），作为稳固的根据地。他踌躇满志地对徐达等人说："金陵险固，古所谓长江天堑，真形胜地也。仓廪实，人民足，吾今有之；诸公又能同心协力以相左右，何功不成？"当天就改集庆为应天府。

当时的形势依然严峻。张士诚以平江（今江苏苏州）为中心，发展势力。在以"布袋和尚"著称的彭莹玉战死后，起义军推举徐寿辉为首领。徐寿辉被推举只是因为相貌好，并没有才干，不久陈友谅控制了这支队伍。刘福通于前一年迎韩林儿在安徽亳州建立龙凤政权，尊韩林儿为小明王，朱元璋接受他的册封，任江南等处行中书省平章政事。方国珍割据温州、台州等处。元朝的势力仍然强大，在起义军的四周都布有重兵。

朱元璋将陈友谅视为最大的威胁，因此制定了先击陈友谅的作战方针。陈友谅本来是个渔家子弟，身高体壮，练就一身好武艺，又略通文墨，曾在县衙做贴书。农民大起义爆发后，他投奔到了徐寿辉的天完政权下，后来取代了徐寿辉，自称皇帝，国号大汉。陈友谅自恃兵多将广，直扑金陵而来。大敌当前，有人建议出降，有人提议奔踞钟山，朱元璋怒斥"主降及奔者可斩也"，军心始安。同时，他派胡大海骚扰陈友谅的后方，利用康茂才与陈友谅是旧识的关系诈降，诱敌深入。陈友谅果然上当，中了朱元璋的埋伏，大败而归，朱元璋乘势夺得了江西的一些地方。至正二十三年（1363），双方于鄱阳湖展开生死大战。战斗十分激烈，长达36天，陈友谅中流矢而亡。朱元璋虽然损失惨重，却取得了最后的胜利。至正二十四年（1364）正月，朱元璋自称吴王，设百官司署，李善长、徐达为左右相国。

朱元璋消灭陈友谅之后，下一个目标就是张士诚。张士诚控制着南达绍兴，北抵徐州，西至濠州、颍州等地，这也是中国最为富庶的地区，只是他庸碌无为，安逸自居，没有更大的野心。当朱元璋与陈友谅激战鄱阳湖，他竟然无动于衷，坐视朱元璋不断壮大，由此又可见朱元璋当年以陈友谅为劲敌而后攻张士诚的决策是正确的。至正二十五年（1365）十月，朱元璋命徐达为将，攻取淮河流域。次年八月，朱元璋再命徐达为大将军，统兵20万，直捣张士诚老巢，朱文忠攻杭州以为策应。至正二十七年（1367）六月，朱元璋攻破平江，张士诚束手被擒，后于金陵自缢身亡。

九月，朱元璋部将朱亮祖攻取台州、温州。十一月，部将汤和下庆元（今浙江宁波），方国珍逃入海中，不久为廖永忠所败。方国珍走投无路，只好投降朱元璋。次年正月，汤和与廖永忠擒获陈友定，平定福建。同年，廖永忠、朱亮祖、杨璟等人攻取广东、广西。在平定东南之时，至正二十七年（1367）十月，朱元璋命将北征蒙古，山东、河南随即而下，冯胜也攻克了潼关。

在轰轰烈烈的北伐中，朱元璋于1368年正月在金陵称帝，国号“大明”，年号“洪武”。这个当初的放牛娃、小沙弥终于跃上了权力的巅峰。这里顺带提一下，朱元璋为何选定国号为大明呢？熟读金庸小说的人都知道《倚天屠龙记》，在这部武侠小说中，明教与元朝势不两立。而且，小说中有几位人物也与历史人物重合，比如颇有心计的朱元璋、勇猛忠信的常遇春，还有布袋和尚彭莹玉等人。那么朱元璋定国号是否真的与明教有关系？

按照吴晗的观点，“大明”的意义的确出于明教。明教，原称摩尼教，是波斯人摩尼所创，唐延载元年（694）传入中国，因其崇拜光明，所以又称明教。明教的教义是二宗三际，即他们认为统治世界的明暗两种力量，为明暗二宗；明暗两种力量相互斗争，经过初际、中际、后际三个阶段，为三际。明是光明，代表善和理；暗是黑暗，代表恶和欲。在初际阶段，还没有天地，明暗相互对立；中际阶段，暗占据优势地位，这时明王出世，经过斗争将黑暗赶走；后际阶段，明暗各归本位。明教对于那些受到压迫和剥削的人具有很大的号召力，因为明教主张迎接明王出世，改变现状，相信不久以后人们会过上好日子。

元朝末年，明教正是利用这一点在广大穷困农民间进行传教，准备武装起义。当时明教的彭莹玉，在淮西传教，宣扬明王就要降世了，要信徒做好准备。至元四年（1338），彭莹玉和他的徒弟周子旺在袁州（今江西宜春县）率众五千余人起事，虽遭镇压失败，但此后各地起义不断，而彭莹玉也在坚持斗争。河北韩山童也是重要的秘密宗教领袖，广招信徒，酝酿起事。至正十一年（1351），元朝征发农民15万修黄河。韩山童派人预先在河道中埋下一个一只眼的石人，上面刻有“石人一只眼，挑动黄河天下反”字样。石人挖出后，人心不稳。韩山童认为时机成熟，联系刘福通等人准备起事，推举韩山童为明王。事情泄露，韩山童被杀，其妻杨氏带着儿子韩林儿逃脱。刘福通力战突围，后攻取颍州等地。各地闻风而动，接连起义，掀起了元末农民起义的高潮。刘福通拥立韩林儿为小明王，建立龙凤政权。朱元璋所在的郭子兴部，在郭子兴死后其子郭天叙受刘福通节制，所以朱元璋其实是小明王的部将。后来朱元璋势力强大，命廖永忠迎小明王到自己的军中，途中小明王在坐船时落水，就这样不明不白地死掉了。有史家认为，这可能是朱元璋安排的。

朱元璋定国号为“大明”，是承继小明王而来，“国号大明，承林儿小明号也”，据说这是刘基的主意。朱元璋手下的将领，不是出于淮西彭莹玉的教化，就是小明王的属下，大都是明教的教徒，因此朱元璋定国号为大明自然顺理成章，而且这样还意味着朱元璋就是明王降世，其他人都不具有合法性，社会上再也不应出现其他的明王了，这也有助于稳定人心。另外，明字代表着光明，分开是日、月二字，是十分吉祥的词汇，代表了大明王朝的神圣。值得注意的是，在朱元璋登基之后不久，为防止秘密教会危害自己的统治，他下旨禁止一切邪教，包括白莲教、弥勒教、明教等。

确立国号后，朱元璋加速了统一的进程。洪武元年（1368）五月，他视察开封，部署北伐的进一步军事行动。七月，元顺帝北遁。徐达势如破竹，八月占领元朝国都大都（今北京），元朝的统治结束，历史进入了朱元璋的大明时代。随即徐达平定山西，次年收复陕西。洪武四年（1371），朱元璋命汤和、傅友德南北夹击四川的夏政权明玉珍，于七月平定四川，朱元璋几次招降云南未得，于洪武十四年（1381）派傅友德、蓝玉、沐英征讨，亲自制定进军路线。平定云南后，朱元璋留沐英世守云南，直到明朝灭亡。洪武二十年（1387），他派傅友德、蓝玉击败纳哈出，逐步统一了东北。至此，朱元璋基本上完成了统一中国的大业。

成功秘诀。从朱元璋参加农民起义军，到他在金陵称帝，用了17年的时间。在当时所处的年代，群雄竞起，逐鹿中原，先后出现了天完、龙凤、大周、大汉、夏、吴等诸多政权，然而却是后起的朱元璋完成了一统帝业。是什么因素让朱元璋笑到了最后，实现了天壤之别的巨大飞跃？

首先，这要归功于朱元璋卓越的个人能力和坚毅果决的性格魅力。幼年艰辛的生活造就了他坚强刚毅的性格，云游僧的经历开拓了他的眼界，加深了对现实社会的了解。他投奔郭子兴没有多久，因为英勇机敏，就被提升为九夫长，并被郭子兴赏识，将养女马氏嫁给他，由此在义军中的地位不断提升。当彭大、赵君用失利逃到濠州，鸠占鹊巢，矛盾加剧，郭子兴被赵君用囚禁时，郭子兴的部将，甚至他的儿子都躲匿起来，没有人敢站出来救郭子兴。正是朱元璋从前线赶回来，利用彭大和赵君用之间的矛盾，夜访彭大，陈说利害关系，劝说彭大出兵，才将郭子兴解救出来，当时他参军刚刚六个月。这种临危不乱、果敢机智的素质，是他超出常人的地方，也是他终成大业的重要原因。后来，不断壮大的朱元璋引起了郭子兴的猜忌，逐渐被排挤，有时连一日三餐都无法保证。不过，这对于在贫困中成长起来的朱元璋不算什么，他在忍耐中等待机会。不久，在强大敌人的压迫下，郭子兴不得不请朱元璋帮助他谋划统筹。在郭子兴病逝后，朱元璋掌握了这支队伍。短短3年间，朱元璋就从普通一兵摇身一变成为拥兵10万的大元帅。

朱元璋没有读过多少书，但他虚心好学，喜欢结纳儒士。他先后网罗了冯胜、陶安、刘基、朱升等一大批儒雅之士，给予他们很高的待遇。他还经常与这些人一起讨论，谈古论今，分析时势，请他们帮助出谋划策。通过与儒士的交往讨论，朱元璋的个人素质得到了提升，眼界更加开阔，对他最终夺得江山有很大的帮助。朱元璋勤奋好学，在打仗的间隙也不忘记读书学习。这个习惯在立国后也没有改变。他特意命人在奉天门建文渊阁，收藏经史子集，设置若干名大学士，自己经常抽空去那里，“命诸儒进经史，躬自批阅，终日忘倦”。他特别喜欢读史书，尤其留意历代兴亡的经验教训，时常引以为戒。经过多年的自学，朱元璋的文化水平有很大的提高。“太祖高皇帝在军中喜阅经史，操笔成文，雄浑如玄化自然”。朱元璋对此也颇为自诩，“我起草野，未尝师授，然读书成文，涣然理顺，岂非天生耶？”天生恐怕未必，不过与他的后天努力是分不开的。在读《尚书》时，他发现各家注释不同，特意命宿儒订正，著有《御注洪范》，这可以算作是他的学术成果。

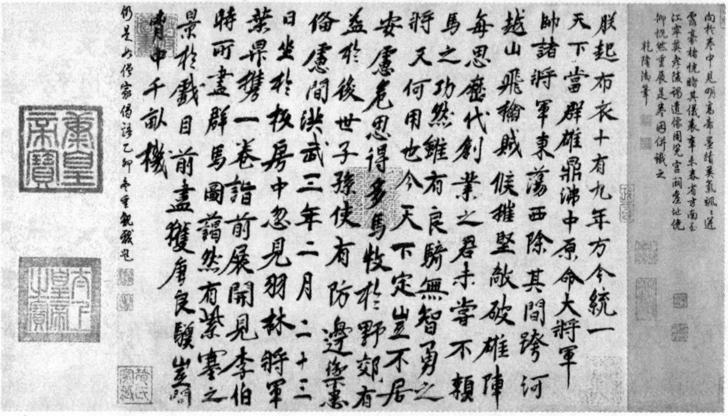

明太祖 跋李公麟《临韦偃牧放图》（卷后）纸本行书

其次，朱元璋善于网罗人才，在他身边聚集了大批文臣武将，为他夺得江山立有赫赫功勋。他手下的李善长、徐达、汤和、耿君用、耿炳文、郭兴、郭英、周德兴等人都是他的同乡，对他忠心耿耿，出生入死。朱元璋注重“文武相资”，认为开创帝业好似构筑大厦，武臣似“斧斤”，剪伐砍削，文臣如“黝垩”，藻绘粉饰，二者偏废则难以有成。因此，他很重视招揽儒士，听取他们的建议。正是在陶安、冯胜的建议下，朱元璋攻取金陵，东征西讨，成就帝王之业。攻取徽州后，他亲自上门拜访朱升，得到“高筑墙，广积粮，缓称王”的建议，并坚决加以执行，因此能够在群雄先后称帝时韬光养晦，保全实力，逐步发展壮大。

还有，朱元璋的夫人马氏，也就是历史上有名的大脚马皇后，是他完成帝业的坚强后盾和贤内助。马皇后是安徽宿县人，她的父亲和郭子兴友善，临死前将她托付给郭子兴，收为义女，郭子兴将她许配给了朱元璋。后来郭子兴听信谗言，猜忌朱元璋，将他关押起来，恰巧当年收成不好，朱元璋时常挨饿。为此马氏曾偷偷将滚热的烧饼藏在衣服内给他送去，结果烫伤了皮肉，可谓是患难夫妻见真情。她在二人中间调和，终使嫌隙得释。连年激战之时，马氏带领将士的妻子制军鞋战袍，鼓舞士气。当陈友谅率军猛扑而来的时候，她又将后宫的财物捐献出来，奖赏前方作战的将士。朱元璋后来杀戮渐重，无人敢劝，马皇后时而劝谏，因此很多人得以保全。有人传言参军郭景祥的儿子想要杀父，朱元璋要杀掉他。马皇后劝说道："景祥止一子，人言或不实，杀之恐绝其后。"这样朱元璋才没有下旨，后来经过调查，果然是冤枉。洪武十五年（1382）八月，马皇后病重，自知难以治愈，对朱元璋说："死生，命也，祷祀何益！且医何能活人？使服药不效，得毋以妾故而罪诸医乎？"担心朱元璋迁怒于医生，竟然执意不许太医治疗。当月，马皇后就去世了，年仅51岁。朱元璋对于马皇后的去世，非常悲痛，久久不能释怀，从此再也没有立后。朱元璋的晚年生活十分孤寂，脾气很大，盛怒之下再也无人敢劝。假设马皇后能多陪伴他一段时间，朱元璋也许就不会杀戮过重。

大权独揽：历史上少有的强势皇帝

朱元璋起自布衣，也许正是因为如此，使他比较了解社会的真实情况。朱元璋认为元朝灭亡正是由于权威下移，君主为臣下所蒙蔽，不了解民情，政策也得不到坚决贯彻。朱元璋常常思考如何建立一种政治体制，确保不会出现主荒臣专的局面。

改革政治体制。在明代以前，历朝大体上沿用秦始皇所创立的君主之下设宰相辅政的政治体制框架，只是相权的形式和职权的大小略有不同。明朝初年，也基本沿用汉唐旧制，直接承袭元朝旧制，在中央设三大府：中书省，下统六部，职掌行政事务；大都督府，统管军事；御史台，职掌监察事务。地方设行中书省，置平章政事，总管地方事务。但朱元璋对此很不满意，他亲自设计、制定了几项重要的政治制度，对以往政治制度进行了大胆的变革和创新。

他首先从地方机构改革着手。洪武九年（1376），朱元璋下令撤销行中书省，设立承宣布政使司、提刑按察使司和都指挥使司，分掌行政、司法、军事权力，三者地位平等，互不统摄，向中央负责。全国分为浙江、江西、福建、北平、广西、四川、山东、广东、河南、陕西、湖广、山西十二个布政使司，洪武十五年（1382）增设云南布政使司。

而朱元璋更为关心的是中央机构的改革。洪武十三年（1380），他借口胡惟庸谋反，趁机宣布撤销中书省，不设丞相，提高六部职权，分掌天下事务，直接向皇帝汇报。“罢宰相不设，析中书省之政归六部，以尚书任天下事，侍郎贰之”。朱元璋唯恐后世子孙不理解自己的苦心，特意在《祖训》中明文规定不许变乱旧章：“以后子孙做皇帝时，并不许立丞相。臣

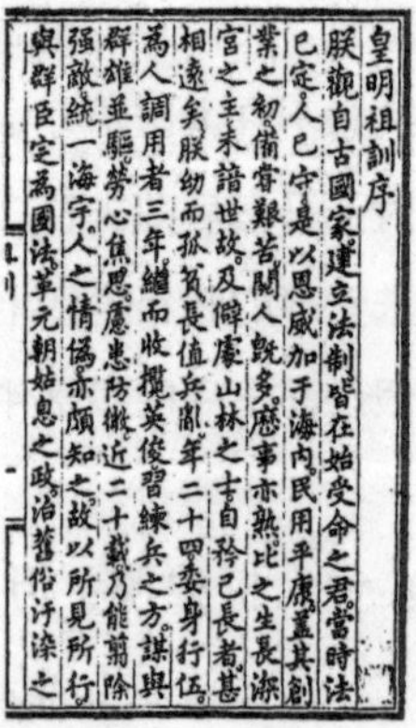
皇明祖訓序
朕觀自古國家建立法制皆在始受命之君當時法已定人已守是以恩威加于海內民用平康蓋其創業之初備嘗艱苦閱人既多歷事亦熟比之生長深宮之主未諳世故及僻處山林之士自矜己長者甚相遠矣朕幼而孤貧長值兵亂年二十四委身行伍為人調用者三年繼而收攬英俊習練兵之方謀與群雄並驅勞心焦思慮患防微近二十載乃能翦除強敵統一海宇人之情偽亦頗知之故以所見所行與群臣定為國法革元朝姑息之政治舊俗汙染之

洪武刻本《皇明祖训》

下敢有奏请设立者，文武群臣即时劾奏，将犯人凌迟，全家处死。”同时将掌管全国军事的大都督府一分为五，改为前、后、左、右、中五军都督府，分领所属都司卫所部队，但无权调兵。

朱元璋进行上述变革和调整的根本目的是进一步强化君权，主要手法是分化，弱化大臣之权，他对地方行省、中书省和大都督所做的一系列变革莫不如是。朱元璋罢丞相，是对一千多年中央政治制度的一次重大变革。不设丞相，六部直接将全国政务奏请皇帝裁决，实际上是皇帝兼行相权。皇帝不得不处理更多的政务，据说朱元璋每天要看200多份奏章，处理400多件政事，相当辛苦。由此，专制主义皇权到了朱元璋手中得到了空前的加强，他也成为历史上最有权势的皇帝之一。不过，如此高度集中的皇权也会产生负面影响，因为没有相应的约束机制，明代中后期皇帝为所欲为，极度腐朽，甚至数十年不上朝。

设立特务组织。朱元璋生性雄猜，加强了对大臣的监视。开始时，他派遣一些检校、佥事等人暗中侦查大臣的举动，也没有逮捕和审讯的权力。当时最著名的特务是高见贤、夏煜、杨宪和凌说，专门刺探别人的阴事，“四人以伺察搏击为事”“专主察听在京大小衙门官吏，不公不法及风闻之事，无不奏闻”。“惟此数人，譬如恶犬，则人怕”。朱元璋的目的很明确，就是要让大臣对自己和大明江山忠心无二，要他们知道恐惧，防止他们营私舞弊、结党乱政。事无巨细，家长里短，都被朱元璋探知。有一个非常有名的例子，可以看出当时的恐怖情景。钱宰被征编《孟子节文》，罢朝回家做了一首诗：“四鼓冬冬起着衣，午门朝见尚嫌迟。何时得遂田园乐，睡到人间饭熟时。”第二天上朝时，朱元璋告诉他昨天诗作得不错，只是并没有“嫌”他迟，不如改成“忧”字更好些。钱宰听后大惊失色，吓得直磕头谢罪。类似的事例还有很多，所以大臣们都提心吊胆，就连李善长、徐达这样的功臣也人人自危。

洪武十五年（1382），朱元璋为了加强监视，特别设立了特务机构锦衣卫，成为他实行特务政治的重要手段，也形成了历史上有名的明代特务政治。锦衣卫隶属于皇帝的亲军体系，长官为指挥使，下领官校。官为千户、百户，校为校尉力士，因穿橘红色服装，骑马，故又称“缇骑”。明初“缇骑”只有数百人，明中后期达到十几万人之众。锦衣卫下设镇抚司，有监狱和法庭，成为“诏狱”，直属于皇帝，权力很大。锦衣卫职掌“侍卫、缉捕、刑狱之事”。太祖时，“天下重罪逮至京者，收系狱中，数更大狱，多所断治，所诛杀为多”。

锦衣卫木印

朱元璋设立锦衣卫为明代后来的皇帝做了一个恶劣的开端。永乐十八年（1420），成祖朱棣在锦衣卫外，另设东厂，因设于东安门北而得名。成化十三年（1477），宪宗设西厂，由汪直统领。正德初年，权阉刘瑾奏设内行厂，自领之，职权更广，虽锦衣卫、东厂、西厂亦在侦缉范围之内。正德五年（1510），随刘瑾被诛而内行厂废止。终明一朝，西厂、内行厂存在时间不长，而锦衣卫、东厂则存至明亡。这些特务机构，成为维护皇权的重要手段，但更多的时候是被专权的太监如刘瑾、魏忠贤等人所利用，成为打击报复大臣的有力武器，不知有多少忠臣惨死其中。

朱元璋所进行的这些制度更张，尽管后世或臧或否，评价不一，但基本实现了他的初衷，也算称心如意。只是有一件事，却困扰了他近30年，迟迟无法解决。

陷入定都困扰。朱元璋登基称帝前后，对于国都的确定几经周折。最初朱元璋参加农民起义军后，一直活跃在江淮之间。然而这里土地贫瘠，民生困苦，而且接近元朝的军事力量，不利于自己的发展壮大。为了谋求更大的发展空间，成就不世之伟业，必须另择一个既有经济保障又地形险要的根据地，这样金陵就进入了朱元璋的视野。金陵，北有长江天堑，为形胜之地，三国吴，东晋，南朝宋、齐、梁、陈，五代十国的南唐都曾以此为都城。冯国用首先向朱元璋建议攻取金陵，"金陵龙蟠虎踞，帝王之都，先拔之以为根本，然后四出征伐，倡仁义，收人心，勿贪子女玉帛，天下不足定也"。陶安也建议先取金陵，据形势以临四方。叶兑也上书请求定都金陵，然后就可以拓地江广，进军两准，北征蒙古，退军又可以据长江以自守。元至正十六年（1356），朱元璋听取谋士的意见，攻取金陵，改称应天府，修建宫殿，以此为争夺霸业的基础。此后10余年间，朱元璋南征北战、四出征讨，将江南群雄依次消灭。洪武元年（1368）正月，朱元璋在应天称帝，在即位诏书中称应天为京师。

然而朱元璋只是暂时肯定了应天作为京师的地位，并没有正式确立国都。作为自己成就霸业的地方，朱元璋为何不肯确立应天为国都呢？首先，朱元璋觉得以应天为国都的历朝都是气数不久，似乎不太吉利。其次，有些大臣认为"有天下者，非都中原，不能控制奸顽"，而且应天偏处江左，在位置上作为国都不是十分理想。三月，朱元璋派兵攻取汴梁。许多人建言定都汴梁。朱元璋很重视，于四月亲自前去实地考察。他认为汴梁虽然位置适中，但是无险可守，四面受敌，论形势不如应天。八月，朱元璋正式下诏，以应天为南京，汴梁为北京。朱元璋既然对汴梁不甚满意，为何又要定为北京呢？原来他考虑到汴梁是宋朝的旧都，北上征讨元朝时可以唤起北方民众的民族情感，有很大的号召力；而且当时西北未定，需要将汴梁作为运送粮草和补充兵力的基地。

虽然确定了应天、汴梁的两京制度，但是朱元璋并没有修建汴梁的打算，他还在寻找更加合适的地方。洪武二年（1369）八月，平定陕西。在这种情况下，定都之议再起。九月，朱元璋召集大臣商议国都之地。大臣各抒己见，主要集中在长安、洛阳、应天、汴梁、北平等地，“或言关中险固，金城天府之国；或言洛阳天地之中，四方朝贡，道里适均，汴梁亦宋之旧都；又或言北平元之宫室完备，就之可省民力”。朱元璋在分析各地利弊之后，提出了以临濠为中都的想法，“所言皆善，惟时有不同耳。长安、洛阳、汴京，实周、秦、汉、魏、唐、宋所建国，但平定之初，民力未苏息，朕若建都于彼，供给力役悉资江南，重劳其民。若就北平，要之宫室不能无更，亦未易也。今建业长江天堑，龙蟠虎踞，江南形胜之地，真足以立国。临壕则前江后淮，以险可恃，以水可漕，朕欲以为建中都，何如？”临濠在元朝时称为濠州，洪武七年（1374）改称凤阳，是朱元璋的家乡，群臣岂敢有异议？这样，明初就形成了南北两京、中都并存的情况。从九月开始，朱元璋下令仿照南京规制在临濠营建中都。他之所以决定以临濠为中都，甚至一度想迁都临濠，除了这里是他的家乡，还与优待淮西功臣集团有关。众所周知，朱元璋在起兵反元建立明王朝的过程中，淮人多随同他东征西讨，立下功劳，成为开国功臣，包括丞相李善长、徐达和功臣汤和、耿君用、耿炳文、郭兴、郭英、周德兴、常遇春、陆仲亨、曹震、张翼、陈桓、谢成、李新、何福、张龙、张赫、胡泉、陈德、王志、唐胜宗等人，其中汤和与周德兴还是朱元璋同村伙伴。能够光宗耀祖、荣归故里，当然是他们所愿意的。

然而洪武八年（1375）四月，朱元璋在巡视中都修建情况后，突然下令停止修建。此时中都修建达 6 年之久，已经颇具规模。停建的理由是劳民伤财，其实更深层次的原因是朱元璋与淮西功臣集团矛盾日益加剧。淮西功臣恃功自傲，多有违法乱纪之事，而且在朝廷中结党谋取私利，与朱元璋加强皇权背道而驰。他担心在淮西功臣集团的老家建都，会更加助长他们势力的膨胀。洪武十一年（1378）正月，朱元璋下诏改南京为京师，定都问题才算告一段落。

其实，朱元璋对南京一直不是很满意，迁都的想法从来没有打消过。洪武二十四年（1391），朱元璋派太子朱标巡视关中，颇有迁都关中的打算。当时，明朝的主要威胁是蒙古草原上的北元残余力量。迁都西北，可以加强北方边防，安定边界。朱标考察了西安和洛阳，比较两地地形，回来后向朱元璋献陕西地图。不料世事无常，太子朱标于第二年病逝，使朱元璋受到沉重的打击，再也没有精力和心情考虑迁都的问题了。他在当年年底亲自撰写的一篇祭灶文中，表达了万般无奈的心情："朕经营天下数十年，事事按古就绪。维宫城前昂后洼，形势不称。本欲迁都，今朕年老，精力已倦，又天下初定，不欲劳民。且兴废有数，只得听天。惟愿鉴朕此心，福其子孙。"听起来真是异常的凄凉，也能感觉到国都问题一直令朱元璋不能释怀。

朱元璋这样费尽苦心地更张制度，反复斟酌定都问题，无非是因为天下得之不易，希望能世代固守，传之久远。因此，他不会允许任何人对其统治和权力构成威胁，甚至那些被他认为会对其子孙的统治构成威胁的人，他都会毫不手软，必欲除之而后快。

屡兴大狱：滥杀功臣和刚猛治国

清代史学家赵翼说过这样的话："独至明祖，籍诸功臣以取天下，及天下既定，即尽取天下之人而杀之，其残忍实千古所未有。盖雄猜好杀，本其天性。"赵翼的这种评价虽有过激之处，却指出了朱元璋滥杀的事实。朱元璋做了皇帝后，兴起了几个大案，杀了许多人。

胡蓝案。洪武十三年（1380）正月，御史中丞涂节、商嵩告发胡惟庸南通倭寇北接旧元，意欲谋反。朱元璋命羽林军将胡抓捕，审问得实，磔于市，牵连被杀达3万人。洪武二十三年（1390），有人告发李善长勾结胡惟庸情状，朱元璋又将当时已经77岁的李善长赐死，并诛杀其家。吉安侯陆仲亨、延安侯唐胜宗，靖宁侯叶升因牵连于此案亦被杀。

洪武二十六年（1393）正月，又兴蓝玉案。蓝玉以谋逆罪被杀，连坐被诛杀者达1.5万人。有人认为蓝玉案与燕王朱棣有着关联。蓝玉是太子妃舅父，因极力维护太子朱标的储君地位，与早已觊觎皇位的燕王交恶。燕王为窃取储君之位，伺机在太祖面前挑唆，致使朱元璋在猜疑的心态下制造了蓝玉党案。

胡蓝案使得大明的开国功臣被屠戮殆尽。

朱元璋和功臣的关系有一个逐渐变化的过程。洪武三年（1370），朱元璋封李善长、徐达、常茂、李文忠、冯胜、邓愈等6人为公爵，另外28人为侯爵，并赐给大量土地，同时颁有铁券，如果本人或子孙犯罪，可以免死数次。朱元璋还使皇室与功臣联姻，如郭英之妹为朱元璋宁妃，冯胜、蓝玉、徐达之女皆为王妃。李善长、傅友德、胡海、张龙等勋贵之子皆尚公主，与他结成了儿女亲家。朱元璋是希望通过这些方式确保功臣忠心，巩固自己的皇位，使大明江山传祚无穷。

然而没过几年，这段短暂而甜美的政治婚姻就宣告结束。洪武五年（1372），朱元璋颁布《铁榜文》，对文武功臣严加戒饬，严厉指责他们违法乱纪的行径。这可以看作是朱元璋对骄傲放纵的功臣的一种警告，也是他们关系紧张的一个信号。洪武八年（1375），朱元璋制作《资世通训》，洪武十三年（1380）制作《臣戒录》，警告大臣们如果对天子不忠、逾越礼制，将受到严惩。这些功臣们也许没有意识到，朱元璋已经将屠刀举起。

廖永忠是最早被杀的功臣。廖永忠在很多战斗中立有功勋，特别是在鄱阳湖之战中殊死战斗，建国后被封为德庆侯。洪武八年（1375），朱元璋以其私自穿着绣有龙凤图案的衣服逾制为由将其杀死。其实这只是借口，真正导致廖永忠丢失性命的原因在于一个政治隐秘，当年正是他执行了朱元璋谋杀小明王韩林儿的任务。在他之后，朱亮祖、李文忠、徐达先后死于非命。

通常而言，开国皇帝与功臣之间产生矛盾不乏先例，关键是皇帝如何化解这种矛盾。汉代的刘邦心存猜忌，大杀功臣；唐太宗李世民气量宏大，处理较为妥当；宋太祖赵匡胤则采取了另外一种模式，即“杯酒释兵权”，和平解除功臣的兵权。朱元璋的情况与刘邦有些相似，却又不同。帮助朱元璋打天下的功臣，多是他的同乡，甚至汤和与周德兴还是他的同村，是幼时游戏的玩伴。正是这些人在战斗中出生入死，东征西讨，为朱元璋夺得天下。待到朱元璋登基成为皇帝后，他们之间却有了君臣的名分，凡事不可逾制。这些功臣心里也许难以及时适应这种改变，而朱元璋却是一个多有顾忌的君主，矛盾于是不可化解。朱元璋之所以大开杀戒，史家通常认为是他为继位者扫清障碍，永保大明江山。据史书记载，太子朱标对他大开杀戒不以为然，曾数次劝谏。一次，朱元璋命人找来一根长满尖刺的荆棘放到朱标面前，让太子朱标去拿，朱标畏惧不敢伸手。于是朱元璋就对自己大杀文武功臣进行解释："汝弗能执与，使我润琢以遗汝，岂不美哉？今所诛者皆天下之险人也，除以燕汝，福莫大焉！"意思就是说，我杀人就是像去掉荆棘上的尖刺一样，这样你将来才可以安坐天下。可是，他在为子孙扫除障碍的同时，也埋下了祸根。后来，他的孙子建文帝锐意削藩，燕王朱棣立即起兵"靖难"，夺取天下。假使当时蓝玉等能征惯战的开国功臣还在，朱棣未必敢兴兵，建文帝也不用"逊国"了。

朱元璋不仅屠戮功臣，也注意严肃整顿吏治。这与他来自底层，看到元朝因吏治腐败导致灭亡的教训有关。他在明初实行以猛治国的政策，认为乱世须用重典，法外用刑的情况很严重，遭到惩处的官吏很多。

空印案。按照规定，每年各布政使司和各府、州、县都要派遣官吏到户部报告地方财务情况，户部审核清楚才算了结。户部的审核很严格，钱谷数字如稍有不合就得重新造册填报。重新造册不算困难，主要是账册上要有地方衙门的印信才行，而从中央到地方重新盖印往返要很长时间，因此地方官员习惯带些备用的空白文册，一旦遇到驳回的情况，只需重新填写而不必往返了。这种做法已经成为一种惯例，户部也很清楚，照例默认，没有人去追究。再说，这种文册盖的是骑缝印，也不能用作他图，没有什么危害。洪武十五年（1382），朱元璋发现这种情况，震怒，认为是故意欺骗他，下令将各地衙门长官主印的一律处死，佐贰官杖一百充军边地。很多人蒙冤受死，其中就包括方孝孺的父亲方克勤，他是当时人公认的好官。

郭桓案。洪武十八年（1385），御史余敏等人告发户部侍郎郭桓等人串通舞弊，吞盗官粮。朱元璋十分重视，将他们全部逮捕。礼部尚书赵瑁、刑部尚书王惠迪、兵部侍郎王志等人亦牵连在内。最后追赃粮700万石，郭桓等数百人被处死，各地布政使官员入狱被杀者又有数万人。追赃牵连到全国各地的地主，因此破产者不计其数。

不难发现，朱元璋所处置的大多数都是官吏，而对小民则很信任，甚至亲自接见粮长，被赏识的马上授予官职。这又体现出了朱元璋自身的小农情结。

从洪武十八年（1385）开始，朱元璋亲自制定、颁布《大诰》《大诰续编》《大诰三编》和《大诰武臣》，其内容主要是惩治贪官污吏、地方豪强以及侵扰百姓等问题。四编大诰共236条，其中惩治贪官污吏的竟达150条之多，而且极其严厉，共罗列有凌迟、枭首、夷族等惩罚，其严酷程度超过了历史上任何一个封建王朝。由于朱元璋采取的一系列惩贪倡廉的有力措施，明初的吏治改变了元末"赂遗权要""蠹政厉民"的腐败风气，日趋清明。他实行"以猛治国"的政策，虽然杀戮过重，但确实整饬了吏治，同时强化了中央集权，从而为明朝前期的繁荣铺平了道路。

朱元璋档案

姓名：朱元璋	出生：元文宗天历元年（1328）九月十八日
属相：龙	卒年：洪武三十一年（1398）
享年：71岁	谥号：高皇帝
庙号：太祖	陵寝：孝陵
父亲：朱世珍（又名朱五四）	母亲：陈氏
初婚：25岁	配偶：马皇后
子女：26子，16女	继承人：朱允炆
最得意：开创大明基业	最失意：太子朱标早逝
最不幸：幼年经历悲惨	最痛心：马皇后病逝
最擅长：刚猛治国	

相关阅读书目推荐

(1) 吴晗：《朱元璋传》，人民出版社，1985年

(2) 陈梧桐：《洪武皇帝大传》，河南人民出版社，1993年

(3) 王天有主编：《明朝十六帝·太祖高皇帝朱元璋》，紫禁城出版社，1999年

(4) 修晓波、田澍：《明太祖——朱元璋》，学苑出版社，1997年

(5) 孙正容：《朱元璋系年要录》，浙江人民出版社，1983年

惠帝朱允炆

建文元年（1399）——四年（1402）

明太祖朱元璋是历史上了不起的皇帝，他由一个放牛娃、寺庙里的小沙弥，经过十几年的戎马生涯，一举扫荡群雄、推翻元朝，开创了大明基业。他深知，创业难，守业亦难，因此，十分重视对接班人的培养。他登上皇位的同时，就册立了长子朱标为皇太子，并延请名儒宋濂等人为太子之师，希望能将朱标培养成为一代明主。然而天有不测风云，洪武二十五年（1392）四月，年仅 38 岁的皇太子朱标英年早逝，史称“懿文太子”，这令朱元璋异常伤心。朱元璋制定的嫡长子继承制受到了考验，朱元璋不得不重新选择他的继承人。按照嫡长子继承制，朱标的长子朱雄英是不二人选，可惜他在 10 年前就死了，这样朱标次子朱允炆就成为首选。然而朱元璋担心朱允炆儒雅仁柔，难以担负起治理国家的重任。此外，朱元璋也曾考虑过从几个儿子中选择。二子秦王朱樉此时最长，但他实在是不成器，荒唐成性。四子燕王朱棣文韬武略，是个不错的人选。一次，朱元璋对几个心腹大臣流露出立燕王的可能性时，翰林学士刘三吾认为不可，“立燕王，置秦、晋王于何地？且皇长孙四海归心，皇上无忧矣。”朱元璋于是下定决心，九月，立朱允炆为皇太孙。

洪武三十一年（1398），开国皇帝朱元璋病逝，遗诏命皇太孙朱允炆继位。朱元璋在遗诏中说朱允炆“仁明孝友”，这是为史家所认同的。朱允炆14岁时，他的父亲太子朱标患有重病，身上有个大肉瘤，苦不堪言。朱允炆尽心伺候，日夜守在身边。朱标去世后，朱允炆将三个年幼的弟弟接到一起，对他们的饮食起居照顾得十分周到，并没有让他们觉得孤独。朱元璋病逝前，脾气异常暴躁，许多人担心因此遭到祸患，朱允炆亲自服侍，常常整夜无法入睡，但他也没有一句怨言。

生性“仁明孝友”的朱允炆，21岁的时候被推上了权力的巅峰，承继了朱元璋开创的一统天下，改年号为建文。然而，细心的大臣会发现，新君的脸上并没有君临天下的惊喜，更多的则是愁容。是啊，年轻的皇帝面前有两道难解的题目：一是如何改变太祖建国以来形成的动辄杀戮的严峻政治氛围；二是如何解决太祖分封宗藩形成的尾大不掉的局面。也许太祖朱元璋生前并没有想到，外表仁弱的皇太孙登基伊始就开始着手变革他所开创的大明王朝。

建文新政

洪武年间，经过太祖朱元璋的整治，当时国家统一，社会安定，经济得到了恢复和发展，吏治较以前大为清明。然而他生性“雄猜好杀”，屡次兴起大狱，动辄杀戮，政治气氛非常凝重，文武大臣人人自危。

建文帝对局势有着深刻的认识，因此继位伊始，就着手改革，改变了太祖朱元璋的一些弊政，史称“建文新政”。

“秀才朝廷”。太祖朱元璋用武力夺得天下，自然而然地形成了右武的局面。洪武时，军事衙门大都督府的左右都督都是正一品，都督同知也是从一品，而六部尚书却只有正二品。《大明律》中明文规定文官不许封公侯，因此朱元璋的主要谋士刘基仅仅得封“诚意伯”，而武将得封公侯者甚多，称王者也不少。这种局面下，文官在议论朝政中的地位可想而知。

建文帝有意结束其祖父尚武的政风，大力加强文官在国家政事中的作用。初登大宝之时，他自己确定新年号为“建文”，与乃祖父“洪武”刚好形成鲜明的对照，从中可见建文帝治国方略的改变。他还立即将六部尚书升为正一品，大开科举考试，并下诏要求荐举优通文学之士，授之官职。

建文帝身边几个被委以重任的大臣也是饱读诗书的才子。兵部尚书齐泰，洪武十七年（1384）应天府乡试第一，次年进士。太常寺卿兼翰林学士黄子澄，洪武十八年（1385）会试第一，与齐泰同榜。翰林侍讲方孝孺是建文帝身边的主要谋士，幼时就以聪敏机警著称，后师从当代名儒宋濂，诗文为时人所推崇。据说后来成祖入南京继帝位时，怪僧姚广孝怕成祖杀他，为之求情，说杀了方孝孺天下读书的种子就绝了。正是因为建文帝所依赖的大臣多为这样的文人，所以人称新朝廷为“秀才朝廷”。

这种情况下，文人获得了比以前更高的政治地位，再也不用担心像洪武朝那样动辄以一言获罪的情况，因此他们胆量也大了，对朝政敢于表达自己的意见，对建文帝忠心耿耿，这也是后来大批文臣甘愿为建文帝殉难的原因。

宽刑省狱。建国之初，太祖朱元璋以刚猛治国，乱世用重典，法外用刑情况严重。他认为：“法严则人知惧，惧则犯者少，故能保全民命。法宽则人慢，慢则犯者众，民命反不能保。”因而，

黄子澄像并赞　画 870—94

清道光七年（1827）十一月刻。石在江苏苏州市。孔继尧绘，石韫玉正书赞，谭松坡镌。此为《沧浪亭五百名贤像》之一。

屡兴大狱，杀的人很多；还使用了许多恐怖的刑罚，如抽筋、剥皮、阉割、凌迟等，因此有获罪的大臣跪求“臣罪当诛，谢主隆恩”，比较起来，能被砍头也成了幸运的事。

建文帝在当皇太孙时就已经意识到太祖用刑过猛，因此登基后力图改变这种情况。他在做皇太孙时就向祖父请求更定《大明律》。他以《大明律》与历朝法律作比较，认为《大明律》用刑过重，改正了其中量刑较重的部分律法。其父朱标生前曾练习处理国事，以宽大为怀。朱标死，太祖也叫朱允炆断刑狱之事，朱允炆一如其父风格。那时，他就获得了广泛的称誉。如今即位，他要全面改正洪武吏治，力图创造出和谐的宽政。

建文帝即位仅一个多月，下诏全国行宽政，平反冤狱。洪武时期的一些冤假错案得到了纠正，一批无辜的官吏得以恢复自由，被发配远方的人也得以回到家乡。据记载，建文朝监狱里的罪犯比洪武朝减少了三分之二。建文帝的这些措施实际上是对太祖朱元璋严刑峻法的一种调整，也反映了建文帝与太祖执政风格的迥异。

减轻赋税。建文元年（1399）正月，建文帝令减轻江浙地区的田赋。明初以来，江浙地区的田赋明显重于其他地方，这是因为朱元璋憎恨江浙地区的缙绅当年依附张士诚而采取的惩治措施。另外，朱元璋特意规定江浙人不许担任户部的职位，目的在于防止江浙人偏袒家乡。建文帝则认为江浙重赋只是用惩一时，不应该形成定制，既然田赋减轻了，浙东人自然也可以担任户部的官职。他还针对寺庙侵占民田的情况，下令僧道每人占田不得超过5亩，多余的要退官分给农民。

然而，建文帝在安定的生活中成长，接受的是儒家学说的熏陶，缺少对现实的了解，而且他所重用的大臣也多是读书人，因此改革中难免有理想主义色彩。他接受方孝孺的建议，甚至要恢复西周时期的井田制度。他还使用一些《周礼》中的官名，依古制改革某些官职。中国后世的知识分子有着强烈的崇古情结，言必称三代，似乎那时的制度是完美的，那时的社会是理想的，今不如昔。其实，且不说井田制是否真正的执行过还有争论，即使有过井田制，但在今天的情况下，复古这些制度是没有任何意义的。从这一点我们不难发现，建文集团过重的文人气息，成为他最后失国的一个主要原因。

锐意削藩。太祖朱元璋建立明朝以后，为保证大明国祚绵长，亲自设计、制定了多项重要政策，并以宝训的形式固定下来，要求后代子孙严格遵守，大臣有敢轻议者严惩不贷。分封宗藩就是其中一项重要政策。朱元璋先后于洪武三年（1370）、洪武十一年（1378）、洪武二十四年（1391）三次共封25人（二十四子和一个从孙）为藩王，分镇全国各地。朱元璋认为，“天下之大，必建藩屏，上卫国家，下安生民。今诸子既长，宜各有爵封，分镇诸国”。藩王的权势很重，拥有自己的军队，少则三千，多则数万。特别是北方边防线的几名“塞王”，拥有指挥军队的权力，如宁王朱权“带甲八万，革车六千”，连朵颜三卫都要听他调遣。太祖朱元璋本意是要以藩王来确保朱家江山，却没有想到虽然为继任者去掉了骄兵悍将这根尖刺，却留下了拥兵自重、尾大不掉的宗藩这另一根尖刺。当时的有识之士，已经清醒地认识到宗藩为“三忧”之一（另两忧为边防和河患），多次上疏太祖。朱元璋不允许有人要改变这项政策，甚至加以杀戮。然而他没有想到，在他刚刚辞世不久，他亲立的皇太孙就因此而丢掉了皇位，真是莫大的讽刺。

藩王拥兵自重、分踞一方的形势成为建文帝心腹大患，使他常常难以入眠。建文帝知道，虽然自己贵为天子，但是以朱棣为首的藩王多是自己的叔叔，正挟重兵虎视眈眈，未必会把自己放在眼中。他还清晰地记得，一次只有燕王和他在的场合，燕王以手拍他的后背，以开玩笑的口吻对他说："不意儿乃有今日！"这情景恰巧被太祖朱元璋看见了，责问朱棣怎敢如此无礼。建文帝急忙为朱棣开脱，但心里却久久不能平静，从那时就开始考虑如何处理宗藩问题了。

即皇帝位后，建文帝依赖齐泰、黄子澄等人，将削藩付诸实际行动。建文帝削藩的第一个目标就是周王朱橚。建文帝密令李景隆以北上备边的名义兵临开封，趁周王毫无准备之际突然将其抓捕，送至京师。建文帝将周王谪遣到"烟瘴之地"的云南蒙化，后又把他召回京师禁锢起来。为什么首先选择周王呢？周王朱橚是朱元璋的第五子，洪武十一年（1378）封周王，十四年（1381）就藩开封。这次削周王名义上是因为周王次子告发他"异谋"，其实还有另外一层原因。藩王中以燕王朱棣实力最强、野心最大，建文帝一直以燕王朱棣为最大的对手，这次削藩的周王是燕王的同母弟，二人皆为碽妃所生（在此问题上有异议，见下节），关系最为密切，因此建文帝先废周王，有去燕王手足的用意。随后，建文帝又先后废湘王、齐王、代王、岷王等四王，目标直指燕王朱棣。

在削藩问题上，朝臣本来有着不同的意见。以前军都督府左断事高巍和户部侍郎卓敬为代表的一些大臣主张采用汉代"推恩"的办法曲线削藩。他们建议建文帝把藩王的权力分封给藩王所有子孙而不仅仅是嫡长子一人，而且要异地分封，这样藩王的权力就会逐渐削弱，不会再威胁到朝廷。卓敬更是建议建文帝立即将燕王迁封到南昌，既维护了亲情，又削弱了他的力量。建文帝认为很好，却没有去实行。以齐泰、黄子澄为首的大臣坚决主张削藩，但在具体削藩策略上有所不同。黄子澄认为燕王实力强大，应该先削弱小的周、齐、代诸王，去燕王的羽翼，待时机成熟再削燕王。齐泰则主张擒贼先擒王，只要先铲除燕王，其他诸王自然无力反抗了。可惜的是，建文帝听取了书生黄子澄的意见。建文帝并未意识到他的行动实际上已经打草惊蛇，燕王朱棣正发展势力，蓄势待发，一场大战迫在眉睫。

叔侄大战

建文元年（1399）七月，燕王朱棣在姚广孝等人游说下以“清君侧”为名举兵起事，从而拉开了长达四年的叔侄战争，史称“靖难之役”。“靖难”，就是削平祸乱的意思。这是燕王方面的用词。对于建文帝来说，这个词是很可笑的。燕王打着为朝廷“靖难”的幌子，却是来跟自己作战，这不是造反又是什么？（须知，这时的朝廷不是他燕王的，而是建文帝的。）有一部佚名史书，叫《奉天靖难记》，写的就是这四年战争的历史。这部书是燕王方面的人写的，后来的《太宗实录》卷一至卷九燕王即位前的内容就是以此书为蓝本增改而成的。《太宗实录》上接《太祖实录》，中间没了建文帝的实录，建文朝在明代官方历史中成了一个不存在的朝代——燕王即位以后，宣布革除建文年号，建文元年称作洪武三十二年，建文朝只称作“革除年间”。这显然是成者王侯败者寇的演绎逻辑了。于是，“靖难”就成了正经的官方历史名词。

但这里既然以建文帝为主角，自然不宜以他所反对的名词来概括他的历史，所以这节就叫“叔侄大战”，实际上确实是做叔叔的夺了侄子的皇位。

建文帝原本以为自己已经准备好了天罗地网，擒拿朱棣只是早晚的事，但他明显低估了燕王的能力。战争开始之前，建文帝以防边为名，调走了燕王的护卫士兵，又派张昺、谢贵到北平监视燕王的一举一动，宋忠统兵3万驻军开平，另在山海关、临清皆有军队协防，将燕王紧紧包围起来。只是建文帝没有想到，朱棣有统兵作战的经验，临危不乱，先后荡平了周围的军队。

八月，建文帝命耿炳文将兵13万伐燕，兵败退守真定。九月，命李景隆将兵50万出征。李景隆只会纸上谈兵，没有实际作战经验，失败在所难免。建文帝知道李景隆的平庸后，启用保卫济南的功臣盛庸为将，取得了东昌之役的胜利，但这也无法改变燕王势力逐渐增强的事实。建文三年（1401）十二月，燕王朱棣反守为攻，率军直趋南京。六月十三日，李景隆和谷王打开金川门迎降，朱棣取得了“靖难之役”的最终胜利。

应该说，建文帝在位的4年，所积极推行的政策基本上是正确的，也是深得民心的，那又为何以失败而告终呢？这与他削藩策略失误有直接关系。他一直视燕王朱棣为最大的威胁，然而他并没有果断地直指燕王而是先削了其他五藩，给了朱棣充分的准备时间。当初户部侍郎郭任认为先削五王在战略上犯了错误，主张尽快用兵燕王：“天下事，先本后末则易成。今日储粮粟，备军实，果为何者？而北讨周，南讨湘，削燕之举则经年无期，实为舍本而图其末。用兵贵乎神速，锐气既竭，姑息随之，正所谓强弩之末不能穿鲁缟，臣恐朝廷将坐而自困耳。”郭任这段话在今天看来无疑是正确的，但建文帝当时并没有意识到。

因削藩而失去帝位，这是建文帝事前没有想到的。当燕王朱棣攻下南京后，建文帝的下落成为人们关注的焦点。燕王是以“清君侧”为名起兵的，谁都看得出他是要夺江山的，那么会出现什么样的结果呢？人们都在心中暗自猜测。当李景隆和谷王打开金川门，朱棣却发现找不到建文帝的影子。

难觅遗踪

建文帝的结局到底怎样，众说纷纭，莫衷一是，成为明史第一谜案。因为建文帝在太祖严苛统治之后，力行宽政，所以他的遭遇引起了无数人的同情，他的下落就格外引人好奇，在各种野史、戏剧里可以看到人们无尽的猜测和演绎。

自焚说。《太宗实录》中记载，燕王进入金川门后，建文帝也想出来迎接燕王，然而又自叹道：“我何面目相见耶！”于是与皇后一起闭宫自焚。朱棣看到宫中火起，急忙命人前来抢救，可惜没有来得及。从灰烬中找到建文帝烧焦的尸体，燕王朱棣不胜悲戚，抚尸痛哭，说他只是前来帮助皇帝学善，你又何必自寻死路呢？事后，朱棣备礼以葬建文帝，遣官致祭，辍朝三日。近人孟森等学者持建文帝自焚说。

出亡说。《太宗实录》的可靠性为人们所质疑，因为朱棣就曾经三次修改《太祖实录》，目的就是要美化自己，为自己夺取皇位寻找冠冕堂皇的理由。《太宗实录》所记的建文帝自焚事，就有很多人持怀疑的态度。由于永乐朝的政治高压、文网严密，对建文帝出亡之事没有留下记载。天顺、正德朝之后，严峻的政治环境有所好转，关于建文帝出亡说的史料开始多起来。我们发现，越是早的史料越是含糊，越是晚的史料越是具体。万历二年（1574）十月，12岁的神宗曾向张居正问及建文帝下落一事，张居正回答："国史不载此事，但先朝故者相传，言建文皇帝当靖难师入城，即削发披缁，从间道走出，后云游四方，人无知者。"可见首辅张居正也倾向于建文帝出亡之说。值得注意的是，民间传闻已经入天子耳中，而且这时谈论建文帝出亡已经不再是禁忌话题。关于建文帝出亡一事，谷应泰《明史纪事本末》中的记载最具有代表性。他认为建文帝并未自焚，而是在大臣的保护下由密道逃出南京。

建文四年夏六月乙丑，帝知金川门失守，长吁，东西走，欲自杀。翰林院编修程济曰："不如出亡。"少监王钺跪进曰："昔高帝升遐时，有遗箧，曰：'临大难，当发。'谨收藏奉先殿之左。"群臣齐言："急出之！"俄而舁一红箧至，四围俱固以铁，二锁亦灌铁。帝见而大恸，急命举火焚大内，皇后马氏赴火死。程济碎箧，得度牒三张，一名应文，一名应能，一名应贤。袈裟、帽、鞋、剃刀俱备，白金十锭。朱书箧内："应文从鬼门出，余从水关御沟而行，薄暮，会于神乐观之西房。"帝曰："数也！"程济为帝祝发。吴王教授杨应能愿祝发随亡，监察御史叶希贤毅然曰："臣名贤，应贤无疑。"亦祝发。各易衣披牒。在殿凡五六十人，痛哭仆地，俱矢随亡，帝曰："多人不能无生得失，有等任事著名，势必穷诘；有等妻子在任，心必萦系，宜各从便。"御史曾凤韶曰："愿即以死报陛下！"帝麾诸臣，大恸，引去若干人。九人从帝至鬼门，而一舟舣岸，为神乐观道士王升，见帝，叩头称万岁，曰："臣固知陛下之来也。畴昔高皇帝见梦，令臣至此耳！"

乃乘舟至太平门，升导至观，已薄暮矣。俄而杨应能、叶希贤等十三人同至。

上面这段文字的真实性的确让人有所怀疑，可谷应泰偏偏讲得栩栩如生，真是令人真假难辨。建文帝到底是自焚而死，还是由密道逃离南京？史学家对此各持一说，尚无定论。当年清朝编修《明史》之时，明史馆中诸史臣即对此意见不一。撰写《明史·恭闵帝本纪》的徐嘉炎认为建文帝未死于火，而是逊国外逃。而同在明史馆的著名学者朱彝尊则相信《明实录》的记载，认为建文帝已死于火。于是，正如我们所见，《明史·恭闵帝本纪》便有如下的表述："宫中火起，帝不知所终。"看来当时谁也拿不出证据证明自己的观点，只好选择这种折中的意见。

现在，随着对建文帝出亡问题研究的不断深入，对史料掌握的不断增多，相信建文帝未自焚而是出亡的人渐多。那么，明成祖朱棣礼葬的是建文帝吗？有人认为当时下葬的并不是建文帝而很可能是马皇后。朱棣在废墟中找到的尸身面目全非，难以分辨真伪。而且，史料没有发现安葬马皇后的记载。还有一点值得注意的是，在明朝中后期竟然没有人知道建文帝葬于何处，可见当时的人也都不认为真的安葬过建文帝，因此不用祭奠扫墓，时间久远就变得无人知晓了。其实，朱棣本人也可能知道礼葬的并不是建文帝本人，但这并不影响举行礼葬仪式，因为只有这样才可以遮蔽天下人耳目，才可以名正言顺地坐上皇帝的宝座。

另外的一个疑点就是城破时没有发现建文帝的长子。当时建文帝有两个皇子：长子朱文奎，7 岁，次子朱文圭，2 岁。朱文圭，史称建庶人，被成祖幽禁在广安宫，直到英宗天顺年间才被放出来，当时已经 57 岁了。由于一直被关在宫内，出来时连牛马都分辨不清。然而作为建文帝长子的朱文奎却一直下落不明，《明史》中说“燕师入，七岁矣，莫知所终”。既然朱文奎可以逃脱，没有理由相信建文帝不能出亡。而且，所谓的“靖难之役”，长达4年，并非朝夕之间，建文帝有充分的时间准备。朱棣进入南京时，江南、西北、西南、东南等大部分还都不在朱棣的控制之下，建文帝有能力组织有效的反攻。

那么，既然建文帝有可能逊国出亡，他又去了哪里呢？综合各种资料，有如下几种说法。

逊国为僧，云游四方。正如《明史纪事本末》记载，建文帝从南京逃出后，带着杨应能、叶希贤、程济两比丘一道，隐名易服，云游天下。学者根据地方志、遗迹、遗址等资料考证，认为建文帝曾流亡于云南、贵州、四川、湖北、江浙、广东等地，《明史纪事本末》说他为逃脱追捕，“西游重庆，东到天台，转入祥符，侨居西粤，中间结庵于白龙，题诗于罗永，两入荆楚之乡，三幸史彬之第”。

西南数省，留有很多有关建文帝的遗址和传说。徐霞客在《徐霞客游记》中记载有建文帝曾在贵州白云山修行时遗留的遗迹：“有巨杉二株，爽立磴旁，大合三人抱；西一株为火伤其顶，乃建文君所手植也。再折而西半里，为白云寺，则建文君所开山也；前后架阁两重。有泉一坎，在后阁前槛下，是为‘跪勺泉’。下北通阁下石窍，不盈不涸，取者必伏而勺，改名曰‘跪’，乃神龙所供建文君者。中通龙潭，时有金鲤出没云。由阁西再北上半里，为流米洞。洞悬山顶危崖间，其门南向，深仅丈余，后有石龛，可旁为榻。其右有小穴，为米所从出流以供帝者，而今无矣。左有峡高进，而上透明窗，中架横板，犹云建文帝所遗者，皆神其迹者所托也。洞前凭临诸峰，翠浪千层，环拥回伏，远近皆出足下。洞左构阁，祀建文帝遗像（阁名‘潜龙胜迹’，像昔在佛阁，今移置此）乃巡方使胡平运所建，前瞰遥山，右翼米洞，而不掩洞门，其后即山之绝顶。”

一些书中还记载了建文帝的诗文，虽然无法判断是否是后人假托，但还是有些符合建文帝身份的。下面这首诗据说是建文帝避难贵州金竺（今贵州广顺）时所作：

风尘一夕忽南侵，天命潜移四海心。
凤返丹山红日远，龙归沧海碧云深。
紫微有象星还拱，玉漏无声水自沉。
遥想禁城今夜月，六宫犹望翠华临。

朱棣做了皇帝以后，对于建文帝出亡也是将信将疑，又听说了很多传言，于是派户科给事中胡濙分巡全国。《明史·胡濙传》载“惠帝之崩于火，或言遁去，诸旧臣多从者，帝（指成祖）疑之。（永乐）五年遣濙颁御制诸书，并访仙人张邋遢，遍行天下州郡乡邑，隐察建文帝安在，濙以故在外最久”。朱棣是让胡濙以颁布御制诸书和访寻张邋遢的名义探寻建文帝的下落，前后长达16年之久。这里所说的张邋遢，就是小说中经常出现的张三丰。他是个奇人，不修边幅，飘忽不定，据说能一日千里。成祖对胡濙侦缉建文帝的事情非常重视，不允许他为母“丁忧”的请求（官员父母逝世，应守孝三年，称为丁忧）。永乐二十一年（1423），胡濙匆忙赶回北京，恰巧成祖北征驻军宣府。胡濙赶到宣府时成祖已经休息，听说胡濙回来后马上接见，二人一直谈到四更。《明史》中说："先濙未至，传言建文蹈海去，帝分遣内臣郑和数辈浮海下西洋，至是疑始释。"看来胡濙是打听到了建文的确切消息，似乎事隔多年建文帝已经没有重夺帝位的想法了，成祖朱棣由此放心，不再究问建文帝踪迹。

漂洋出海，不知所终。有传言建文帝泛舟出海，去了南洋，并在某个小岛上过着自食其力的恬然隐居生活。当时中国去往南洋的人很多，据说张士诚失败后，他的一些部下就逃往南洋，拓荒移民。近人有人考证建文帝避难泉州开元寺，并在开元寺扬帆出海，最终隐居印尼苏门答腊岛东海岸，然而没有更多的证据，仅仅是猜测而已。

成祖朱棣担心建文帝纠集当地的中国人，或者是以宗主的身份号召南洋诸国兴兵，因此很不放心，特意派遣郑和数下西洋，一为宣扬国威，一为寻踪建文帝。据《明史》载："成祖疑惠帝亡海外，欲踪迹之，且欲耀兵异域，示中国富强。永乐三年六月，命和及其侪王景弘等通使西洋，将士卒二万七千八百余人，多赍金币。"在郑和的船队里，还有一部分是锦衣卫，专门负责侦缉，至于是否探知建文帝踪迹，就不得而知了。

北京西山说。谷应泰《明史纪事本末》和郑晓《吾学篇》中，记载有正统七年，建文帝因年纪已老，就到广西思恩州官府，自称是建文帝。当地官员急忙上报朝廷，将其送至京师。朝廷派老宦官吴亮前去辨认。建文帝一见到他就叫出了他的名字，吴亮否认。建文帝又说当年他进膳时，扔一片鹅肉到地上，吴亮像狗一样趴下去吃掉。吴亮听后伏地大哭，回去后就上吊死了。建文帝被迎入西内，老死于宫中，葬于西山，不封不树。

其实这是谣言，不过还是有一定根据的。《英宗实录》载正统五年（1440）十一月，有个僧人从云南到广西，自称是建文帝，年九十余。当地官员将其遣送到京师，大臣们怀疑他是假冒的。经过究问，他承认本名叫杨行祥，河南人，洪武十七年（1384）为僧，受到别人的蛊惑才假冒建文帝的。于是英宗将其押入大牢，过了4个月就死在狱中了，同谋的12名僧人被发配到辽东守边。

江苏吴县说。《文汇报》的记者徐作生亲自到江苏吴县去考察，发现了建文帝出亡时遗留下的一些遗迹、遗物，并结合文献资料，认为建文帝当年藏于吴县普济寺内，不多久姚广孝归隐禅寺，在姚广孝的监护下，建文帝隐藏于穹窿山皇驾庵，直到1423年病殒于此，葬于庵后山坡上。这也自成一说。

四川望京寺说。有人则认为建文帝在四川平昌佛罗寺躲藏过，并病逝于此，葬于寺后山坡上。建文帝之所以选择佛罗寺，是喜欢这里偏僻难寻，不容易被发现。因他常常面向京城的方向暗自哭泣，后人就把佛罗寺改称望京寺。

另外，近几年有人自称建文帝后人，献出《让氏家谱》，称建文帝通过地道逃离南京，假扮僧道，云游各地，后隐居于武昌，死后就葬在武昌洪山。当然，这一说法还有待于进一步的验证。

对建文帝出亡谜案的解释、传说、附会绝不止上面列出的几种，有许多凄美的故事在许多书籍、口头上流传开来，而且也必将流传下去。当然，建文帝的结局到底怎样，谁也没有确凿的证据，成为中国历史上一个难以解开的谜团。

朱允炆档案

姓名：朱允炆
出生：洪武十年（1377）十二月五日
属相：蛇
卒年：不详
享年：不详
谥号：惠皇帝（清高宗追谥）
庙号：无
陵寝：无
父亲：朱标
母亲：吕妃
初婚：16 岁
配偶：马皇后
子女：2 子
继承人：无
最得意：行宽政，得士心
最失意：失帝位
最不幸：平燕失利
最痛心：削藩未果
最擅长：诗文

相关阅读书目推荐

(1) 王天有主编：《明朝十六帝·恭闵惠皇帝朱允炆》，紫禁城出版社，1999 年
(2) 商传：《永乐皇帝》，北京出版社，1989 年
(3) 晁中辰：《明成祖传》，人民出版社，1993 年
(4) 杨林：《马上天子》，团结出版社，1998 年

成祖朱棣

永乐元年（1403）——二十二年（1424）

明成祖朱棣，是明朝的第三个皇帝。他是开国皇帝朱元璋的第四子，生于元末群雄争锋的年代。元至正二十年（1360）朱棣出生，11 岁被封为燕王，17 岁迎娶徐达长女，21 岁带着金册金宝就藩北平。40 岁以“靖难”名义兴兵，四年后从他的侄儿建文帝手中夺得了大明江山，在位 22 年，改年号为“永乐”，谥号“文皇帝”，故又称“文皇”，庙号“太宗”，世宗改“太宗”为“成祖”，死后葬于长陵。

朱棣的性格颇像其父朱元璋，同时也是继朱元璋之后又一位雄才伟略的皇帝。他的一生跌宕起伏。洪武二十三年（1390），燕王朱棣率军征讨蒙古乃儿不花，大获全胜，从此声名大振，也为后来靖难之役的胜利积累了宝贵的经验。侄儿建文帝登基后锐意削藩，藩王人人自危，而燕王为强藩之首更是削藩的主要目标。建文元年（1399）七月，朱棣起兵。4 年后，从金川门入京师，建文帝不知所终，朱棣即皇帝位。他南征安南，五入漠北，迁都北京，编修《永乐大典》，派郑和六下西洋，正如《明史》所说，“文皇少长习兵，据幽燕形胜之地，乘建文孱弱，长驱内向，奄有四海。即位以后，躬行节俭，水旱朝告夕振，无有壅蔽。知人善任，表里洞达，雄武之略，同符高祖。六师屡出，漠北尘清。至其季年，威德遐被，四方宾服，受朝命而入贡者殆三十国。幅陨之广，远迈汉、唐。成功骏烈，卓乎盛矣。”朱棣在位期间，文治武功，可比汉、唐。然而他性情暴戾，制造了几起血腥大案，如瓜蔓抄、诛十族、后宫惨案等，“革除之际，倒行逆施，惭德亦曷可掩哉”。

武功：马上天子

朱棣是位马上天子，因武功而立威名，因武功而夺皇位，因武功而拓疆土。他的一生起于兵，最后也死于行军的途中。

初战告捷。洪武十三年（1380），朱棣就藩北平，此后直到南京称帝，他在这里度过了 23 年的时光。这段时间对朱棣非常重要，他由一个年轻的藩王逐渐成熟起来，逐渐在众藩王中崭露头角，成为众藩之首，并最终登临大位。洪武二十三年（1390）对蒙古乃儿不花的初战告捷，使他树立了威名，成为通往皇权宝座的良好开端。

这一年元旦刚过，朱棣就接到太祖朱元璋的命令，让他和晋王分别统帅兵马合击蒙元丞相咬住和平章乃儿不花。而立之年的朱棣异常兴奋，因为这是他第一次经历如此规模的大仗。素有野心的朱棣知道，这是他磨炼的大好时机，也是展现自己的一次难得的机会，因此精心准备，志在必得。

朱棣首先派出几股哨兵四出侦察，摸清了乃儿不花的确切位置。时值三月，没想到天不作美，竟然下起了大雪，气温也随之下降。有些人请求燕王停止行军，暂避风雪。朱棣却有另一番见解，认为这正是出奇制胜的大好时机，因此大军冒雪而进。当大军出现在乃儿不花面前时，他十分惊讶，毫无准备。朱棣没有贸然进攻，而是派已降明的乃儿不花的旧交观童前去劝降。乃儿不花知道无法抵抗，只好前往朱棣军中请降。朱棣摆酒设宴，对他非常热情，令乃儿不花很感动，遂主动要求前去劝降咬住。就这样，朱棣第一次大规模出征就兵不血刃地大获全胜。而另一路的晋王生性怯懦，不敢深入蒙古腹地，结果一无所获，倒是陪衬出燕王的智勇双全。朱元璋非常高兴，赏赐宝钞100万锭，对他更加信赖。这次胜利，令朱棣声名鹊起，也是他在政治舞台上的完美亮相。

靖难起兵。朱棣的侄子建文帝登基后，一反太祖朱元璋分封藩王的政策，而是雷厉风行、锐意削藩。当时的形势对燕王十分不利。建文帝在削夺五藩后，目标直指燕王，加强了对燕王的防范。建文帝命心腹谢贵任北平都指挥使，掌握军权；命张昺为北平布政使，掌握日常行政权；并将燕王府护卫精锐调往开平，命宋忠帅兵3万驻守开平。

在这种严峻的情况下，燕王于建文元年（1399）七月五日毅然起兵，率领“靖难”之军，历时4年，大小百余战，最终兵临南京，夺得大明江山。下面选择几个大的战役加以介绍。

大破宋忠。宋忠将兵3万，驻军开平，是防备燕王的重要军事力量。燕王举事后，宋忠未敢贸然进军，而是移军怀来。朱棣控制了北京城，招降守备通州的通州卫指挥佥事房胜，攻取蓟州。居庸关被朱棣攻破，守将率败军归附宋忠。宋忠为调动士气，谎称原来燕王府守卫的家属被燕王杀害了。燕王知道这一情况后，特意让那些士兵的亲属打前锋。原燕王府守卫看到家人没有死，恼怒宋忠欺骗他们，就临阵倒戈。宋忠顿时阵脚大乱，燕王趁机麾军过河，直扑过来。宋忠由是大败，逃回城内，结果城破被捉于厕所内。

怀来击败宋忠，是朱棣起兵后第一次大规模的战斗。这次战斗，斩首数千人，缴获战马八千余匹和大量的军械。更为重要的是，怀来之战解除了北平周围的军事威胁，提高了军威。不久开平、龙门、上谷、云中、永平等处守军纷纷投降，壮大了朱棣的力量。

真定大战。八月，建文帝命老将耿炳文率兵 13 万征讨燕王。由于朱元璋几次借故大杀功臣后，朝廷中已经没有几个能征惯战的武将了，所以尽管耿炳文当时已经 65 岁了，也只能披挂出征。耿炳文和朱元璋一样，都是濠州人。当年他驻守长兴 10 年，抵御张士诚的进攻，“大小数十战，战无不胜”。朱元璋十分满意，建国后封他为长兴侯，为一等功臣。建文帝命其为主帅，有一举歼灭燕王之意。

耿炳文驻军真定，派前锋 9000 人据守雄县。朱棣探知清楚后，于八月十五日悄然来到雄县。正值中秋之夜，守城士兵饮酒赏月，放松了警惕。当发现燕兵时，朱棣的军队已经攀上了城墙，守军仓促应战。这支部队是南军的精锐，战斗力很强，直到第二天破晓之时，朱棣才攻占县城，南军全部力战而死。

离雄县 50 里的莫州，潘忠、杨松率军驻守。朱棣料定二人会来援救，命千余勇士埋伏在必经之路的月漾桥下的水中。潘忠果然带兵来援，见雄县已失，想退回莫州，不料燕兵突然从水中冒出来，占据了月漾桥。这样前后夹击，南军大败，许多人掉进河里淹死了，潘忠被俘。朱棣乘胜追击，招降了莫州留守的万余人。一天之内，南军损失了 3 万人马。

在莫州投降的南军中，有一个名叫张保的将领表示愿意为朱棣效力，并将南军虚实告诉了朱棣。这时南军尚有 10 万人马，驻兵真定，分为两营，列于河两岸，互相声援。朱棣遂命张保回到耿炳文营中，渲染燕军马上就要进攻了。很多将领不明所以，认为南军势大，不如突然袭击。现在将张保放回，想要攻其不备也不可能了。朱棣自有一番道理：耿炳文知道燕军来攻，担心燕军势盛，必然会移营合兵一处，这正是攻击的好时机。事情正如朱棣所料，耿炳文令移营合兵。朱棣趁机率军猛攻，南军仓促应战。战斗十分惨烈，最终南军不敌燕军铁骑，退守真定城，不再出战。耿炳文长于固守，而所率军兵多步兵，燕军多骑兵，擅长野战。朱棣认为耿炳文是富有作战经验的老将，不好对付，担心时间一长，士气低落，遂围城三日后退回北平。

真定一战，南军损失数万人马，但主力尚存。如果坚持固守策略，朱棣还真没有什么好办法。然而建文帝对战事甚不满意，命李景隆接替耿炳文，意图从速歼灭燕王朱棣。临阵换将，本是兵法大忌，何况是以弱换强。当年秦赵长平之战，赵王不理解老将廉颇的固守战略，听信反间计，换了饱读兵书而一无用处的赵括上去，结果40万赵卒埋身长平，也为后世留下了纸上谈兵的笑柄。建文帝此次换掉耿炳文，实为一大失策，给燕王提供了战机。

郑村坝之战。李景隆接替耿炳文，合兵50万。他是朱元璋外甥李文忠的长子，长得高大威猛、仪表堂堂，喜读兵书，然而缺乏作战经验，是一个纸上谈兵的纨绔子弟。建文帝将希望寄托在他的身上，恩宠有加；而对于朱棣来说，他只是当年被秦军坑杀40万卒的赵括式人物。当朱棣得知李景隆带兵时，喜不自禁。朱棣认为李景隆"为将政令不修，纪律不整，上下异心，死生离志，败一也；今北地早寒，南卒衣褐者少，披触霜雪，手足皲瘃，甚有堕指之患，况马无宿稿，士无赢粮，败二也；不量险峻，深入趋利，败三也；贪而不止，智信不足，气盈而愎，仁勇俱无，威令不行，三军易挠，败四也；部曲喧哗，金鼓无节，好谀喜佞，专任小人，败五也”。这个分析虽然有燕王鼓舞士气的因素，但却是看到了李景隆的致命弱点。

李景隆放弃了耿炳文稳健的策略，率军直扑北平，分兵三处：一军攻打北平九门；一军攻打通州；自己驻扎郑村坝（北平东20里）。当时朱棣赴大宁寻求救兵，北平守备空虚。攻打北平的战斗十分激烈，正阳门情势岌岌可危。燕王妃徐氏亲率妇女登城，投掷石块，帮助守卫城门。主攻彰义门的瞿能父子骁勇善战，率领精骑一度攻入城内，然而李景隆却命令等待大队人马，结果贻误战机，守军以水泼城，一夜成冰，第二天已经难以攀爬了。守军并没有一味死守，而是在夜里不断派遣小股部队骚扰南军，弄得南军精疲力竭，人心不宁。

十一月，朱棣已经收编了宁王的部队归来，包括能征惯战的朵颜三卫骑兵，实力大为增加。李景隆派陈晖率一万骑兵东行，寻找机会迎击燕军，不期两队人马没有走到一条路上，未曾相遇。后陈晖发现了燕军，从后面尾随而来，准备前后夹击。朱棣察觉后，命精骑回头迎击，将其一举击溃，陈晖只身逃回军中。燕军士气大振，燕王乘势派朵颜三卫猛冲南军。朵颜骑兵锐不可当，疾风暴雨般连破南军七营。李景隆整顿军马，在郑村坝与燕军决一死战。这场战斗，数十万军马从中午一直打到晚上，尸横遍野，十分惨烈。朱棣趁着天黑，派奇兵左右冲杀，搅乱了南军的阵营，然后燕军正面猛攻，占据了上风。当日未分胜负，双方各自收兵回寨。李景隆没有经历过这样惨烈的战斗，初战不利，感到难以取胜，连夜拔营南遁，匆忙之中竟然没有通知围攻北平九门的将士。攻打九门的将士失去主力的掩护，仅两天就被朱棣击败，北平之围始解。

这一战中，守城的燕王世子朱高炽作用不可低估。他以城中老弱残兵坚守北平城，面对李景隆数十万大军的攻击而岿然不动，有力地牵制住了南军，保住了燕王朱棣的根据地。假设北平被攻占，朱棣将面对另一番景象，胜负的天平尚不知会倾向哪边。同时，这也可以看出李景隆是多么无能，印证了朱棣对他的分析。

白沟河之战。郑村坝大战之后，原本锐意削藩的建文帝却变得软弱起来，罢齐泰、黄子澄职，希望燕王息兵。这种做法无异于向朱棣示弱，是不会起到任何积极作用的。建文二年（1400）二月，李景隆致信朱棣，请求息兵。这一举动，估计是朝廷的意图，不然李景隆是不敢如此做的。朱棣现在兵强马壮，自然不会讲和。双方厉兵秣马，积蓄力量，准备在春天再战。然而朱棣使用了一个小花招，戏弄李景隆于股掌之间。二月，朱棣佯攻大同，李景隆率军救援。朱棣却不与之战，由居庸关退回北平，李景隆奔波一场，劳而无功。当时天气尚寒，南军衣衫单薄，不少士兵被冻伤，部队也没有得到很好的休整。

四月一日，李景隆誓师于德州，号称百万（实则 60 万），大举北伐。双方在白沟河摆开阵势，大战一触即发。这场战斗惊心动魄，扣人心弦。南军中的平安、瞿能父子骁勇异常，率军猛冲燕军，所向披靡。朱棣的坐骑接连被射杀，他的宝剑竟也砍折了。瞿能父子奋勇厮杀，已经和燕王近在咫尺。朱棣见大势不妙，拨马跑到河堤上，南军在后面紧追不放。朱棣立马站在堤上，假意用马鞭招呼后面的部属，使南军相信燕军就在堤下。南军果然上当，没敢继续追击，不然朱棣即将被生擒活捉。双方杀得难解难分，互有胜负。忽然一阵风将南军大旗刮倒，南军阵营产生了混乱。朱棣抓住这难得的时机，指挥部队猛冲，一举击溃南军。

白沟河之战是决定性的战役。此后，建文帝再也组织不起来大规模的军事征讨。朱棣由此转守为攻，取得战事上的主动。

灵璧之战。朱棣准备取道山东，直扑南京。然而在济南却遭到了铁铉的坚决阻击，又在东昌为盛庸所败。建文三年（1401），朱棣选择了进军防守较为薄弱的河北，转战河北各地。十二月，朱棣得知南京守备空虚，可以乘虚而入，于是决定绕过山东，率军直取南京。

燕军孤军南下，期间多有败绩。北方士兵不适应南方气应候，很多人病倒了，许多将领也请求撤军。朱棣很犹豫，一连数日擐甲不离身，最后在大将朱能的劝说下坚定了继续南下的决心。他迫切需要一场胜利来鼓舞士气。

这时南军防御的主要力量总兵何福驻军灵璧，修建了大量工事，固守不出。朱棣想与之决战不得，就截断了他的粮草供给，将其围困起来。何福无奈，准备突围，不想南军把燕军进攻的信炮当成是突围的信号，纷乱涌出，结果大败。何福仅以身免，而南军的主要将领平安被俘获。平安是朱元璋的养子，原是朱棣的部下，文韬武略，成为朱棣的主要对手，多次击败过他，还斩杀过他的几个得力战将。俘虏平安，令朱棣兴奋异常，燕军上下都说这回可以平安了。朱棣舍不得杀他，将其押送回北平。

灵璧之战后，朱棣再也没有遇到大的战斗，于建文四年（1402）六月十三日，兵临南京城下。李景隆、谷王打开金川门迎降，建文帝不知所终，朱棣取得了靖难之役的胜利。

出兵安南。安南，又称交阯，汉唐时为中国的属郡，五代以后独立，但仍与中国交往密切。在明初，安南国王为陈氏。建文朝，安南发生政治变故，丞相黎季犛自立为帝，改名胡一元，不久又传位其子。

永乐元年（1403），安南国王派人朝贺，自称陈氏无后，自己是陈氏外孙，为众拥立为国王，请求得到朱棣的册封。朱棣听从礼部的意见，派遣官员到安南探访实情。该官员回朝后说现在的安南国王得到了当地人的承认，国家安定。朱棣于是派礼部郎中带着诏书前去安南，正式册封其为国王。

然而永乐二年（1404），原国王的臣属裴伯耆逃到中国，将胡氏篡位的事情揭露。八月，老挝遣人送来了原国王的弟弟陈天平。朱棣无法辨别真伪，暂且将他们安置起来。年底，安南使臣来贺。朱棣让陈天平突然出现在使臣面前，使臣们十分惊愕，纷纷下拜，朱棣由此知道了陈天平的真伪和事情的真相。朱棣遣人责备安南国王，安南国王上书表示欢迎陈天平回国继承皇位。

令朱棣恼怒的是，安南竟然伏兵劫杀由明军保护回国的陈天平。面对这种公开挑衅宗主国威信的行动，朱棣没有犹豫，立即遣兵 80 万出征安南。80 万大军锐不可当，永乐五年将安南国王、太子等人活捉。朱棣遂改安南为交阯布政使司，成为中国的一个省。只是后来明朝迁都北京，安南时有反抗，成为明朝的沉重负担，因此朱棣死后不久，明朝就放弃了对安南的治理。

五入漠北。对明王朝最大的威胁不是南方的安南，而是北方的蒙古。当时蒙古分裂为三部：鞑靼部、瓦剌部和兀良哈部。朱棣对蒙古采用恩威并施、分化瓦解的策略。兀良哈部早已归附，并在靖难之役中为朱棣立有赫赫战功。鞑靼部较强，朱棣有意联络瓦剌，与之抗衡。永乐七年（1409），成祖命丘福率军 10 万征讨鞑靼，不意全军覆没，因此才有朱棣亲征之举。

永乐八年（1410）二月，朱棣亲率50万人出征，太子留守南京，皇长孙留守北京。五月，发现了鞑靼部本雅失里的位置。朱棣命每人自带20日粮食，率轻骑疾驰。在成吉思汗兴起的斡难河与本雅失里遭遇，双方大战，最终本雅失里败逃。回师途中又遭遇阿鲁台部，激战数日，阿鲁台战败逃遁。朱棣估计敌人可能贪图辎重，必会前来劫掠，便设下埋伏。明军班师时，果然有人来袭。霎时伏兵四起，敌人溃逃，被俘有几十人。朱棣第一次亲征大获全胜，鞑靼部的势力被削弱了。

随着鞑靼部的衰败，瓦剌部强盛起来，时常骚扰边境。永乐十二年（1414），朱棣决定第二次亲征，并让皇太孙随行。六月七日，在忽兰忽失温（今蒙古乌兰巴托东）遇到瓦剌的主力部队。这场战斗十分惨烈，双方损失相当，直到傍晚敌人才败走。

永乐二十年（1422）、二十一年（1423）、二十二年（1424），朱棣又三次亲征蒙古。

朱棣五次对蒙古用兵，目的在保证边境的安宁，国内的安定。然而在第五次亲征的归途中，朱棣身体不适。到了榆木川（今内蒙古多伦），朱棣突然病逝，享年65岁。朱棣是一位马上天子，他的江山得于马上，也死在了行军的途中。但是同时，他又是一位重视文化的皇帝，其功绩不逊于历代名君，因而死后被谥为“文皇帝”。

文治：名垂史册

朱棣君临天下之后，尊儒纳士，编纂了举世闻名的《永乐大典》，迁都北京，疏通了大运河，派遣郑和六下西洋……这些成就，足以令成祖傲视古今。

三千文士修大典。永乐元年（1403）七月，朱棣下诏编纂一部类书。他雄心勃勃，想要将中国古代典籍尽量收集齐全，特命大才子解缙负责，要求“毋厌浩繁”，尽量收罗。第二年十一月，解缙将编纂好的图书进呈天子。朱棣很高兴，赐名《文献大成》，赏赐解缙等147位有功人员。

然而不久，朱棣发现这与他的要求相差很大，主要是还有许多典籍未能收录。于是朱棣决定重新编修，并任命靖难功臣姚广孝以及刑部侍郎刘季篪和解缙总其事，前后参与者近3000人，可谓人才荟萃、人文盛事。朱棣对这件事非常重视，命在文渊阁开馆修书，由光禄寺供给朝夕膳食。他看到文渊阁中的书籍尚不完备，命礼部选派通晓典籍的官吏四出购求典籍，“书籍不可较价值，惟其所欲与之，庶奇书可得”。正是在朱棣的关注和支持下，3年之间，大典得以编纂完成。

永乐五年（1407）十一月，大功告成，姚广孝等人将《永乐大典》进呈朱棣。《永乐大典》有22877卷，又凡例、目录60卷，全书分装为11095册，引书达七八千种，字数约有3.7亿，是我国历史上最大的类书，内容包罗了经、史、子、集、百家、天文、地志、阴阳、医、卜、僧、道、戏剧、小说、技艺诸项。此前的类书，如唐代的《艺文类聚》只有100卷，北宋的《太平御览》和《册府元龟》都各有1000卷。《永乐大典》的规模之大，确实是历史上无与伦比。《永乐大典》另一个显著的特点就是照录原文，未作删改。这种做法保持了书籍的原貌，具有很高的学术价值。

永乐朝《永乐大典》只有一部正本，存放在南京的文渊阁，后于永乐十九年（1421）运到北京。朱棣曾经打算将《永乐大典》付印，只是在当时的条件下，实在是艰难之至，不得已放弃了。

嘉靖四十一年（1562），皇宫三大殿失火，幸运的是由于抢救及时，《永乐大典》竟然奇迹般的幸免于难。有了这样的教训，世宗意识到光有一部正本太危险了，遂命108个书生抄写大典。这些人每日人抄3页，历时6年之久，才抄成一部副本，藏于皇史宬。只可惜正本在明末不知去向，多半是毁于兵火。副本到了乾隆时期只有9000余册，少了近3000册。后来被儒臣们私自盗去了不少，剩下的在清末时不是被烧了就是被掠往国外，至今偶尔会在一些拍卖会上发现《永乐大典》的踪影。据估计，存世的《永乐大典》约800册，只是原来的3%左右。建国以后，中华书局曾将《永乐大典》存世残本予以影印出版。

三宝太监下西洋。郑和，回族，本姓马，小名三保（一作三宝），人称三宝（保）太监。他在洪武年间成为明军俘虏，入燕王藩邸为宦官，成为朱棣的亲信。从永乐三年（1405）开始，到宣德六年（1431），郑和曾经七下西洋，其中有六次是在永乐朝。郑和因此成为中国历史上著名的航海家，也是西方公认的“世界十大航海家”中唯一的中国人。

朱棣为何让郑和六下西洋呢？按照《明史》中的说法是“成祖疑惠帝亡海外，欲踪迹之，且欲耀兵异域，示中国富强。永乐三年六月命（郑）和及其侪王景弘等通使西洋”。目的有二：一是寻找建文帝踪迹；二是向海外诸国显示大明王朝的繁荣富强。

永乐三年，郑和由苏州刘家港出发，浩浩荡荡出使南海以西诸国，最远到达印度半岛的古里国，勒石为记，于永乐五年才返回。成祖似乎对郑和的第一次出航非常满意，在他回朝的第三天就命工匠改造249艘海运船，以备郑和下次使用。

随后，郑和分别在永乐五年、七年、十一年、十五年、十九年，以及宣德六年六次出使西洋，到达过今天的越南、柬埔寨、泰国、马六甲、马来西亚、印度、马尔代夫等南亚国家和地区，最远到过阿拉伯半岛和非洲东海岸的一些国家。

郑和下西洋，集中展示了中国人民的航海水平，是航海史上的壮举，比哥伦布、麦哲伦等人早约一个世纪；加深了与这些国家的友好往来，开拓了海上丝绸之路。2005年恰巧是郑和首次下西洋的600周年，他所创造的航海奇迹将永远彪炳史册，为世人所敬仰。

三年修得北京城。朱元璋虽然有过犹豫，但最终以南京（当时称应天）为京师。朱棣则长期生活在北平，视北平为龙兴之地。即位之初，他仍以南京为京师，但对北平感情很深，因此永乐元年（1403）正月，礼部尚书李至刚建议将北平升为陪都，朱棣非常高兴，改北平为北京，称行在。

朱棣刚刚用武力夺得皇位，担心人心不稳，并没有立即提出迁都，而是逐步逐项解决迁都的外围问题。永乐元年，设置了北京留守行后军都督府、北京行部、北京国子监等衙门，为向北京运粮重开海运，迁徙他处富民到北京。因为海运风险较大，朱棣又于永乐二年下令疏通运河。永乐四年（1406），他下诏修建北京宫殿，从四川、湖广、江西、浙江、山西等地采集木材。不过这次并没有提出迁都，而是以准备北巡的名义。

真正表明朱棣迁都决心的是在永乐七年（1409）。这一年，朱棣巡幸北京。这次巡幸，朱棣在自己身边设置了行在六部、都察院，与南京各自形成一套系统。另一件事更可以彰显他的心迹，即为徐皇后在北京选建陵寝。徐皇后于永乐五年（1407）病逝。对于这位与他同甘共苦、患难与共的徐皇后，朱棣并没有把她安葬在南京，而是在北京昌平为她建造陵寝，也就是后来他也下葬的长陵。细细品味，就会发现朱棣已经决计要回到他兴起的地方。

经过十几年的经营，北京的经济得以繁荣，疏通的运河保证了粮食的运输，北京周边的军事防御力量也得到了加强等，这些前期措施使得迁都北京水到渠成。永乐十四年（1416）十一月，朱棣公布了迁都的想法，自然得到了朝臣的一致拥护。永乐十五年（1417）开始大规模营建北京，至十八年基本完工，前后用了三年多的时间，永乐十九年（1421）正式迁都北京。

然而事情并非一帆风顺。永乐十九年四月初八日，北京新宫中的奉天、谨身、华盖三大殿遭雷击起火，化为灰烬。朱棣以为是上天示警，下诏求直言反省。其实许多大臣家在南方，本来就不愿意迁都，因此借此事交相上疏反对迁都。朱棣很不满，甚至杀死了言辞激烈的萧仪。反对迁都的大臣不再敢指责皇帝，转而攻击那些拥护迁都的大臣。双方争辩激烈，朱棣命他们于午门外跪着辩论。户部尚书夏原吉为稳定局面，主动将责任承担下来，才逐渐缓和了矛盾，迁都之议平息下来。

可以说，朱棣能够最终夺取皇位，并实现了很多不平凡的功业，除去一些有利的客观因素外，更与他个人的雄才大略分不开。

智谋：计定江山

成祖一生，智谋过人，历史上流传有很多关于他的智谋故事。

自投罗网。年轻的建文帝即位后，一口气削夺了五个藩王。虽然燕王尚未被削，但是他的周围已经布满了新皇帝的诸多眼线，北平也被重兵包围，形势岌岌可危。朱棣没有坐以待毙，私下里培养了一批死士，还在燕王府里打造兵器，但这些进行得十分隐秘。他在王宫后苑修建了很大的地下室，圈以高大的围墙，围墙下埋着缸瓮，以防止声音传到外面。同时养了许多鸭鹅，用鸭鹅的叫声掩饰打造兵器和操练的声音。

没有不透风的墙，建文帝听到一些燕王的行迹，愈发猜忌朱棣。由于还没有准备充分，朱棣决定亲自去南京，借以缓和气氛，争取时间。他当然知道此行的风险，说不定会有去无回，但是他相信自己会回来，会使仁弱的建文帝相信自己没有谋反之心，还可以探听朝廷的虚实。建文元年二月，朱棣来到了南京。

对于燕王自投罗网，户部侍郎卓敬劝说建文帝将燕王徙封南昌。这的确是个不错的办法，然而建文帝优柔寡断，没有采纳卓敬的建议，几天后将燕王放归北平。朱棣的这次自投罗网，体现了一位雄才伟略的政治家的成熟和胆色，收到了奇效。五个月后，一切准备妥当的朱棣毅然以八百骑兵举事。

佯狂装疯。建文元年六月，燕山护卫百户倪谅向朝廷告发朱棣的两个部下为燕王招募死士。二人经过审问，供认了朱棣的一些阴事。建文帝没有更多的证据，所以没有削燕王，而是下诏训责。朱棣害怕这是削藩的前兆，遂生一计，用以迷惑建文帝。

北平的人听说燕王突然疯了，经常可以看到他在大庭广众之下乱跑、乱喊，有时躺在大街上昏睡。建文帝听到传言，命北平布政使张昺和都指挥使谢贵探听真情。二人来到燕王府，看见朱棣围坐在火炉旁边，浑身颤抖，似乎很冷的样子。看见张、谢二人前来，朱棣手拄拐杖，走路踉跄。张、谢二人被朱棣精湛的演技欺骗了，上奏朝廷，建文帝信以为真。

其实朱棣并不是第一次装病。早在周王被废之后，他就一直称病不出，借以韬光养晦，麻痹对手。不过当时他确实有一块心病，他的三个儿子在南京，可能已被扣为人质。一旦他有异谋，三个儿子性命堪忧。于是他借口病重，请求建文帝让三个儿子归府照顾自己。这是一箭双雕之策：如果朝廷放归三个儿子，则免去了质于人的情况；如果不同意放归，可以探知朝廷的意向，早做谋划。建文帝拿不定主意，后来在徐增寿的蛊惑下竟然将朱棣三个儿子送归燕国。朱棣大喜过望，连称“天助”，欣喜之情难以言表。几个月后毫无顾忌的朱棣造反，建文帝真是后悔莫及！

智擒张谢。北平布政使张昺、都指挥使谢贵是建文帝安插在朱棣身边的两双眼睛，负责监视朱棣的一举一动。这时燕王府护卫百户邓庸赴南京公干，被齐泰逮捕入狱，经审讯，供认燕王准备举兵的各项事宜。建文帝大惊，密令张昺、谢贵捉拿燕王府官属，伺机逮捕朱棣。朱棣得知事情紧急，立即命张玉、朱能率仅有的八百壮士入卫燕王府。

当时的情况对燕王十分不利，如果强攻，损失过大，所以只能智取。朱能献策，擒贼先擒王，抓住张昺、谢贵，其他人就好办了。朱棣采纳了他的建议，命人埋伏在端礼门两侧，然后派人请张、谢前来。张、谢怀疑有诈，不肯前往燕王府。朱棣又命人拿着朝廷要抓捕官属的名单前去，这样二人才相信。在燕王府，张、谢的随从被拦截在大门外。朱棣拄着拐杖坐着，设宴行酒。他拿起一块西瓜，放在嘴边，欲尝又止，对二人说：“现在平民百姓，兄弟宗族之间，还知道相互体恤。我身为天子近亲，却朝不保夕。既然这样，天下还有什么做不得呢？”说完，愤怒地将西瓜摔到地上。埋伏的勇士听到暗号，一拥而上，将张昺、谢贵擒获。随后，朱棣命朱能、张玉等人迅速击败了城内的守军，控制了北平。

计除卜万。朱棣攻打怀来宋忠部之时，大宁兵马号称 10 万，在都督刘真、都督佥事陈亨、都指挥卜万率领下出松亭关（今河北迁安县西北），将要进攻遵化。七月二十四日，朱棣亲自率兵增援。刘真等人知道宋忠兵败怀来后，退守松亭关，拒不出战。三员主将中，刘真年老力衰，又缺乏计谋，不足为虑；陈亨是燕王的老部下，持观望态度；只有卜万英勇善战，成为燕王的眼中钉。

恰巧捉到两个大宁的士兵，朱棣遂决定使用反间计，除去卜万。他假意写给卜万一封信，对他大加赞赏，极力诋毁陈亨。他命一个被俘的大宁军卒将信藏在衣领内，然后设酒席款待他，并送给他一些银两，又故意让另一个军卒看到这一切。燕王随后将二人放归。未得赏赐的士卒忿忿不平，回去后将此事上告。刘真果然在士卒身上找到了那封信，就信以为真，将卜万投入狱中，并籍没其家。卜万后来死在了狱中。

成祖朱棣是一位较有作为的皇帝，在历史长河中占有重要的位置。他的一生，文治武功不逊色于历朝君主。然而他性格暴戾，特别是在靖难之役后以极其残忍的手段大肆屠戮建文遗臣，成为他人生中无法洗涤的污点。

朱棣攻取南京后，对于那些不肯归附自己的大臣严加惩治，无所不用其极。建文帝削藩的主要谋士黄子澄，先被砍去双手、双腿，然后方将其杀死，齐泰亦被“族诛”。朱棣对抵抗最为坚决的铁铉非常愤恨，命人割下了他的耳鼻后才将其杀死，妻女充为官妓。礼部尚书陈迪和儿子等六人同日就刑，朱棣在行刑前将陈迪儿子的耳鼻割下煮熟让陈迪吃掉，并问味道如何。陈迪没有惧色，回答道“忠臣孝子的肉鲜美无比”，坦然就刑。

这些事件中，以方孝孺的“诛十族”最为惨烈。方孝孺是当时最有名的读书人，就连姚广孝也向成祖为其求情。成祖召方孝孺为其写即位诏，方孝孺坚决不从。朱棣以死相威胁，自己的性命不要了，难道还不顾及九族吗？方孝孺大义凛然，朗声回答“便十族奈我何”。成祖盛怒，将其灭门十族。自古以来，最严厉的莫过于诛九族，从来没有诛十族的先例。方孝孺一案，成祖可是开了先河，空前绝后。所谓十族，就是在九族之外将朋友门生牵连在内。

不久之后，朱棣又兴“瓜蔓抄”。景清在成祖登基后并没有马上殉节，而是委身于朝班很长时间。一天，他身穿绯衣，暗藏利刃，准备行刺朱棣。朱棣见其神色异常，命人搜身，得到利刃。景清当庭辱骂朱棣，不屈而死。朱棣命人将他剥皮实草，系于长安门示众，并令用铁刷子将景清的肉一层层刷下，还把骨头打碎。他还不解气，将其灭族，街坊邻居也受到了牵连，后来乃至于和景清稍有些关系的人都被杀，犹如瓜之蔓，牵连甚广，许多无辜的人惨遭横祸。

成祖朱棣对建文旧臣的杀戮前后长达十余年，在晚年时法禁犹严，直到仁宗朱高炽即位后这种情况才得以改变。成祖实行这种近于疯狂的严法酷刑，一方面与其个性有关，但更为本质的原因则是内心的虚弱。他发动靖难之役，说到底是夺了侄子建文帝的皇位，在皇位继承的合法性上是要大打折扣的，这一点他自然心知肚明。因此，他希望能够用屠刀堵住人们的非议之口，并想尽办法证明自己是皇位的合法继承人。为此，他甚至不惜在生母的问题上做文章。

生母之谜

成祖的生母是谁，一直存在着争议，至今学术界未有定论。

朱棣出生之时，正值天下大乱，群雄并起之际。朱元璋尚未建立明朝，而是忙于争夺天下，当时尚无朱棣生母的争论。等到朱棣夺位以后，关于他的生母是谁的问题突然敏感起来。自永乐时期以来，各种官方史书和野史上都对成祖生母问题有所记载和猜测。20世纪以来，李晋华、傅斯年、朱希祖、吴晗等一批知名学者都对这个问题进行了翔实的研究，就连陈寅恪这样的学术大家也对这个问题怀有兴趣，并给傅斯年提供相关史料。可见，成祖生母问题并不是一个无关紧要的问题。对于实行嫡长子皇位继承制的明朝来说，这关系到嫡庶问题，并进而关系到帝位的合法性问题。对于后世的人们而言，明白这个问题，也就多少会对明初的政治情势有所了解。

总起来看，关于成祖生母问题的说法主要有三种。

马皇后说。明成祖朱棣自称是孝慈高皇后（即马皇后）所生。马皇后，凤阳宿县（今安徽宿县）人，濠州红巾军郭子兴养女。至正十二年（1352）郭子兴将其许配给部将朱元璋。当年朱元璋受到了郭子兴的猜忌，马氏多次从中调解周旋。明朝建立后，朱元璋册封她为皇后，对她十分信赖，多次听从她的意见宽免大臣过错，因此有人将她与历史上的贤后唐代长孙皇后相提并论。

《太祖实录》和《太宗实录》都说朱棣为马皇后所生，后来的史籍如《明史》等正史多因循这种说法。

但是除朱棣外，马皇后亲生皇子都有谁，又有着不同的解释。一种说法认为马皇后生懿文太子、秦王、晋王、燕王、周王。朱棣在夺取皇位后，马上让人编了一部叫《奉天靖难记》的书，为自己篡夺皇位辩解。该书开卷就标榜自己是马皇后的嫡子：“今上皇帝（指成祖朱棣），太祖高皇帝第四子。母孝慈高皇后生五子：

长懿文太子，次秦王，次晋王，次今上皇帝，次周王也。”还有一种说法认为马皇后只亲生燕王、周王，懿文太子、秦王、晋王都不是马皇后亲生。其实仔细推敲起来就会发现，《太祖实录》为成祖朱棣所修（成祖为了抹杀自己即位前的真实事实，曾两次改修《太祖实录》，删减篡改之处甚多），《太宗实录》为宣宗所修，其中自然也有粉饰的成分，当然宣称朱棣为马皇后的嫡子。

另外还有人认为马皇后根本就没有皇子，这几个都不是她亲生的，只不过是抱过来抚养成人而已。

碽妃说。成祖为马皇后所生的说法到了明中后期就受到了质疑，而碽妃说浮出水面。有人认为碽妃是高丽人，也有人称她是元顺帝的妃子，抑或是高丽人而成了元顺帝妃子，不得而知。

这种说法的直接证据是《太常寺志》。太常寺是明朝管理祭祀礼乐的机构，皇家宗庙的祭祀就由其负责。《太常寺志》对孝陵（即太祖朱元璋的陵寝）神位的记载如下：

左一位，淑妃李氏，生懿文太子、秦愍王、晋恭王。右一位碽妃，生成祖文皇帝。

太常寺是皇家机构，这样严肃的问题不应该胡乱记载，可惜这本书没有流传下来。明代文人对这种资料将信将疑，但还是觉得有合理的地方，万历时期的文人何乔远就持这种观点，“臣于南京见《太常寺志》，云帝（明成祖）为碽妃所生，而玉牒则为高后第四子。玉牒出当日史臣所纂，既无可疑。南（京）太常职掌相沿，又未知其据。臣谨备载之，以俟后人博考”。

明末清初的钱谦益和李清见到这样的记载也无法判断孰是孰

非。钱谦益当时是南明弘光朝的礼部尚书，李清曾任大理寺左丞，二人利用职务之便，于弘光元年元旦利用祭祀孝陵的时机，悄然打开孝陵寝殿，“人视果然，乃信”。

还有一个证据。朱棣在即位之后，在南京天禧寺的旧址上翻盖新寺，取名大报恩寺，是为了报答马皇后的养育之恩。然而令人不解的是，寺中正殿的大门经常紧闭，外人无法看见里面的情况，有传闻里面供奉的其实是成祖生母碽妃。

还有的学者考证当年建文帝之所以先削周王，是因为周王与朱棣是同母所生，故削周王而去燕王羽翼。周王与朱棣的母亲不是马皇后，而有可能就是碽妃。

元主妃洪吉喇氏说。社会上更加流行的却是另外一种说法，即成祖生母是蒙古人洪吉喇氏。洪吉喇氏是元顺帝的第三福晋，是太师洪吉喇特托克托的女儿。元顺帝败，朱元璋入大都（今北京），见洪吉喇氏貌美，就留在身边。然而她入明宫时就已经怀孕，所生的就是明成祖朱棣，所以朱棣即元顺帝的遗腹子。其实这只是民间的传说而已。徐达攻陷大都是至正二十八年（1368），而朱棣生于至正二十年（1360），两者相差达 8 年之久。这种情况可能由于朱元璋刑罚过严、朱棣杀戮过重，从而导致民情激愤，因而编造谣言以发泄胸中的不满情绪，以至于以讹传讹。

还有其他一些说法，比如说成祖是达妃所生，或元主妃不是洪吉喇氏而是翁氏等等，但都影响不大。实际上，争论的焦点是成祖到底是嫡出还是庶出。以上看法都可以归纳到这个问题上来。朱棣非马皇后亲生而生母为碽妃的说法，经过明史专家李晋华、吴晗等人的精细考证，已为大多数学者所接受。在这里，可以提供一条可以佐证成祖庶出说的史料。成祖即位以后，禁止一切有关其夺位的史料，但他左右不了国外的史籍，而这条史料恰恰出自邻国朝鲜，其真实性是可以信赖的。洪武二十二年，朝鲜使臣权近一行曾在北平拜谒燕王，权氏著有《奉使录》记其事，其中有诗题云：

> 到燕台驿，进见燕府。先诣典仪所。所官入启，以是日先太后忌日，不受礼。命奉嗣叶鸿伴接到馆。七月十五日也。

此处“先太后”当是从汉制之称诸侯王母，显然指燕王自己的生母。诗题中明言太后忌日在七月十五日，而高皇后马氏的忌日在八月初十，显然不合。洪武二十二年，还不存在嫡庶之差别问题，故燕王即使对外国人也不遮掩其真实生母身份。所以，成祖非马氏所出无可怀疑。那么，朱棣为何一再强调自己是嫡出呢？这是因为明朝的皇位继承制为嫡长子继承制，只有嫡子继承皇位才是深孚人心的，否则会危及皇权的稳定。特别是朱棣通过靖难之役，将建文帝赶下台后取而代之，更恐难以服众。他担心后人说他篡权，所以才千方百计强调自己嫡出的身份。这种此地无银三百两的伎俩，是不足为怪的。

朱棣档案

姓名：朱棣	出生：元至正二十年（1360）四月十七日
属相：鼠	卒年：永乐二十二年（1424）
享年：65岁	谥号：文皇帝
庙号：太宗，嘉靖时改成祖	陵寝：长陵
父亲：朱元璋	母亲：马皇后，一说硕妃
初婚：17岁	配偶：徐皇后
子女：3子，5女	继承人：朱高炽
最得意：夺得皇位	最不幸：病死行军途中
最失意：夺位不正，人心难服	最痛心：诸子争储位
最擅长：计谋、武功	

相关阅读书目推荐

（1）王天有主编：《明朝十六帝·成祖文皇帝朱棣》，紫禁城出版社，1999年

（2）商传：《永乐皇帝》，北京出版社，1989年

（3）晁中辰：《明成祖传》，人民出版社，1993年

（4）杨林：《马上天子》，团结出版社，1998年

仁宗朱高炽

洪熙元年（1425）

明仁宗朱高炽，明朝的第四位皇帝。他是成祖朱棣的长子，母亲徐皇后。洪武十一年（1378）七月二十三日，朱高炽出生于明朝的中都凤阳。凤阳也是朱元璋的出生地，朱氏皇室祖陵所在地，原名临濠。洪武二年（1369），朱元璋以临濠为中都，五年后改临濠为凤阳。洪武十一年，朱元璋命朱棣等人在凤阳待命，体验先辈的生活艰辛。两年后朱棣携朱高炽奔赴藩国北平。洪武二十八年（1395），朱高炽被册立为燕世子。

朱棣在位 22 年，朱高炽即位时已经 47 岁。明朝诸皇帝中，多是青壮年即君临天下，个别者甚至是幼年即位，这是明朝皇位传承的一个鲜明特点。朱高炽这种近天命之年才登上皇位的情况，在明代是十分罕见的。

盼皇位 20 年

永乐二年（1404），几经周折，朱棣册朱高炽为太子，出征之时常令其监国。在以后的 20 年间，朱高炽与朱棣在权力的分享上本来就会产生诸多矛盾，而且还有朱高炽的两个弟弟暗中争夺储位，不断伺隙谗害，所以朱高炽的皇储位置坐得并不很舒服，有时几乎不保。

兄弟之争。朱棣有三个儿子：长子朱高炽，次子朱高煦，三子朱高燧。朱棣是一位雄才伟略的马上皇帝，而朱高炽身体肥胖，不善弓马，没有上过战场，特别是上了年纪之后有些行走不便，与其父的差别较大，因此朱棣不是很喜欢他。朱高煦则能征惯战，在靖难之役中数次救朱棣于危险之中，颇为成祖所倚重，事实上成为皇位的有力争夺者。

朱高炽的母亲徐皇后是徐达的女儿，贤良淑德，喜欢读书，人称“女诸生”。在母亲的教育下，朱高炽自幼端重沉静，言行得体。他喜好学问，让儒臣给他讲授经史典籍，很少有缺席的时候。可能是受到儒家学说的影响，他形成了仁厚的性格。一次，朱元璋命朱高炽与秦、晋、周三王的世子分别检阅守卫四城的士兵。其他三位世子回来很久了，他才最后一个回来。朱元璋有些不高兴，问他怎么用了这么久的时间。朱高炽对曰：“清晨太冷了，我等到他们吃过早饭之后才检阅，所以回来晚了。”之后，朱元璋又命他们分别批阅章奏。朱高炽只是将那些关系到军民利病的奏章向祖父陈奏，对于文字有错误的没有陈奏。太祖问他是不是疏忽了，没有看出错误的地方。他说没有疏忽，只是认为这些小错误不重要，君主应该关心百姓的疾苦。太祖非常高兴，夸他“有君人之识”。

相比之下，朱高煦性情凶悍，为人狡诈。建文初，朱棣的三个儿子滞留京师，朱棣为解除靖难的后顾之忧，上书请求建文帝放归三个儿子，得允。朱高煦记恨舅父徐辉祖曾经训斥他行为不端，这次竟然偷走了舅父的一匹好马，逃回北平。一路上惹是生非，动辄杀戮，在涿州他还擅自杀死了驿站驿丞。

靖难兵起，朱棣经常率兵四处征战，朱高炽则留守北平。朱高煦随父出征，充任前锋，屡立战功。白沟河之战中，朱棣被瞿能父子紧紧追赶，情势危急万分。这时朱高煦领数千精兵赶到，奋勇厮杀，才使朱棣脱离险境。东昌大战，燕军被南军击溃，又是朱高煦率军奋力抵抗，击退了南军。正是由于朱高煦这几次在关键时刻挽救了朱棣的性命，扭转了不利的战局，为朱棣夺得江山立下了赫赫战功，而且朱棣认为三子之中只有朱高煦最像自己，因此更加受到钟爱。建文四年（1402），朱棣在渡过长江之前，曾经向朱高煦暗示过朱高炽体弱多病，事成之后有意立朱高煦为太子。

反观朱高炽，在4年靖难之役中，没有在前线冲锋陷阵的经历，一直坐镇后方，留守北平。他在这场战争中最辉煌的事情，就是建文元年主持北平保卫战。耿炳文兵败退守真定，对此建文帝很不满，命李景隆代替，合兵50万直扑北平。当时朱棣正率兵北上收编宁王的军队，北京城守备薄弱。《仁宗实录》中说："（高炽）奉命居守，时将士精锐者皆从征，城中所余老弱不及十一。"《明史》也说："成祖举兵，世子守北平，善拊士卒，以万人拒李景隆五十万众，城赖以全。"面对这种危急的情况，朱高炽没有惊慌，而是在老将顾成的辅佐下，有条不紊地安排防守力量，制造守城兵器。他自知责任重大，经常到军民中间嘘寒问暖，深得民心、军心。每天起早贪黑，睡不过四五个小时。正是在朱高炽的精心安排和鼓舞之下，全城军民齐心，斗志昂扬。朱棣出征前曾嘱咐朱高炽只可防守，不要出战。朱高炽没有拘泥于成祖的嘱咐，而是抓住时机，派遣勇士在半夜里偷入南军军营，放火骚扰。这种做法很有效，南军因此提心吊胆，不能安眠入睡，削弱了战斗力。彰义门一度被瞿能父子攻破，幸亏李景隆指挥无方，让瞿能父子等待大军同入，丧失了扩大战果的时机。朱高炽马上抓住机会，命人连夜提水浇城。时值隆冬，滴水成冰，一夜间修复了城墙，坚不可摧。就这样，在朱高炽的组织下，北京城在数十万大军的猛攻下安如磐石，直到朱棣回军击败李景隆，并与之里外合击，打败了攻城的军队。

建文三年，朱棣差点中计杀掉朱高炽。原来，不但朱高煦对世子的位置虎视眈眈，而且朱高燧也暗中勾结太监高俨，监视朱高炽的一举一动，多次在成祖面前陷害朱高炽。方孝孺得知了这种情况，使用反间计，劝说建文帝派人送给燕世子朱高炽玺书，劝诱他依附朝廷。高俨探知这件事，偷偷向朱棣密报，说世子要私通朝廷。朱棣将信将疑，征询朱高煦的意见。朱高煦趁机在朱棣面前诋毁其兄，说朱高炽本来就与建文帝关系很好。幸好朱高炽深知其中的利害关系，没有开启信封，直接命人将书信交给朱棣。朱棣看到书信，才幡然醒悟，暗叹自己几乎误杀世子。这件事表面上看起来是建文朝的反间计，其实也反映了朱棣三个儿子之间的明争暗斗。

朱棣南京登基之后，没有马上册封世子朱高炽为皇太子，因此不免引起更立太子的猜测。按照常理，朱高炽早在洪武年间就已经为世子，如今册立为皇太子乃顺理成章之事。可是，朱棣认为朱高炽儒雅有余而英武不足，朱高煦随自己南征北哉，屡立奇功，勇武之气与自己相仿，所以朱棣在两子之间动摇不定，确定不了立谁为太子。早在靖难之时，朱棣就曾流露过改立朱高煦为太子的言语，但世子朱高炽没有什么过错，找不到合适的借口废掉。另外，废长立幼也不符合太祖定下的嫡长子继承制度，而成祖即位前后处处以恢复太祖祖制相号召，如今改立太子，等于在天下人面前自己打自己嘴巴子，这也是他难以下定决心更立太子的重要因素。

成祖的做法引起了朝臣的担心。淇国公丘福和驸马王宁等人以为朱棣不立太子的做法是在暗示更立人选，所以多次建议成祖立朱高煦为太子。这是因为，他们多是靖难功臣，与朱高煦共同征战多年，相互熟悉。文臣则大多支持朱高炽，希望储位早定，这有助于国家的安定。永乐元年（1403）正月，群臣上表请求册立太子。朱棣借口朱高炽正是求学上进的阶段，以后再议，暂时搁下。三月，群臣再次上表，请立朱高炽，成祖仍然未允。四月，周王亲自上书，请求册立朱高炽为皇太子。周王是朱棣的同母弟，关系最为密切。然而，成祖依旧未允。由此可见，朱棣当时的确非常犹豫，还没有决定册立人选。

据说后来朱棣下定决心，与解缙有很大的关系。解缙，江西吉水人，洪武二十一年中进士，年仅 19 岁。青年解缙才华横溢，曾上万言书，对洪武年间的政治局势有着深刻的批评，受到太祖赞赏。开国功臣韩国公李善长因党狱得罪而死，解缙代人上疏申冤，太祖知道了也不怪罪。解缙才大气傲，在官场上往往得罪同僚，太祖为了保护他，让其父带他回家进学，说："大器可以晚成，十年后我再大用你，也不算晚。"没等到 10 年，在第八年头上，太祖死去。解缙也就做了建文朝的翰林待诏。成祖即位，解缙与杨士奇、杨荣等 7 人组成内阁，成为成祖的核心顾问之一。成祖曾经私下里征求解缙皇太子的人选。解缙是支持朱高炽的，就说："皇长子仁孝，天下归心。"朱棣闻言，没有说话，也没有什么表情。解缙接着说道："好圣孙。"朱棣听此言后，连连点头，由是主意乃定。永乐二年（1404）四月，朱棣正式册立朱高炽为皇太子，同时册封朱高煦为汉王，朱高燧为赵王。这里的"好圣孙"指的是成祖孙、朱高炽长子朱瞻基。原来朱瞻基自幼聪颖机敏，为成祖所钟爱，后来成祖亲征蒙古时，特意带上他，有历练之意，为日后为君积累经验。解缙没有想到，正是这句话，给他带来了杀身之祸。朱高煦得知此事，深恨解缙。不幸的是，朱高炽被立为太子后，却常常不合成祖的心意。成祖对解缙的态度也慢慢发生了变化。朱高煦却宠爱日隆，“礼秩逾嫡”，解缙劝告成祖说：“您这样做，是开启争端啊，不可取。”成祖大怒，认为解缙是离间他们父子，后来找了个借口将解缙降调外职。永乐八年（1410），解缙入京奏事，刚好赶上成祖北征，拜谒了监国的皇太子朱高炽，没有等成祖返回就离京返还。久已怀恨在心的朱高煦趁机向成祖进言，说解缙伺候成祖外出，私自觐见太子而不等皇帝回来，无人臣礼。成祖震怒，将解缙逮下诏狱，拷掠备至。十三年（1415），锦衣卫指挥纪纲进呈在狱的囚犯册籍，成祖看到解缙姓名，很诧异，说了句：“缙犹在耶？”纪纲领会成祖的意思，回去后将解缙灌醉，埋在积雪中，不一会儿就冻死了，死时只有47岁。解缙对明代的文化多有贡献，主持纂修《太祖实录》和《永乐大典》。就是这样的一个才子，本来深受成祖信用，然而夹在朱高炽和朱高煦之间，无端地成了政治牺牲品。

朱高炽虽然已经被立为太子，但是争夺储位的斗争并没有因此而结束。汉王朱高煦和赵王朱高燧时刻窥视着皇储的宝座，暗中监视朱高炽，合谋夺取皇太子位。他们对太子身边的近臣，极力诬陷迫害。工部左侍郎陈寿，向监国的朱高炽提出过一些很有见地的意见，朱高炽很欣赏他，曾经看着他走出的背影，回过头来对左右说：“侍郎中第一人也。”永乐九年（1411），汉王朱高煦向成祖进谗言，陈寿被捕入狱。他的家境实在是太贫寒了，吃饭都成问题，但他坚决拒绝一些官员的馈赠，最后竟然死在狱中，直到仁宗登基后才给他平反。与陈寿一起下狱而死的还有行部左侍郎兼辅导马京和吏部侍郎兼赞善许思温。

汉王朱高煦的封地在云南，但他不肯就藩，以军功向成祖表白，并说："我何罪，斥万里？"成祖也没有办法，只好让他留在自己身边。他为了便于监视朱高炽的举动，向成祖请求让他的儿子去南京，成祖也答应了。他还请求增加护卫，成祖也同意了，这样他就有了三个护卫。永乐十三年，朱棣将他的封地改在山东的青州，但他还是不愿意就藩。因为他知道，离开京城，离开成祖的身边，自己谋取太子位置就会更加困难，因此千方百计寻找借口，拖延时间。朱棣因为他在靖难之役时立有诸多战功，对他多有放任，但对他的一些违法犯纪的事情也有所耳闻。早在永乐五年（1407），朱棣就将汉王府的属官贬到交阯，以示警告。永乐十四年（1416），朱高煦请求能留在南京。这时朱棣已经听说朱高煦的诸多不法事，将其训斥一通，拘禁在西华门内，打算废为庶人。太子朱高炽为之苦苦求情，朱棣才改变了想法，只是杀掉他身边的一些不法之徒，削去了他两个护卫。次年，朱棣将他改封乐安（今山东惠民）。这次朱高煦不敢迟缓，马上就藩，然而此后仍然在暗中等待时机，图谋夺嫡。

赵王朱高燧最为朱棣所喜爱。在被封赵王后不久，朱棣就命他驻守北京，掌管北京大小事务。永乐三年（1405），朱棣命他巡视西北边务，实际上负责西北的军务。宦官黄俨以为有机可乘，勾结一些大臣，阿附朱高燧，参与到夺嫡的行列中。永乐七年(1409)，朱棣发现了朱高燧的一些不法之事，将赵王府的长史杀掉，此后也不再信任他，北京改由皇太孙朱瞻基留守。朱高燧经过此事后，并没有放弃夺嫡的野心，只是更加隐蔽。永乐二十一年（1423），明成祖身体偶尔不适，多日没有上朝。朱高燧认为时机已到，指使黄俨等人散布谣言，诋毁太子，制造舆论，说成祖有意废掉太子，将传位于赵王。他还勾结兴州后屯卫军高以正，制造伪诏，阴谋让宦官杨庆在成祖药中下毒，事成后掌管宫中符宝，发布伪诏，废掉太子，自立为皇帝。没想到，高以正将此事告诉了姻亲王瑜，请求他参与其中。王瑜畏罪，告发此事，并向成祖献上伪诏。成祖盛怒，将高以正等人全部处死，在右顺门亲自审问朱高燧。朱高燧吓得战战兢兢，不敢说话。仁厚的朱高炽在旁百般劝解，推说朱高燧并不知情，都是下人干的。在朱高炽的劝说下，成祖才没有严惩朱高燧。

父子嫌猜。不但朱高炽的两个兄弟有夺嫡之心，而且朱棣与皇太子也存在矛盾。为此朱高炽不得不时时小心，事事留意，做太子的20年间处境艰难万状。成祖不在南京之时，由太子朱高炽监国。实际上太子并没有什么权力，大小政事仍由朱棣亲自决定，他只是处理些常事，如祭祀活动等。永乐三年，朱棣还对太子的权力进一步限制，明确申谕太子不能治臣下罪，不得授官。而且，朱棣还特别强调，自己不在京师之时，大小官员不许私自觐见太子，违者严惩不贷。这是因为朱棣担心太子监国会损害自己手中的皇权，而且对太子不是很满意，终永乐一朝都似乎如此。在册立皇太子时，朱棣命丘福为太子太师。丘福与朱高煦的关系非同一般，多次请立朱高煦为太子。朱棣让他为太子太师似乎有监视朱高炽的意思。永乐十二年（1414），朱棣北征回师，太子朱高炽遣使迎驾稍迟，朱高煦乘机进谗言。朱棣下令将东宫官属全部下狱，只有兵部尚书兼詹事府詹事金忠因在“靖难之役”中功勋卓著被赦免，密令他监察太子。金忠没有按照朱棣的想法去做，而是极力为太子美言，朱棣大怒。金忠摘掉乌纱，顿首流涕，以自己身家性命担保，劝阻成祖不要废太子。朱棣最终没有废立太子，但是东宫官属黄淮等人系狱达

10年之久，直到朱高炽做了皇帝才重见天日。

永乐十五年（1417）太子监国南京，当时有个陈姓千户，因害民取财被朱高炽调贬往交阯。然而朱高炽后来又意识到他曾随成祖在靖难之役中立有军功，因此宽大处理，改为输粟贷罪。宦官黄俨受到赵王朱高燧指使，谎称成祖判定的罪人，太子曲护。朱棣杀掉陈千户，并将辅佐太子的梁潜、周冕下狱致死。其实朱棣也知道事情的真相，而且像这样的小案件如何判罚无关紧要，他只是杀鸡儆猴，太子对此也是心知肚明。此事后不久，朱棣命胡濙巡视江、浙、湖、湘等地，特意嘱咐他在南京多停留几日，调查在南京监国的朱高炽的情况。胡濙回来后，向成祖密陈太子监国七事，说他诚敬孝谨。听到这些，成祖才稍稍放心。到了永乐二十年（1422），朱棣虽然没有了更立太子的想法，但是对太子仍有防范之心。这年九月，礼部尚书吕震的女婿张鹤朝参失仪，太子没有怪罪他。后来成祖知道了这件事情，将礼部尚书吕震和吏部尚书蹇义以在侧不言的罪名问罪，逮捕下狱。不过不久就将他们放出来了，第二年又官复原职。

永乐二十二年（1424）七月十八日，朱棣在第五次亲征蒙古的归途中，病逝于榆木川（今内蒙古多伦西北）。

朱棣的突然崩逝，给朱高炽即位带来一些波折。当时外有蒙古势力虎视眈眈，内有汉王朱高煦、赵王朱高燧对皇位窥伺已久，大军在外，皇位未定，如果稍有不慎，消息外泄，内忧外患随时可能发生。随军的大臣英国公张辅、阁臣杨荣、金幼孜和太监马云等人处变不乱，将军中的锡器收集起来，铸成一个锡棺，将朱棣的遗体装殓在锡棺里，放在龙辇中。他们担心将士知道内情后会军心不稳，特意让人每天照常进膳，使外人不知。然后杨荣和少监海寿先行，日夜兼程赶赴京师，向太子朱高炽密报成祖的丧讯，以防不测。

八月二日，杨荣、海寿回到京师，送上遗诏。朱高炽得知父亲去世的消息，痛哭流涕。为安定局面，他不能离开京师，命朱瞻基前往开平（今内蒙古多伦）迎丧。十日，朱棣的遗体被迎入北京城，停放到皇宫中的仁智殿内，全国开始隆重的祭典仪式。

八月十五日，太子朱高炽奉遗诏，在朝臣的簇拥下登基，改明年为洪熙元年。朱棣的逝世使朱高炽终于走到了执政的前台，然而造化弄人，历史没有给他更多的展示才华的机会，在位仅一年，便匆匆撒手西归。

享大宝只一载

经历了长达 20 年的并不平静的太子生涯，朱高炽即位后在政治上励精图治，想要有所作为。朱高炽之前的近 60 年，自太祖开创基业以来，虽然战事不断，屡兴大案，但是经过几十年的休养生息，国家版图已定，经济得到了初步的恢复，国家逐渐走上正轨。仁宗在此前经营积累的基础上，继续采取重农、用贤、惩贪的一系列政策，加之仁宗本人仁厚，政治环境宽松，由太祖、成祖时期的严急趋向于平稳，大明王朝在平稳中呈现出上升的势头，开创了“仁宣之治”局面，进入了明朝的鼎盛时期。朱高炽在政治上的作为主要体现在以下几个方面。

任用贤臣。仁宗即位后，选用一批品行端正、德高望重的大臣，如杨荣、杨士奇、杨溥、金幼孜等人。成祖乾纲独断，难免有些武断和粗暴，往往因为小事就将大臣逮捕下狱，甚至动辄杀戮，因此朝廷上下多不敢言。仁宗仁厚，多次颁布诏令，让大臣们直言，辅佐朝政。他先后赐给蹇义及杨士奇、杨荣、金幼孜、夏原吉等人银章各一枚，上面刻有“绳愆纠缪”字样，告诫他们要齐心协力参与朝政，凡是自己错误的地方，他们可以用此印密封进呈。

夏原吉是仁宗重用的一位大臣。他尽职尽责，敢于直言，不怕犯上。永乐十九年（1421）冬天，成祖准备征讨瓦剌，向他询问边镇粮草情况。夏原吉告知粮草只够边军，不足以供应大军，并借机劝谏成祖身体欠安，不宜出征。成祖大怒，将其下狱，籍没家产。当查抄他的家产时，除了皇帝的赐钞之外，别无余财，家徒四壁，只有些布衣瓦器。后来成祖在军中病逝前，想到了夏原吉，不禁慨叹：“原吉爱我！”朱高炽得知成祖的噩耗后，立即将夏原吉从监狱中释放出来，官复原职，共商丧礼之事。后来“罢西洋宝船，迤西市马及云南、交阯采办”，都是“从夏原吉之奏也”。郑和下西洋虽然是世界航海史的壮举，但是如此巨大规模的远行，所费人力、物力十分巨大，加之成祖五入漠北、出兵安南，国力渐有不支，因此停止大规模的军事行动和再下西洋，转而发展社会经济、稳定社会秩序是必要的。

杨士奇也受到仁宗的倚重，擢礼部侍郎兼华盖殿大学士。他能够秉公办事，敢于直言。一次，蹇义、夏原吉在便殿奏过事情后还没有退下。仁宗看见杨士奇来了，对他们说刚任命的华盖殿大学士前来一定有事要奏，让他们一起听听。杨士奇进奏说仁宗下旨减岁供刚刚二日，惜薪司就征枣80万斤，因此请求减免。仁宗觉得有道理，马上下诏减其半。

仁宗不但善于听取大臣的意见，还时常曲护，令大臣很感动。尚书李庆曾经建议把军伍余马发派给有司饲养，岁课其驹。杨士奇认为让朝廷命官牧马，有辱朝臣尊严，力请罢去。仁宗似乎不为所动。杨士奇再奏，仁宗仍不理会。不久，仁宗在思善门召见杨士奇，告诉他自己不是认为他的建议不好，只是听说吕震、李庆等人嫉妒杨士奇，自己恐怕他受到孤立，日后为他人中伤，因此没有采用杨士奇的奏疏而是借陕西按察使陈智所上“养马不便”的奏疏，下旨停止。杨士奇听后十分感动，叩头谢恩。

重农恤民。仁宗之前，经历了元末战乱、靖难之役和成祖出兵安南、五入漠北，战事连连，加之修建北京，民力凋敝，百姓贫困。在他为太子的时候，就格外关心百姓的疾苦。永乐十八年（1420），北京皇宫修建完毕，成祖命他由南京前往北京。一路上，朱高炽没有游山玩水，而是关注百姓的生活。沿途他详细地查访当地军民的实际情况，了解国家政策在地方的施行情况以及效果，不时和随行的臣属讨论政策的得与失。当路过邹县时，他发现当地人挎着筐篮在路边捡拾草籽，就急忙停下车马，询问他们这是做什么用。原来这是当地人留作荒年当粮食充饥之用的。他听后很久没有说话，心中很不是滋味。有时他下车走进路边的贫民家中，打开锅灶，看看他们的食物，看看家中的余粮。如果遇到一贫如洗的，朱高炽总是赏赐些宝钞，让他们买些粮食度日，有时甚至将自己的食物赏赐给他们。山东布政使石执中前来迎接，他询问石执中有没有想些办法来周济这些贫民。石执中说他已经奏请朝廷停止今年的秋税。朱高炽十分不悦，认为百姓都快饿死了，还谈什么收不收税的，要求马上开仓放粮。石执中奏请每人拨3斗，朱高炽说3斗不够要6斗，自己会和成祖解释。到达北京后，朱高炽将此事向父亲禀报，朱棣很高兴。

仁宗即位后，重视农业生产，与民休息，多次下诏宽恤百姓，减轻百姓的困苦。洪熙元年（1425）四月，他听说山东及淮、徐地区百姓缺乏食物，可是地方官员依旧征税，于是就在西角门命大学士杨士奇草拟诏书，减免当年夏税和科粮的一半。杨士奇进言应当让户、工二部事先上奏。仁宗却说："救民之穷当如救焚拯溺，不可迟疑。有司虑国用不足，必持不决之意。"他认为救民如同救火，迟疑片刻不知要有多少人饿死，因此令杨士奇当即书写诏书，盖上玉玺立刻付有司遵照执行。

对于遭受天灾的地方，仁宗要求当地官府马上上奏，赈济饥民。他告诫官吏，凡是地方受灾而不能马上请求赈济灾民的官员将严惩不贷。洪熙元年，隆平饥荒，户部请旨要用官府的麦谷贷给灾民，仁宗却说："即振之，何贷为？"开封黄河决口，淹了许多地方，仁宗下诏免除税粮，派遣右都御史王彰前去抚恤。

宽刑省狱。成祖朱棣与太祖十分相像，晚年用法较重，大臣动辄下狱。仁宗受儒家学说影响较多，认为开明的君主要实行仁政，讲求法律的公正，避免滥用酷刑。洪熙元年三月，他下诏严禁官吏滥用刑法，处理案件要依据事实，依据法律，秉公办案。诏书中说，刑法的作用是要禁止残暴邪恶，引导人民向善，而不是专门用来杀人的，所以今后断案都要依律拟罪；办案部门不得鞭打囚犯，不得使用宫刑，有敢自宫的人以不孝论处；除非是谋反大罪，其他罪行一概不许株连亲属；对于民间议论，不许以诽谤罪加以压制；如果皇帝因为过于嫉恶而法外用刑，那么法司要上奏劝阻，五次上奏不得可，须同三公、大臣联名上奏，必须等到皇帝答应停止为止。这是一道让臣下和老百姓欢欣鼓舞的诏书。

朱棣登基之初，将忠于建文帝的大臣纷纷治以重罪。许多大臣被杀，甚至遭受诛灭九族的惩罚，有些大臣的家属被充军、发配教坊司、浣衣局等地方，或者成为功臣的家奴，处境十分悲惨。仁宗即位后，多次下旨赦免这些人，"官吏谪隶军籍者放还乡"。

永乐二十二年，朱棣去世几个月后，仁宗下诏礼部："建文诸臣家属在教坊司、锦衣卫、浣衣局及习匠、功臣家为奴者，悉宥为民，还其田土。言事谪戍者亦如之。"同年十二月，"宽宥建文诸臣外亲全家戍边者，留一人，余悉放还"。

洁身自省。仁宗爱惜民力，对自己也要求严格。礼部奏请在冬至时接受大臣的朝贺，他没有同意。他时常以历史上的明君自励，以历史上的昏君自警，曾经谕蹇义、杨士奇、夏原吉、杨荣、金幼孜等人，说："前世人主，或自尊大，恶闻直言，臣下相与阿附，以至于败。朕与卿等当用为戒。"

他体恤民情，担心自己的行为加重了百姓的负担。一次，太常寺上奏祭祀用的纯金色的羊越来越少，请求内库拨发钱钞到市场上购买。仁宗想起去年采购的官员用洪武朝的价格从市场上购买物品，使得百姓受到了损失，因此没有同意，并告诫以后必须按照市价从百姓手中购买物品，严禁低价收购，损害他们的利益。

可惜的是，他在位仅一年时间就因病去世，时年48岁。后人对仁宗朱高炽的评价很高，认为"当靖难师起，仁宗以世子居守，全城济师。其后成祖乘舆，岁出北征，东宫监国，朝无废事"。在靖难之役中以弱敌强，保卫朱棣的根据地北平。永乐朝为太子期间，辅助朱棣治理国家，多有惠政。在位短短的一年间，改变了朱棣的治国方策，结束了朱棣屡出六军，军民疲惫的状况，使明朝过渡到稳定发展的环境；同时在用人行政方面也有很多可以写入史书的地方。甚至许多人相信，如果他更长寿些，"德化之盛，岂不与文、景比隆哉"。虽然他治理国家的时间只有一年，但是他的儿子宣宗朱瞻基继承了他的传统，沿着他的道路继续前进，迎来大明盛世的"仁宣之治"局面。

朱高炽档案

姓名：朱高炽	出生：洪武十一年（1378）七月二十三日
属相：马	卒年：洪熙元年（1425）
享年：48	谥号：昭皇帝
庙号：仁宗	陵寝：献陵
父亲：朱棣	母亲：徐皇后
初婚：18 岁	配偶：张皇后
子女：10 子，7 女	继承人：朱瞻基
最得意：成功保住储位	最失意：身体羸弱
最不幸：在位仅一年	最痛心：弟弟们图谋夺嫡
最擅长：等待	

相关阅读书目推荐

（1）王天有主编：《明朝十六帝·仁宗昭皇帝朱高炽》，紫禁城出版社，1999 年

（2）李治亭、林乾主编：《明代皇帝秘史》，山西人民出版社，1998 年

宣宗朱瞻基

宣德元年（1426）——十年（1435）

宣宗朱瞻基，仁宗长子，明朝第五个皇帝，年号“宣德”。1426年，仁宗朱高炽病逝，朱瞻基以29岁的年龄即皇帝位，时值壮年，精力充沛，又有一定的治国经验，且可以不用像他的父亲那样在太子的位置上苦苦等待20年之久，可谓恰得其时。当年成祖曾经预言他是个“太平天子”，此语果然没错。虽然宣宗在位仅有10年时间，但他是个守成之君，承继明朝开国60年来的基业，以自己德政和治道而载入史册，将明朝推向了“仁宣之治”的黄金时期。

自身：聪颖与勤奋

洪武三十一年（1398）二月初九日，朱瞻基出生在北平。在他出生的前夕，他的祖父燕王朱棣做了一个梦，梦中太祖朱元璋授予他大圭，上面写着“传之子孙，永世其昌”字样。圭，是古代封建帝王贵族在举行典礼时用的一种玉器。成祖认为这个梦有特别的寓意，是个吉兆。在朱瞻基满月的时候，朱棣看到他满面英气，与自己梦中见到的样子十分相像，非常高兴，对他也是特别的宠爱。

朱棣夺得天下后在南京登基，朱瞻基随祖母离开北京也来到了南京。祖父朱棣和祖母徐氏非常钟爱这个皇孙，对其颇为用心。朱瞻基自幼聪慧，喜好读书。永乐五年（1407）四月，他到了出阁读书的年纪，成祖特命靖难之役的第一功臣姚广孝为之讲习经书。

姚广孝是个很特别的人，至今还流传着关于他的许多传说。他 14 岁出家为僧，法名道衍，向道士席应真学习阴阳术数之学，熟读诗书，诗文俱佳。后来云游嵩山时，著名相士袁珙看到他十分诧异，说他三角眼、形如病虎、嗜杀成性，将来一定是刘秉忠一样的人物。（刘秉忠，元朝僧人，随忽必烈征云南，筹建开平城，主持设计元大都，建议以大元为国号。）姚广孝听说自己会成为刘秉忠一样的人物，正符合自己的志向，非常高兴，立志要做一番事业。因马皇后病逝，朱元璋择高僧入藩王府为马皇后诵经祈福。姚广孝因此得以入燕王府，为朱棣所知。他密劝朱棣举兵，并在靖难之役中屡出奇策，为朱棣夺得江山立下不世功勋。朱棣对他十分敬重，恢复他的姓，赐名广孝，不直呼其名而尊称为少师。朱棣让他蓄发还俗，他不肯；赐给他府邸和两名宫人，他拒不接受。上朝的时候他穿上官服，下朝后就换上袈裟，居住在寺庙中。当永乐十六年（1418）他病情危重时，成祖亲自到他居住的庆寿寺看望他，相谈甚欢。病逝后，成祖辍朝两日，亲自为他的神道碑书写碑文，记述他的功绩。

成祖朱棣以自己最为信任的大臣来辅导朱瞻基，可见对他的殷切希望。朱瞻基也没有辜负祖父的期望，学习刻苦，加之天资聪颖，过目不忘。他还留意古今兴衰，历朝治乱的内容，从中领会治国的道理。

成祖朱棣不但任命姚广孝教授朱瞻基，而且他自己也用言传身教来给与他良好的影响，为以后为国君做准备。永乐七年（1409），成祖巡幸北京，令朱瞻基同行。他特意带领着朱瞻基到田间观察农作物、农具和耕种的过程，到农民家里看他们的衣食住行，并写了一篇《务本训》给他，让他知道农业是国家根本的道理，治理国家必须体恤农民。

永乐八年（1410），朱棣亲征蒙古，指定尚书夏原吉辅佐朱瞻基留守北京，学习处理日常政务。当时南京是京师，北京称行在，虽然同样设有各种官署，但是处于草创阶段，还很混乱。夏原吉每天早上辅佐朱瞻基处理政事。面对各衙门的庞杂事件，夏原吉总能口答笔书，从容不迫，井井有条，处理好深入漠北的成祖朱棣和远在南京监国的太子朱高炽交办的各项事务。有这样能干的大臣辅佐朱瞻基，相信他一定会从中积累许多处理政务的经验。后来夏原吉又侍从朱瞻基深入乡野村落，体察百姓疾苦。成祖对夏原吉很满意，在朝堂上指着他和蹇义对朝臣说，这是高皇帝（太祖朱元璋）给我留下的贤臣，要想知道古代贤臣的样子，眼前的两个人就是。此后，朱瞻基多次在夏原吉的侍从下往返于两京之间，其间经常谈论治国方略，从夏原吉那里获得了许多经验。

永乐十二年（1414），为了让朱瞻基接受战场的历练，朱棣命他随自己亲征蒙古。朱棣已经让朱瞻基体察了民间疾苦，学习处理政务，似乎只有再让皇太孙在战场上磨砺之后才会让他日后成为文武兼备的一代圣君。朱棣并没有让朱瞻基荒废学业，命随军大臣在行军过程中继续教授他经史。皇太孙有时又跟随成祖朱棣检阅部队，学习战法。六月，明军与蒙古铁骑展开激战。宦官李谦自恃勇猛，带着朱瞻基加入战局。朱棣得知皇太孙身涉险境，急忙派军将朱瞻基解出战场。李谦自知犯下大错，自杀身亡。

正是在祖父朱棣的精心培育下，朱瞻基文韬武略、熟悉政务，为将来治理国家积累了宝贵的经验。朱棣十分欣慰，曾对朱高炽说朱瞻基日后必然是一个太平天子。如前文所说，朱棣之所以传位于朱高炽，或与钟爱皇太孙朱瞻基有很大的关系。朱瞻基机敏过人，多次维护了其父朱高炽的储位。有一次，成祖朱棣命太子朱高炽和汉王朱高煦、赵王朱高燧拜谒太祖朱元璋的孝陵，朱瞻基随往。太子朱高炽身体肥胖，还有脚疾，行走不便，由两个太监搀扶仍然踉跄。朱高煦在后面看见，故意在众大臣面前羞辱太子，说“前人蹉跌，后人知警”。没想到年幼的朱瞻基在后面随即反驳，“更有后人知警也”，顷刻之间为父亲解围。朱高煦回头看到朱瞻基，意识到在争夺储位的道路上朱瞻基也是不可忽视的力量。

幼年受到的良好教育，使朱瞻基能吟诗作赋，擅长书法绘画。他登基后经常在春秋时节，与诸儒臣登临万寿山，泛舟太液池，

宣宗绘《武侯高卧图》

良辰美景，赋诗唱和。他的诗侧重于重农、求贤的内容，表达了他励精图治、奋发有为的治国理念。宣德四年（1429）十月，朱瞻基来到文渊阁，与杨士奇、杨荣、金幼孜、杨溥、李时勉等儒臣谈经说道。他随手翻阅着经史书籍，和儒臣们讨论其中蕴意，进而探讨治国的得失。君臣谈古论今，相谈甚欢。宣宗兴致盎然，特命御膳房拿来好酒，设御宴款待他们。席间，他告诫儒臣们，自古想要治理好国家的君主都崇礼重士，你们是辅佐良臣，对于国家政事一定要知无不言。他还赋诗一首，赐给杨士奇等人，有如下诗句："大经大法古所训，讲论启沃良足娱。朝廷治化重文教，旦暮切磋安可无？"朱瞻基认为读书讨论不但能陶冶性情，还是治理国家的良策。不久，他将自己所作的《猗兰操》赐给朝臣，再次告诫朝臣要举荐贤才，只有唯才是举才能治理好国家。他涉猎较广，绘画则以山水、花鸟见长。他所绘《戏猿图》《花下狸奴图》手法细腻，颇见功底。另绘有《寿星图》一幅，赐给老臣夏原吉。又有《瓜鼠图轴》等流传于世。

宣宗绘《瓜鼠图》

宣宗绘《戏猿图》

家庭：母后与皇后

朱瞻基虽然生在帝王之家，贵为天子，但同样有七情六欲，有着家庭生活的甜美和苦恼。在他的生命中，有三个女人对他有着特殊的影响，一个是他的母后，另两个是他的皇后。三个女人一台戏，这三个女人在他的家庭生活中扮演了重要的角色。

宣宗的生母为仁宗张皇后，河南永城人，彭城伯张麟的女儿。洪武二十八年（1395）封燕世子朱高炽妃，永乐二年（1404）进皇太子妃，仁宗即位后册为皇后。永乐年间，朱高炽为皇太子，汉、赵二王觊其位多有谗陷，成祖也有易储之心。在这种情况下，张后多次维护丈夫的储位，“濒易者屡矣，卒以后故得不废”。一次，朱棣夫妇在内苑举行宴会，张氏亲自下厨服侍。成祖很高兴，对皇后说：“新妇贤，他日吾家事多赖也。”成祖说的没错，张氏的确很能干，识大体，对朝廷内外发生的事情都很了解。张皇后地位尊崇，但她对自己娘家人管束非常严格，不允许他们凭借自己的关系谋取高官，更不允许他们干预朝政，难能可贵。

宣宗即位之初，每当遇到重大的军政要事，总不忘向母亲禀报，而张太后提出的意见通常都很中肯，母子之间关系十分融洽。当时国泰民安，一派盛世景象。宣宗格外孝顺母亲，每天早晚都要到母后的寝宫问安，不时将四方朝贡的物品进献母亲。宣德三年（1428），张太后和宣宗的皇后、嫔妃畅游西苑。宣宗亲自扶着母亲走上万寿山，捧上美酒敬祝母亲万寿无疆。第二年，宣宗陪同母亲拜谒长陵、献陵。经过河桥时，宣宗下马，亲自搀扶太后的坐辇。看到道路两旁欢呼的人群，张太后意味深长地告诫宣宗，百姓能如此爱戴君主，是因为君主能够使他们过上安定的生活，所以国君一定要重视百姓的安危。返回京师的途中，张皇后走访当地的百姓，询问他们生活、生产情况，赐予他们一些钱钞。百姓献上食物、水酒，张太后亲手递给宣宗，让他尝尝真正的农家风味。正是在张太后的影响下，宣宗对百姓的生活非常关心，对农业很重视，宣德朝物阜人丰，这也是“仁宣之治”局面形成的一个原因吧。

母子融洽的关系也有一点不和谐的音符。原来，宣宗不顾母亲的反对，一意要更立皇后。宣宗的皇后为胡氏，可他更喜欢贵妃孙氏。孙氏 10 岁时，经彭城伯夫人、张太后母亲向明成祖推荐，选入内宫抚养，成为以后宣宗择配的人选。她虽出身低下，但面貌姣好，聪明伶俐。永乐十五年（1417），成祖降旨给心爱的皇孙朱瞻基选妃，结果选中了济宁（今山东济宁）百户胡善祖的第三个女儿胡氏，册封她为皇太孙妃，封孙氏为皇太孙嫔。宣宗即位后，册立胡氏为皇后，孙氏为贵妃。胡氏贞静端淑，但身体病弱，未能生育，为宣宗所冷落。孙贵妃虽亦无子，然而饶有美色，为宣宗所宠爱。当年册立后妃，按祖宗制度，皇后册立之时有宝（即金玺）有册（即写有皇帝封赐命令的金册），贵妃则有册无宝，但宣宗特命制金宝赐予孙贵妃，贵妃有宝自孙氏始，可见宣宗对她的宠爱程度。虽然宣宗赐孙贵妃宝册征得张太后的同意，但是张太后对胡皇后很满意，内心里并不真正赞同宣宗的做法。

宣宗一直不喜欢胡皇后，想更立孙贵妃为皇后，只是胡皇后贤明没有过错，找不到合适的借口。宣德二年（1427）十一月，孙贵妃生朱祁镇，使宣宗更立皇后的想法更加强烈。在朱祁镇出生不久，就有大臣上表请求立他为皇太子。胡皇后很贤惠通达，也主动表示早定国本。其实，立皇太子是件重要的事情。按照明朝皇位传承制度，即嫡长子继承制，皇后亲生的儿子才是最佳人选。此时虽然胡皇后没有子嗣，但毕竟年轻，或许日后会有皇子。因此立朱祁镇为皇子，明显有些操之过急。孙贵妃自然明白其中的道理，因此假意推辞，说等皇后身体恢复后定会有儿子，自己的儿子不敢先于皇后之子成为太子，然而宣宗却不愿意等。次年二月，宣宗册立朱祁镇为皇太子，当时他尚不满三个月，是明代册立太子时年龄最小的。

其实，宣宗之所以急于册立太子，是为更立皇后做准备。母以子贵，朱祁镇成为太子，他的生母孙贵妃的地位更高了。即便如此，宣宗要更立皇后也颇费了一番周折。他召见大臣张辅、蹇义、夏原吉、杨士奇、杨荣等人商议更立皇后之事，但大臣们认为胡皇后没有过错，不应废去。宣宗也没有办法。后来多次宣召大臣商议，也没有结果。一次，宣宗单独召见杨士奇，屏退左右，请他出主意。杨士奇问宣宗胡皇后、孙贵妃关系如何。宣宗说她们相处和睦，胡皇后生病，孙贵妃多次探望。杨士奇向宣宗建议，不如好言开导胡皇后，让她自己上表请求辞去中宫，这样就合乎礼仪。这一办法果然高明，胡皇后应允辞去中宫，只是张太后不同意。宣宗保证以后对两宫一视同仁，不分薄厚，最终张太后才勉强答应。宣德三年（1428）三月，宣宗发布敕书，废胡皇后，立孙贵妃为皇后。

胡皇后被废后，仿照宋仁宗废郭皇后为仙妃事例，号静慈仙师，退居长安宫。张太后十分同情胡氏无故被废，又欣赏她的贤惠，因此经常将她召到清宁宫中，和自己一同居住。内廷设宴，她命胡氏坐在孙皇后的上座，孙皇后经常因此怏怏不乐。到了正统七年（1442）十月，张太后病逝，胡氏非常悲伤，没过一年也去世了。对于胡皇后无故被废，时人听说后都很不理解，议论纷纷，非常同情胡皇后。几年后，宣宗也颇生悔意，曾说过“此朕少年事”，算作是自我解嘲吧。

国家：盛世与隐忧

宣宗虽然没有太祖开创基业之伟业，没有成祖开拓经营之功绩，却是个守成令主。宣宗承继祖业，奋其余烈，发奋图强，励精图治，让大明帝国在自己手中平稳向前发展，将明朝推向了天下大治的兴旺局面。

在宣宗统治的10年间，他平定了汉王的叛乱，安抚赵王，稳定了国内形势；任用了一批贤臣能士，政治清明；撤兵安南，去掉困扰多时的沉重包袱；推行重农爱民的仁政，国泰民安，国富民强。

平汉抚赵。在宣宗的身边，汉王朱高煦和赵王朱高燧一直没有放弃争夺皇位的念头，时刻威胁着社会的安定。朱高煦在被成祖朱棣安排到乐安之后，并没有改过自新，而是等待时机，准备随时发难。当仁宗突然病逝之时，朱瞻基正在南京，得知消息后日夜兼程直趋北京。据说朱高煦在南京至北京的必经之路上埋伏人马，准备将朱瞻基半路劫杀。事出仓促，阴谋没有成功，朱瞻基神速赶到北京，登基为帝。

朱瞻基即位后，深知两位皇叔久蓄异志，加强了对两位皇叔的防范，但没有采取强硬的行动，反而重加赏赐，以礼相待。朱高煦认为少主新立，软弱可欺，更加积极谋夺皇位。他向宣宗索要骆驼、马匹，宣宗都给予满足。在宣德元年（1426）正月，他派人向宣宗进献元宵灯笼，借以刺探朝廷虚实。八月，朱高煦以为时机成熟，仿照朱棣起兵举事，派人到京师秘密联络英国公张辅作内应，事发，阴谋为朝廷所知。起初，宣宗没有派兵征讨，而是修书一封派人送给朱高煦，规劝他罢兵。朱高煦不听，派人进疏宣宗，指责他违背祖训，又指责夏原吉等人为奸臣。宣宗看罢，才相信朱高煦果然反叛。这又是一场叔侄之间争夺皇位的战争，只是这次与朱棣的靖难之役在过程和结果上有很大的不同。

面对如何平定朱高煦的叛乱，朝廷意见不一。有些大臣主张命将出讨，而以杨荣、夏原吉为首的大臣则力主以建文帝为前车之鉴，要宣宗亲征。初登大宝的宣宗显示出了与太祖、成祖相似的英武气概，采纳了杨荣、夏原吉的建议，亲征朱高煦。皇帝亲征的消息极大地鼓舞了六军将士，使民心迅速安定下来，动荡的局势有所缓和。而朱高煦显然没有料到年轻的皇帝竟然会亲征，信心大失，失去了举兵之初的勇气。宣宗对战局有着清晰的把握。在行军途中，君臣商讨朱高煦会有何种行动。有人说朱高煦会攻取乐安附近的济南城，作为自己的老巢；有人说朱高煦曾经请居南京，这次他会率兵攻取南京。宣宗则另有一番见解：济南城池坚固，朱高煦不会冒险攻打；叛军的家属都在乐安城，因此朱高煦也不会南下攻取南京，只有固守乐安。正如宣宗所料，朱高煦知道新君亲征，竟然没有了主意，在乐安束手待毙。宣宗令平叛大军将乐安四面包围，但没有发动攻势，而是将劝降信射入城中，继续劝谕朱高煦出降。此时的朱高煦已经彻底绝望，私下派人来请降。叛军中的王斌等人宁愿战死，坚决阻止朱高煦投降。朱高煦吓破了胆，从间道跑出来投降了宣宗。大臣请求将其立地正法，宣宗顾及亲情，没有同意，而是将朱高煦押送回京，废为庶人，禁锢在西安门内。班师回朝，宣宗特意将乐安改为武定州。这时他一定会想起当年祖父朱棣为了开拓自己的眼界，熟悉军事，带着自己深入漠北，出征蒙古。如果祖父有知，一定会为自己兵不血刃地平叛而欣慰，况且自己还保全了叔父朱高煦的性命。

回师路经献县时，大学士陈山劝说宣宗移师彰德（赵王封地，今河南安阳），袭执赵王朱高燧。杨荣、夏原吉、蹇义也表示赞同，只有杨士奇、杨溥反对。朱高燧早存夺位之心，这是人所共知的，虽然这次他没有举兵，但始终是朝廷的祸患。宣宗颇有移军彰德的想法，只是杨士奇等人苦苦劝谏，最终班师回到京师。回到北京后，宣宗想了很久，觉得还是没有袭执赵王的做法是正确的。但是朝臣交章上奏，请求将赵王的护卫削去，将他拘留北京。宣宗没有同意，念及毕竟就这一个叔父了，应该想个保全的办法，于是他将群臣的奏疏派人送给赵王观看。赵王看到奏疏，非常惊恐，上表谢恩，自请削去护卫。正因为此，赵王得以寿终。赵王这次没有举兵，并不是因为他突然改过自新。据《（弘治）徽州府志》记载，赵王对汉王的叛乱行为很是赞成，并且积极招呼汉王派来的联络使者。赵王府左长史胡永兴力劝赵王不可造次，赵王根本不理睬。胡永兴情急之下，派人在路上截杀汉王使者，烧掉来往信件，将赵王参与叛乱的痕迹销毁了。这样，赵王才能够逃得一劫。假如赵王当时有所异动为朝廷所察的话，能否保存就是一个疑问了。不过，以宣宗对赵王的了解，他肯定知道赵王并不是那么安分。在他自己都想移军彰德的情况下，能够听从相反的意见，保全赵王，这是很难得的政治家气度。

汉王朱高煦本来也可以保留性命的。宣宗在西安门内辟出囚室，械系朱高煦于此。三年后，宣宗带着内侍前去探望。不想朱高煦对自己的处境耿耿于怀，用脚将宣宗勾倒。宣宗惊魂未定，恼怒异常，命人将朱高煦罩在一个300斤重的铜缸下，四周围以柴炭，放火将其活活烧死。铜缸都被烧化了，朱高煦的尸骨荡然无存。汉王、赵王的威胁被解除，保证了政治稳定和社会安定，为明朝平稳顺利发展提供了必要的契机。

任用贤臣。汉王朱高煦的叛乱能够很快被平定，赵王朱高燧的危机得以圆满解决，除了宣宗本身的因素外，还与他所重用的贤臣有很大的关系。在宣宗周围有一批著名的大臣，他们为“仁宣之治”的缔造做出了重要的贡献。宣德朝的著名大臣主要有五位：杨士奇、杨荣、杨溥、夏原吉、蹇义，其中前三人合称“三杨”，尤为重要。杨士奇，江西泰和人，永乐年间入值内阁，为东宫官，多次维护太子朱高炽的皇储地位。仁宗时升礼部左侍郎兼华盖殿大学士，历兵部尚书。仁、宣及英宗朝长期处于内阁首辅地位。杨荣，福建建安（今建瓯）人，当年成祖入南京准备登基，杨荣迎谒马首说：“殿下先谒陵乎，先即位乎？”朱棣恍然大悟，急忙调转马头去拜谒孝陵。正因为此事，杨荣给成祖留下的印象极好，多次随其北征，规划边务，参决军事，升文渊阁大学士。杨溥，湖广石首（今属湖北）人，永乐时为太子洗马，因太子遣使迎接成祖迟缓，为汉王所谗，曾被关人天牢10年。“三杨”都是活跃于永乐、洪熙、宣德、正统四朝的元老，在朝臣中德高望重、声誉卓越，正是股肱之臣。夏原吉，是明朝著名的理财能手，永乐时期为户部尚书，长期主持政府的财政，成祖五次北征、郑和下西洋、出兵安南、修建北京等重大事件的后勤保障都是由他规划筹措。蹇义是朱高炽当年东宫的属官，擅长谋划，为人谨慎，办事周详。

宣宗所信用的大臣各有长处，互相补充，“蹇义简重善谋，杨荣明达有为，杨士奇博古守正，而（夏）原吉含弘善断。事涉人才，则多从（蹇）义；事涉军旅，则多从（杨）荣；事涉礼仪制度，则多从（杨）士奇；事涉民社，则多出（夏）原吉”。杨溥是个特殊的人物，性格内向，但操守很好，为众大臣叹服。

几位重臣识大体，顾大局，能以国家大事为重，相互包容，不计较个人恩怨。据记载，杨荣办事果断，敢作敢为，对军务很熟悉，只是不能洁身自好，多次接受边将馈赠的良马。宣宗听说了，向杨士奇询问。杨士奇力赞杨荣通晓军务，是他和众位朝臣所比不上的，不应该因为有这样的小毛病就放弃不用。宣宗笑着告诉他，杨荣曾经在自己面前说他和夏原吉的坏话。杨士奇听后，没有丝毫的怒意，反而对宣宗请求能够像包容他一样包容杨荣。后来杨荣知道了这件事，感觉十分惭愧，对不住杨士奇，便尽释前嫌，相交甚欢。

宣宗对这几位重臣十分信任，对于他们提出的建议总是虚心接纳，君臣之间的关系很是融洽。“当是时，帝励精图治，（杨）士奇等同心辅佐，海内号为治平。帝乃仿古君臣豫游事，每岁首，赐百官旬休。车驾亦时幸西苑万岁山，诸学士皆从。赋诗赓和，从容问民间疾苦。有所论奏，帝皆虚怀听纳。”五位重臣在宣德朝的重大事件中，都起到了非常关键的“赞画”作用，如上面提到的平定朱高煦叛乱和解除朱高燧的威胁，以及撤兵交阯（安南）的重要决定。

撤兵安南。安南到了宣德朝成了一块烫手的山芋。成祖曾经兴兵 80 万征讨交阯，将其并为明朝的一个省，设置官吏，加以统治。然而交阯并未臣服于明廷的统治，起兵反对明朝的战争时有发生。成祖曾多次派兵镇压简定、陈季守、黎利等人的反抗。成祖死后，交阯的情势更加不稳定。明朝连年派兵交阯，消耗了大量的人力、物力、财力，有难以承受之重。仁宗时期，改变了成祖一味剿灭镇压的政策，以招抚为主。宣宗则主张剿抚并用的政策，派王通为征夷将军，征讨黎利，然而他内心里更想息兵交阯。宣德元年（1426）四月，宣宗就曾与蹇义、夏原吉、杨士奇和杨荣四人商议，他“反复思之，只欲如洪武中、永乐初，使（交阯）自为一国，岁奉常贡，以全一方民命，亦以休息中土之人”。这种想法是要改变直接统治交阯的做法，恢复交阯为附属国的地位。杨士奇和杨荣持赞同和支持的态度，而蹇义和夏原吉却反对，担心“若以二十年之勤力，一旦弃之，岂不上损威望，愿更思之”，因此宣宗的这个想法并没有立即实行。其实宣宗是在等待一场军事上的胜利，然后才好招抚、谈判，体面地从交阯撤兵。

宣德二年（1427），陈通率军击败了黎利，斩首万余人，但他没有乘胜追击，而是让黎利率残军逃跑。九月，黎利上书明廷，声称找到陈氏后人（当年成祖起兵的名义就是为原国王陈氏报仇复国），请求明朝罢兵，册立陈氏后人为君。宣宗有意答应，但是英国公张辅等人认为明廷如果没有合适的借口就答应，只是向天下人显示朝廷的软弱。宣宗召见杨士奇和杨荣，寻求对策。他们二人赞同宣宗的想法，认为这是体恤民情，没有示弱。宣宗在杨士奇等人的支持下，欣然同意，派特使恢复陈氏政权，命陈通撤兵。然而黎利推说陈氏后嗣已死，请求明廷册立自己。宣宗没有理会，派人继续寻找陈氏后人。宣德三年（1428），黎利再次进献贡物，请求册封，宣宗仍不理会。宣德六年（1431），黎利再次请封。宣宗考虑到陈氏后人已经无从找起，黎利署理国事已成事实，就同意了他的请求，册封黎利为国王。这样，安南再次独立，脱离了明朝的直接统治，但仍然是明朝的附属国。从此到明朝末年，明朝和安南再也没有发生过大规模的军事行动。放弃安南，免除了连年战争给人民带来的痛苦，也为明朝节省了大量的开支，除去了一个沉重的包袱。

仁政爱民。在对内的治国之道上，宣宗能够实行安民、爱民的仁政。他深知“民能载舟亦能覆舟”的道理，因此在他统治的期间内，体恤民情，实行与民休息的政策。“坐皇宫九重，思田里三农”，这的确是关心农业生产、农民生活的宣宗的真实心态。他继续推行洪武朝以来的招人垦荒的政策，发展农业生产。宣德五年（1430）三月，宣宗路经农田时，看见路旁有耕作的农民，于是他下马询问农作物的生长情况。他兴致盎然，取来农民耕田的农具，亲自犁地。没推几下，他停下来，回头对身旁的大臣说，我只是推了三下就有不胜劳累的感觉，何况农民终年劳作。说完就命人赏赐农民钱钞。他对农民的生活和处境是了解的，因此能够在制定政策时考虑到他们的利益。同年六月，京畿地区发生了蝗灾，宣宗派遣官员前去指挥消灭蝗虫。他仍不放心，特意谕旨户部，告诫他们往年负责捕蝗的官员害民的危害一点也不比蝗灾小，因此要严禁杜绝这种事情的再次发生，还作有一首《捕蝗诗》颁给臣子。

宣宗清楚，昏君滥用民力乃至亡国，隋炀帝就是个例子。宣宗以此为鉴，非常注意爱惜民力。在他统治的10年间，多次下旨为民解困。宣德元年（1426）七月，罢湖广采木。宣德五年（1430）二月，罢工部采木。宣德三年（1428）十一月，锦衣指挥钟法保请采珠东莞，宣宗不但没有同意，还认为他是想用这种扰民的事情为自己谋求利益，将他逮捕入狱。他还多次蠲免税额、积欠柴炭草，免除在京工匠中年老残疾和户内无丁力者的匠籍。

盛世隐忧。在宣宗君臣的不断努力下，宣统朝社会、经济得到了进一步的发展，进入了历史上有名的“仁宣之治”。谷应泰说：“明有仁、宣，犹周有成、康，汉有文、景。”这样的评论是有一定道理的。当时边境安定，蒙古虽有扰边的行动，但没有发生过大规模的军事行动。宣宗实行安抚的政策，力主和议，保持了和平共处的局面。放弃安南也是个明智的选择，使得久经战乱的明朝和安南都得到了稳定发展的环境。争夺皇权的朱高煦的反叛，很快就被平定了，没有酿成大的祸患，加强了皇权。宣宗爱惜民力，与民休息，重视农业，力劝农桑，鼓励垦荒，农民得以安居乐业，社会财富迅速积累起来。时称“宇内富庶，赋入盈羡”，是明王朝财力最雄厚的时期。商品生产程度提高，手工业得到发展，商路增辟，国内外贸易有所发展。农民生产生活得到保障，农民起义也很少。宣宗任人得当，吏治较为清明。

然而随着社会稳定，经济繁荣，君臣陶醉在表面的治平景象中，没有意识到盛世下存在的隐患。“臣僚宴乐，以奢相尚，歌妓满前”，纪纲为之不振，这种情况宣宗当然脱不了干系。这位年轻的天子有一种很特别的爱好就是斗蟋蟀（促织），因此被称为“促织天子”。宣宗对斗蟋蟀达到了痴迷的程度，经常派宦官选取上好的蟋蟀。因为这种缘故，斗蟋蟀在全国风行起来，蟋蟀的价格扶摇直上。后来宣宗觉得北京的蟋蟀不好，派太监四出采办。其中，苏州的蟋蟀特别好，宣宗为此还特意敕令苏州知府况钟协助太监采办1000只蟋蟀。上命下达，摊派给了当地的百姓，弄得鸡犬不宁。据说当地一个粮长用一匹马换取了一只好蟋蟀，准备献给宣宗，不料妻妾观看时跑掉了。妻妾自知闯祸自杀了，粮长见家破人亡也上吊了。蒲松龄根据这个故事情节，稍加改变，写成了《聊斋志异》中著名的《促织》一文。

土地兼并问题也在当时逐步凸显出来，大量土地流向皇室勋贵官僚地主手中。农民没有必需的土地，流民问题也已逐渐形成。宣德三年（1428），“山西饥民流往至南阳诸郡不下十万余口，有司军卫及巡检司各遣人捕逐，民愈穷困，死亡者多”。宣德五年（1430），北直隶易州有逃民1229户，山东潍县有逃民3407户。

另外，自成祖朱棣以来，朱元璋制定的祖制受到破坏，宦官逐渐受到重用。宣德元年七月，在内府设置教习内官监的内书堂，大学士陈山负责教授。宣宗时期，宦官尚未形成专权的局面，但他没有想到的是，到了他儿子英宗朱祁镇时，王振专权，以致朱祁镇被蒙古俘虏，差点断送了大明江山。

朱瞻基档案

姓名：朱瞻基	出生：洪武三十一年（1398）二月初九日
属相：虎	卒年：宣德十年（1435）
享年：38 岁	谥号：章皇帝
庙号：宣宗	陵寝：景陵
父亲：朱高炽	母亲：张皇后
初婚：20 岁	配偶：胡皇后、孙皇后
子女：2 子，2 女	继承人：朱祁镇
最得意：仁宣之治	最失意：英年早逝
最不幸：明代第一个废后的皇帝	最痛心：被称为“促织天子”
最擅长：斗蟋蟀、诗画	

相关阅读书目推荐

（1）王天有主编：《明朝十六帝·宣宗章皇帝朱瞻基》，紫禁城出版社，1999 年

（2）赵中男：《宣德皇帝大传》，辽宁教育出版社，1994 年

（3）李治亭、林乾主编：《明代皇帝秘史》，山西人民出版社，1998 年

英宗朱祁镇

正统元年（1436）——十四年（1449）

天顺元年（1457）——八年（1464）

英宗朱祁镇，是明朝开国以来的第六位皇帝，生于宣德二年（1427）十一月十一日，属羊。他9岁登基，年号“正统”，14年后在“土木堡”被蒙古瓦剌部所俘，失去帝位。8年之后，通过“夺门之变”重登宝座，年号“天顺”，在位8年，两阶段共在位22年，38岁时驾崩，庙号“英宗”。英宗虽然寿命跟他父亲宣宗一样，但他的一生却比其父要曲折得多。

英宗很早就得到命运的垂青，出生两个多月便被册立为皇太子，成为有明一代年纪最小的皇储。父亲宣宗结婚10年没有子嗣，对这个姗姗来迟的太子自然十分疼爱，并寄予厚望。宣宗驾崩后，在祖母张太后的主持下，年仅9岁（实际年龄只有7岁）的朱祁镇顺利登上皇位，君临天下。这是他一生中的幸运之处。但从另一个角度说，幼年丧父，不能不说是人生一大不幸。而更可悲的是，在他生命的最后一刻，竟然连自己的生母是谁都产生了疑问。

谁是生母

谁是英宗的生母？在这关系到皇家龙脉的大事上本不应成为

问题，但英宗的生母的确存在着不同的说法。

孙贵妃说。《明书》《明实录》等书持此说。《明书》中记载孙贵妃于“宣德二年十一月，生英宗皇帝”。孙贵妃，永城县（今河南永城）人，主簿孙忠女。10岁时，经彭城伯夫人、张太后母亲向成祖推荐，选入内宫抚养。永乐十五年（1417），册封为皇太孙嫔。宣宗即位后，册立孙氏为贵妃。朱祁镇的出生并被立为太子，成为孙氏争夺皇后之位的最重要的砝码。后来太后和诸大臣同意宣宗废掉胡皇后，册立孙贵妃为皇后，应是母以子贵。

宫人说。还有些人认为英宗为宫女所生，孙氏为了巩固自己的地位偷偷抱养宫人之子为己子，而那个宫女却销声匿迹了。《明史稿》记载孙氏“子宫人子，于是眷宠日重”。查继佐《罪惟录》也说孙贵妃“宠冠后宫，宫人有子，贵妃子之”。《明史》中也认同这种说法。

当时人王锜的著作《寓圃杂记》里有更加详细的记载：

宣宗胡皇后无子，宫中（一云纪氏）有子，孙贵妃攘为己子，遂得册为皇后，而废胡为仙姑。……英宗立，尊张太后为太皇太后、孙为太后。胡每事谦让，不敢居孙之右。正统七年，太皇太后崩，凡六宫有位号者皆得祭奠，胡不敢与太后之列，惟与诸嫔妃同事。孙太后知而有见谴之意，胡因痛哭而殂。太后命阁下诸臣议治丧之仪，时杨士奇卧病于家，诸臣往问，士奇曰：“当以后礼殓，葬景陵。”问者曰：“此非内中所欲。”士奇遂面壁不答，惟曰：“后世骂名。”诸臣因议以嫔御礼葬。天顺六年，孙太后崩，英宗尚不知己非孙所出，惟皇后钱氏知其详，亦不言。八年，英宗大渐，后泣诉曰：“皇上非孙太后所生，实宫人之子，死于非命，久无称号。

胡皇后贤而无罪，废为仙姑。其死也，人畏孙太后，殓葬皆不如礼。胡后位未复，惟皇上念之。”英宗始悟。卒如其言，遗命大行尊崇之典。

据王锜的记载，英宗是在他在位的最后一年才从皇后钱氏口中知道自己本是宫人之子，但年长日久，他已无法知道生母的身世和下落（按钱后的说法，英宗生母“死于非命”，从孙贵妃跟胡皇后争宠得逞并进而逼死胡氏的情况来看，这是很可能的），只好把一腔同情寄予被废的胡皇后身上，为她重修陵寝，一切按照皇后的规制办理。钱皇后为什么要替与自己毫不相干的废后胡氏说话？原来，作为英宗的皇后，钱氏并没有生过皇子，而当时周贵妃却有一子，即后来的宪宗。这种情形跟当年胡皇后无子、孙贵妃有子的情形极其相似。也许正是由于这一情形，使得钱氏深为同情胡皇后吧。钱皇后很幸运，并没有因无子而被废。

钱皇后出身低微，英宗很想给她的家人加官晋爵，但钱氏却推辞了。皇后的家族没有封爵，这在有明一代是很少见的，这使英宗很敬重她。最动人的故事发生在土木事变之后。当时，钱皇后把宫里的家底都拿出来交给瓦剌的使者去营救英宗。她日夜哭泣，困了就卧在地上，结果弄瞎了一只眼睛，弄坏了一条腿。英宗回来被关在南宫做太上皇，很郁闷，钱皇后都委婉劝解，让英宗舒缓一下心情。所谓“患难夫妻”，也不过如此了。所以英宗对钱皇后绝对是一心维护，即使立了周贵妃的儿子为皇太子（即后来的宪宗），也不会像他父亲一样废掉皇后。他担心自己驾崩后钱氏受周贵妃欺负，特地在临终之前遗命“钱皇后千秋万岁后，与朕同葬”。明代此前的惯例是一帝一后同葬，这道遗命就等于告诉周贵妃：你的儿子做了皇帝，但钱皇后的太后地位是不能动摇的。果然，英宗死后，周贵妃就闹了起来，要独称太后，排挤钱皇后。大学士李贤、彭时就以英宗遗命为理由反对，最后宪宗从中做个妥协，两宫并尊，周氏和钱氏同为皇太后。等到钱太后去世时，周太后又从中作梗，不让钱氏与英宗合葬。因事关国体，大臣们又起来反对，竟至"百官伏哭文华门外"。最后，又是权宜之计，钱太后葬于英宗玄堂左边，右边空着留给周太后。这时，周太后居然派人暗中做手脚，让钱太后圹位距离英宗玄堂数丈之遥，而且将中间堵塞起来，其意就是不让钱太后在另一个世界跟英宗见面。周太后的做法如今看起来是有点可笑，但在当时却是非常现实的考虑和思路，反映了宫廷斗争的复杂性。从这个方面来说，钱皇后能为宣宗废后胡氏说话，实际上折射出她对自身命运的某种忧虑。

不管英宗是宫人所生还是孙氏所生，总之都是龙脉。因为在紫禁城内，除皇帝外，只有皇帝的妃嫔，服侍的宫女和太监，不会有其他成年男子。英宗的生母为谁，宣宗自然心知肚明。如果确为孙氏夺宫人之子为己子，对宣宗来说，总是自己的骨肉，无伤大局，同时还可以帮助自己宠爱的孙贵妃登上皇后宝座，或许是心照不宣地默认了这个事情。

从以上所述，可以看出英宗的身世方面有很大的悲剧性。而同时，英宗作为一位政治人物，他的一生极富大起大落的戏剧性，也不乏某种悲剧因素。

英宗登基时，距朱元璋开基建国已有近 70 年的时间了。经过前面五位皇帝的经营，国家已经恢复稳定，经济得以复苏，呈现出繁荣强盛的态势。特别是英宗的祖父，父亲仁、宣二宗继承洪武、永乐基业，又能勤政爱民，当时宇内承平，史称“仁宣之治”。英宗是明朝建国以来第一位幼年天子。即位之初，军政大事操持在太皇太后张氏和内阁三杨手中。太皇太后张氏，是仁宗的皇后，宣宗的母亲，英宗的祖母，很有才智，在正统朝前期政治活动中起了非常重要的作用，国家大事多禀裁决。三杨，即杨士奇、杨荣、杨溥，是明朝历史上少有的“名相”。他们历永乐、洪熙、宣德三朝，有着丰富的治国经验。因此在英宗亲政之前，明朝仍然延续着仁宣时期的发展轨迹前进着。正统七年（1442），太皇太后张氏去世，三杨也先后淡出政治舞台，幼冲天子已经逐渐长大成人。如果按照历史发展的正常逻辑，英宗最起码应当是个守成之君、太平天子，但在他亲政之后几年内，却发生了一件对明朝历史影响极大、对英宗本人命运也影响极大的事件——土木堡之变，给他的命运带来了巨大的落差。

谁是对手

英宗自小心目中都存在着一个强大的对手，那就是北方的蒙古人。他要时刻提防蒙古铁骑入侵北边，骚扰百姓。

明朝的江山是推翻元朝统治，从蒙古人手中夺过来的。明朝建立后，蒙古人虽然失去了对中原的统治，但在北方草原地区仍然有很大的势力。洪武元年（1368），明太祖朱元璋在南京即皇帝位不久，就命徐达领兵出征北元。元顺帝见大势已去，逃离大都（今北京市），返回漠北。虽然蒙古无力与明朝一争天下，但雄踞北方，时刻都是明朝的重大威胁。

明朝历代统治者都把北元作为心腹大患看待。太祖分封秦、燕、晋、宁、辽、岷等边塞诸王，分镇要害边地，屯驻重兵，形成了一道抵御蒙古的防线。洪武年间，太祖还多次出兵打击蒙古势力。永乐年间，成祖朱棣迁都北京，实际上是把抗蒙总部搬到了前线，先后5次亲征，使得北部边境稍得安宁。在最后一次亲征途中，朱棣病逝。

自仁、宣时期起，明朝对蒙古政策发生了很大的变化。太祖朱元璋、成祖朱棣对蒙古主要采取以攻代守，主动出击的策略，长驱直入，极大地削弱了蒙古各部的势力。此时则转变为镇守九边、互市往来的以守为攻的方针。蒙古游牧经济有其内在的不足，生产分工不发达，手工业制造水平低下，因此日用品、手工业品缺乏，必须依靠其他途径获得。获得的手段不外乎有两种：掠夺和贸易。贸易又分为朝贡贸易和马市贸易。马市贸易，设于边境，蒙古以驼马皮毛换取日用品，但明朝政府明令禁止买卖铜、铁、兵器。朝贡贸易，始于永乐朝，入贡驼马兽皮，明朝则估价给值，另有大量赏赐。但是这种朝贡体系隐藏了很大问题，蒙古派遣的使团人数越来越多，沿途州府供应吃力，而且其间夹杂不法之徒，频频生事。如果得不到满足，蒙古就会侵犯边境。正统初期，英宗忙于用兵麓川，无暇北顾，使得也先（蒙古首领，自称太师淮王）利用机会扩大势力范围。也先先是向西发展，将依附明朝、屏卫明朝西翼的各蒙古部落收服，然后挥兵东下攻取兀良哈三卫。此时，也先的势力范围西起今日的新疆、甘肃、青海，东至辽东地区。

正统十四年（1449），也先遣使2000余人进马，诈称3000人。明朝大宦官王振怒其诈，削减马价，也先遂以此为借口领兵大举进犯。英宗在王振的唆使下，草率决定亲征。这次亲征，英宗的本意是想效仿其曾祖父成祖5次亲征蒙古的壮举。七月十五日，英宗命御弟朱祁钰留守北京，率大批官员，挑选精兵50万出师迎敌。八月十三日，大队人马驻扎在土木堡，旋被也先部队包围。土木堡地势虽高却没有水源，掘地两尺仍不见水，士兵饥渴两日，战斗力大为下降。十五日，明军被蒙古军击败，50万大军伤亡过半，公侯大臣死难者甚众，可怜英宗也被也先掳去，转瞬间就由贵不可言的皇帝变为阶下囚。

土木堡之败，是明朝由盛而衰的分水岭，也是英宗人生经历的第一个谷底。幸好在英宗被俘的一年时间里，也先对这位对手颇为尊重。据说也先命每2日进羊一只，7日进牛一只，逢五逢七逢十作筵席，逐日进牛奶马奶。北方天气寒冷，他还曾令妻子出献“铁脚皮”，给英宗御寒暖脚之用。也先曾经对明朝使臣说过这样的话：“大明皇帝与我是大仇，自领军马与我厮杀。天的气候（意志），落在我手里。众人劝我杀他，我再三不肯。他是一朝人主，我特着知院伯颜帖木儿，使早晚恭敬，不敢怠慢。你每（们）捉住我时，留得到今日么？”

英宗被俘，也先视为奇货可居，想以此要挟明廷。而明朝这边，在英宗被俘后，于谦等人拥立英宗的弟弟朱祁钰为帝，史称景帝或代宗。经过一番较量后，原本被视为奇货的英宗变成了空质，也先于是有送英宗南归之意。然而景帝对于英宗南归并不积极。后右都御史杨善等人请命出使，景帝所给敕书只是有关议和内容，不提迎复英宗之事，也不给金帛等赏赐的礼物。杨善只好变卖家产，自己购买了些礼物。在他的积极斡旋下，英宗得以平安南归。

但是在迎接朝见英宗的礼仪上，景帝与大臣又产生了矛盾。景帝认为仪礼过重，应该从简。大臣提出异议。最终还是英宗在几封书信中称自愿迎奉从简才缓解了局面。见面之时，仿唐朝天宝之乱后玄宗、肃宗禅让之礼，英宗、景帝之间禅让。随后，英宗被送入南宫，开始了 7 年的幽禁生活。7 年间，英宗未能踏出南宫半步，名为太上皇，实为囚徒。英宗被幽禁在南宫期间，景帝为了确保自己的地位，防止英宗复位，做了两件事。

一是对英宗严加看管。南宫大门常年紧闭，日常的饮食衣物都是从一个小窗户递送进去。为防止南宫与外面联络，纸笔极少供应。英宗的伙食不是很好，钱皇后不得不做些针线活出售来换取必要的食物，有时还要靠娘家贴补一些。有个太监说南宫的树木多，恐怕会有人越过高墙与英宗联系，景帝遂命将大树砍伐。当然，虽然景帝时时刻刻防备英宗复辟，但他并没有对皇兄做得太过分。有个叫徐正的刑科给事中建议英宗不宜居住南宫，应迁置所封之地以绝人望。景帝听后愕然，并没有听从他的建议，反而将其治罪。

二是谋易太子。景泰帝登基之时，曾许诺将来传帝位于英宗的长子朱见深（土木堡之变时 3 岁），并立其为太子。但是景帝即位没几年，就想换自己的长子为太子，只是苦于一时间没有什么好办法。从景泰三年（1452）开始，他不断给内阁学士和七卿中的一些人加官晋爵，时常加以赏赐。四月，千户袁洪知道皇帝想换太子的心思，上“永固国本事”疏，请易太子。景帝十分高兴，下旨臣议。大臣们知事已至此，纷纷表示赞同，称“父有天下必传于子，此三代所以享国长久也”。景帝十分高兴，给大臣们加官加俸，并于五月初二日，册立朱见济为太子，废英宗的长子朱见深为沂王。

被软禁在南宫的英宗听到这个消息，真不知作何感想！一直被视为心腹之敌的也先在得胜后还能够礼遇自己，并护送南归，虽然有他的政治企图，但也总算仁至义尽。而自己的同胞兄弟不仅占据了皇位，还对自己处处提防、严密监视，并且废了自己的太子，绝了自己的后望。谁才是自己真正的对手？是外敌，还是兄弟？

谁是忠臣

英宗不仅很难弄清谁是对手的问题，在谁是朋友，或者说谁是可仰仗的忠臣的问题上，也时时陷入迷茫。

英宗在位 22 年，被俘北居 1 年，南宫幽居 7 年，又于景泰八年（1457）乘景帝病重，在武清侯石清、左都御史杨善以及副都御史徐有贞、太监曹吉祥等人的拥戴下复登皇位，真可谓经历了天上人间的剧烈变化。在这期间他宠信过一些人，重用过一些人，惩处过一些人。他宠信的人，有的断送了他，比如王振；他重用的人，有的对他产生威胁，比如石亨和曹吉祥；他惩处的人，有的明知其对社稷有功，却不得不如此，比如于谦。总之，任用非人，是他作为一个皇帝的最大失败之处，同时也在某种程度上决定了其跌宕起伏的悲剧命运。

王振。他是英宗正统朝举足轻重的政治人物，蔚州（今河北蔚县）人，一说北直隶宣府（今河北宣化）人。据查继佐《罪惟录》说，王振“始由儒士为教官，九年无功，当谪戍。诏有子者许净身入内，振遂自宫以进，授宫人书，宫人呼王先生”。可知王振永乐时入宫，因有文化逐渐崭露头角。在英宗做太子时，王振就在身边。王振善权术，能察言观色，深受英宗宠信，称其为“王先生”。英宗即位后，命掌司礼监。在明代，司礼监太监有“内相”之称，掌批红，权力很大，可与内阁分庭抗礼。

有人认为王振是明代第一个权阉，是明代宦官专权始作俑者。

朱元璋建国伊始，规定内官不许习字，只供洒扫驱使。又令宦官不许干政，违者斩，并铸铁牌立于宫门之侧。终洪武一朝，无宦官干政的现象。永乐朝情势为之一变。靖难之役时，大批宦官投奔朱棣，报告朝中虚实，为朱棣夺取江山立有功绩。成祖朱棣因此信任宦官，允许读书习字，逐渐委以重任，但仍未有专权现象。王振之得宠，与其是东宫旧人的身份很有关系，因为“出入起居之际，音声笑貌，日接于耳目，其小善小信，皆足以固结君心”。王振之后的刘瑾、魏忠贤都是这种情况。

正统初年，外廷有“三杨”，内宫有太皇太后张氏，王振尚处处小心，不敢嚣张。张太后是位很有能力的女人，当年宣宗病逝前担心英宗年纪幼小无法理政，特在遗诏中写下“大事白皇太后行”，这在明代遗诏中是少有的。但是，张太后在正统七年（1442）去世，“三杨”也先后去世，使得王振可以肆无忌惮地弄权，大兴土木，广收贿赂，使用重刑，威势倾朝廷。

英宗对王振信任有加，礼遇甚隆。他在给王振的敕书中说：“朕自在春宫，至登大位，几二十年。尔夙夜在侧，寝食弗违，保护赞辅，克尽乃心，正言忠告，裨益实多。”这封敕书的感情是真挚的，英宗从小和王振在一起，王振又能替他处理冗杂的政务，使英宗对王振不仅信任，而且依赖。正统六年（1441）年末，英宗大宴文武百官。按照惯例，宦官不能参加。英宗时刻不忘王振，宴会中间专门派人探视。使臣到时，王振怒气正盛，说：“周公辅成王，我独不可一坐乎？”使臣回报，英宗不仅不以为忤，反而不惜违背祖制，召王振入席。王振到时，百官望风而拜。还有一次，王振见工部侍郎王佑貌美而无须，便说：“王侍郎何以无须？”王佑竟然回答：“老爷所无，儿安敢有？”从中可见王振权势之盛，以及百官的奴媚之相。

正统十四年（1449），也先率兵犯边。王振认为这是扬威远方的机会，也是进一步提高自己在朝廷中威信的机会，于是怂恿英宗贸然亲征。英宗自己也想仿效曾祖父成祖扫荡漠北，因此不顾大臣们的劝谏，草率亲征。结果，英宗不但被俘北去，而且失去了皇帝的宝座。王振也在这次战役中丧生。关于王振的死因，说法略有不同。有人说是乱兵所杀，有人说是明将樊忠所杀，但英宗复辟后对王振念念不忘，说他英勇杀敌力战而死，并用太监刘恒言赐祭招魂以葬，祀之智化寺，赐祠曰精忠。

石亨。石亨，渭南（今属陕西）人，袭父职为宽河卫指挥佥事，后累官至都督同知，守大同。也先犯大同时，石亨大败，单骑奔还，受到处分，后来还是于谦推荐他掌管五军大营。也先围困北京时，他立有军功。景帝很信任他，病重时让他代行祭祀大礼。石亨见景帝病情沉重，便起了异心，联合曹吉祥、徐有贞等人密谋拥立英宗复辟，立不世功勋。景泰八年（1457）正月十七日，副都御史徐有贞、武清侯石亨、太监曹吉祥等人乘景帝病重之际发动政变，拥立英宗复辟，史称“夺门之变”或“南宫复辟”。石亨因拥立有功，受到英宗的重用和赏赐，由武清侯升为忠国公，食禄1500石。英宗对石亨言听计从，让其掌握京军。石亨借机大肆培植党羽，干预朝政。他的侄子石彪英勇善战，想要谋取大同守备的要职，这样就可以和石亨内外结合，遥相呼应。英宗本来对石亨的专横已经有所不满和不安，这次借口石彪私自让属下奏请谋取镇守大同事，便将石彪逮捕下狱。后来又罢去石亨的职权。次年，石亨因事被诏捕入狱，籍没家产。不到一个月的时间，石亨瘐死。什么是瘐死呢？瘐死是指在监狱中因疾病、饥饿、折磨等原因而非正常死亡。随后，石彪亦被诛，权臣石氏的权势顷刻间烟消云散。有人认为石氏虽然作恶多端，但罪不至死。但石氏之败，为英宗去了心头之患。

曹吉祥。曹吉祥是参与夺门之变的另一个重要人物。他是永平滦州（今河北滦县）人，宦官。早年依附于王振，参加过麓川之役、征兀良哈、讨邓茂七和叶宗留等，立有军功。石亨之败，给曹吉祥以很大的打击。天顺三年（1459），英宗听从内阁大学士李贤的意见，下诏禁用“夺门”字样。因为李贤认为，“夺门”意味着英宗得到皇位的不合法性，不过是石亨等人张大其功罢了。曹吉祥看到夺门之功被否定，石亨败亡，心里恐惧，渐蓄异谋。曹吉祥和他的侄子曹钦，蓄养了大批死士，决定于天顺五年（1461）七月举事。事发前夜，马亮畏罪告变。曹钦知事已泄，匆忙起事，杀死锦衣卫指挥同知逯杲等人。逯杲，本来得到过曹吉祥推荐，后来揣摩英宗的意思，刺探石亨、曹吉祥的阴事，多有讦告，曹钦恨之入骨。曹钦屡次攻打皇城不得，便退守曹宅，最后战败，投井而死。3 天后，曹吉祥被磔于市。

于谦。于谦（1398~1457），钱塘（今浙江杭州）人，字廷益，号节庵。永乐进士，曾随宣宗平汉王朱高煦叛乱。出按江西时，卓有政绩，百姓称颂。正统十一年（1446），曾遭人陷害入狱论死，因百官百姓力请得免。土木之变时，为兵部右侍郎。英宗被俘、也先直逼北京的消息传到北京后，人心惶惶，这时于谦挺身而出，担负起保卫北京的重任。在此期间，他主要做了以下几件大事：第一，拥立景泰帝。明朝因无国君，人心不稳，情势动荡。当时英宗长子才 3 岁，无法胜任军国大事；监国的朱祁钰，是英宗的异母弟，22 岁，年富力强。于谦及百官与皇太后商议，拥立朱祁钰为帝，稳定了混乱的局势。第二，力排南迁之议，保卫北京。翰林侍讲徐有贞等人想要南迁以避兵锋，于谦坚决反对，认为一旦南迁则北京、九边都将不保。在于谦的力争下，景帝下定决心保卫北京，并把守城的重任交到于谦身上。土木之变，英宗所率50万京师劲旅皆没，北京只剩下不到10万老弱病卒。于谦招勤王兵，整饬军务，列兵九门，亲自督战，破瓦剌军，成功地保卫了北京城。第三，社稷为重君为轻。也先以英宗为奇质，逼迫明廷就范，漫天要价。于谦认为社稷为重君为轻，主战不主和，使得也先奇货可居的愿望没有实现，维护了明朝的利益。英宗通过夺门之变重登宝座的当天，就传命在朝班中逮捕于谦。论刑当凌迟处死，籍没家产。英宗颇为犹豫，认为“于谦实有功”，不忍心杀害功在社稷之人。此时，参与夺门之变的徐有贞提醒说：“不杀于谦，此举为无名。”那意思就是说，如果不杀于谦，你就是得位不正，没有合法性。这样英宗才下决心杀于谦。于谦被杀，可能始终是英宗心中不可解开的一个心结。于谦死了以后，蒙古又开始屡屡骚扰明朝北方边境，英宗计无所出，只是忧心不已。有一天，恭顺侯吴谨趁机在旁进言：“如果于谦还活着的话，一定不会让敌人如此猖狂。”英宗听了，默默无语，也不怪罪吴谨，想必其内心肯定会起波澜吧！英宗复位后，陈汝言继于谦为兵部尚书，不到一年，因事获罪，抄家时缴获赃物巨万。英宗召大臣去看，很伤心地说：“于谦在景泰朝深受信用，死的时候却家贫如洗。陈汝言贪得也太多了吧！”于谦抄家之时，家无余赀，只有正门锁得紧紧，打开一看，却都是景帝所赐的蟒衣和宝剑。故而英宗如此感叹。于谦诗文亦佳，《石灰吟》被认为是他人生的写照：

千锤万击出深山，烈火焚烧若等闲。

粉骨碎身全不怕，要留清白在人间。

英宗自小受到良好的宫廷教育，本性也不坏，只因贸然出征，沦为阶下囚，不仅自身命运徒增波折，也使大明帝国陷入危机。不过，也许正是由于被囚、被禁的经历，使得英宗对命运多了几分敬畏，对人命多了几分尊重，对世事多了几分理解。在他复位之后，做了几件颇为史家所赞赏的好事。其中一件就是前面所提恢复宣宗废后胡氏名号之举，并使之葬礼如仪。第二件就是释放建庶人。

建庶人是建文帝次子朱文圭。1402 年，明成祖攻入南京之后，建文帝及其长子朱文奎不知所终，次子朱文圭则被成祖幽禁起来，称为“建庶人”。到英宗天顺年间，建庶人已经在长期的幽禁岁月中从两岁幼童长为 50 多岁的老翁了。大概由于也曾经历过长期被囚的生活，英宗突然有一天想起了这位远房叔叔，动了恻隐之心。他跟李贤说不忍心再囚禁建庶人。李贤对此大加赞赏，于是英宗不顾左右近侍的反对，派人给建庶人修建了房屋，任其自由出入，并供应生活。说起来，英宗的皇位是他曾祖从建庶人那边抢过来的，在当时曾遭到天下人的质疑或反对。英宗身边的人担心放出建庶人会出变故，他倒很有气度，说：“有天命者，任自为之。”释放建庶人一事受到百官和百姓们的真心赞叹，也算是给 50 多年前的纠纷做了一份补卷。

还有一件事，对英宗以后的帝王影响很大，那就是废除殉葬制度。明太祖死的时候，许多宫人陪葬。自此之后，成祖、仁宗、宣宗、代宗去世都以宫妃殉葬。英宗觉得这很残酷，临终前遗诏停止殉葬。此后明代各帝都遵从这个遗诏，不再以宫妃殉葬。

英宗所做的这几件事，被史家赞为“盛德之事，可法后世”。《明史》称英宗在位期间，“无甚稗政（坏政策）”。可是，英宗并不能遏制大明帝国日益走向危机的趋势。到他儿子宪宗的时候，情况就有点恶化的兆头了。

朱祁镇档案

姓名：朱祁镇	出生：宣德二年（1427）十一月十一日
属相：羊	卒年：天顺八年（1464）
享年：38岁	谥号：睿皇帝
庙号：英宗	陵寝：裕陵
父亲：朱瞻基	母亲：孙皇后，一说宫女
初婚：17岁	配偶：钱皇后
子女：8子，8女	继承人：朱祁钰、朱见深
最得意：释放建庶人	最失意：幽居南宫
最不幸：被也先俘获	最痛心：杀功臣于谦
最擅长：信用王振	

相关阅读书目推荐

（1）王天有主编：《明朝十六帝·英宗睿皇帝朱祁镇》，紫禁城出版社，1999年

（2）赵毅、罗冬阳：《正统皇帝大传》，辽宁教育出版社，1993年

景帝朱祁钰

景泰元年（1450）——八年（1457）

明代有 16 位皇帝，但明代帝王陵寝却只有 14 座，就是南京明孝陵和北京十三陵。这是怎么回事呢？原来，还有两位明代皇帝死后没有葬入皇家陵园。一位是建文帝，“靖难之役”后江山被其叔父朱棣夺了去，自己也下落不明，成为千古谜案；另一位就是明朝的第 7 位皇帝代宗朱祁钰。

代宗朱祁钰，即景帝，宣宗朱瞻基的次子，英宗朱祁镇之弟。宣宗虽然宠幸甚多，却只有英宗朱祁镇和景帝朱祁钰两个儿子，景帝小英宗一岁。他的母亲是吴贤妃，镇江府丹徒县人，于宣德三年（1428）被封为贤妃。英宗即位后，他被封为郕王。正统十四年（1449），22 岁的朱祁钰即位，在位 8 年，年号景泰，病逝时只有 30 岁。本来景帝生前已为自己在皇家陵园建好陵寝，没想到去世后，被英宗废掉陵寝，以亲王礼葬于西山。景帝虽然在当时没有受到礼遇，但在后世却找到了知音。明史专家吴晗称赞景帝是一位难得的好皇帝，并且曾与郑振铎一起在西山找到了景帝墓，加以修葺，辟成公园供人纪念。景帝为什么会深受吴晗赞赏呢？这要从他即位的来由说起。原来，景帝是临危受命，在国家危急关头登上皇位，领导了一场抵抗蒙古入侵的北京保卫战，保障了内地居民的安居乐业，有功于社稷，所以吴晗称他为好皇帝。

国难之际享位

景帝的皇位得来颇有些意外。按照明代皇位传承的制度，恐怕朱祁钰不会对皇位有太多的奢望，因为英宗只比他大一岁，年富力强，而且已有子嗣。但是，正是在一种极其特殊的情况下，他被推上了皇帝的宝座。

正统十四年（1449），英宗不顾大臣的反对，听从宦官王振的蛊惑，冒险亲征进犯的瓦剌也先部，结果八月十五日在“土木堡”被也先俘虏。英宗被俘的消息十六日就传到了北京城，局势混乱，人心不安。十八日，为了安定局势，皇太后孙氏宣布由郕王朱祁钰监国，于午门南接见百官，同时立英宗之子朱见深为皇太子。英宗被俘，朱祁钰是监国的不二人选，因为英宗只有他一个弟弟，而且朱见深年纪太小，难以在国难中承担起拯救大明江山的重任。皇太后孙氏和皇后钱氏幻想着用金银财宝换取英宗的放归，将宫内金银珠宝搜刮一空，用八匹健马驮负，派人送到也先营中，然而也先财宝照收，人却不放。

郕王朱祁钰监国期间，发生了“左顺门事件”，是对他政治能力的第一次考验。八月二十三日，朱祁钰在午门代理朝政，右都御史陈镒上奏指出王振祸国殃民，应族诛以安民心。原来朝臣早就对王振专权极为不满，但在他专权擅政的时候敢怒不敢言。百官普遍认为王振是土木之败的罪魁祸首，所以陈镒此言一出，大家纷纷响应。年轻的郕王朱祁钰没有治国经验，面对这种场面不知所措，犹豫不决，只是挥手让他们先退下。这时王振的死党、锦衣卫指挥马顺见郕王让百官退下，上前叱骂驱逐朝臣。大家对马顺投靠王振狐假虎威、为虎作伥早已不满，并对他害死翰林侍讲刘球一案已有耳闻，此时见他依旧气焰嚣张，已再无法忍受。户科给事中王竑怒火中烧，上前扯住马顺头发，用嘴撕咬，并大声斥责他奸佞小人而罪当诛。群臣蜂拥而上，不顾是在堂堂朝廷上，对马顺拳脚相加，顷刻将他打死在左顺门。随后群臣又索要王振余党宦官毛贵、王长随。在大臣的压力下，二人被人从宫门中推出来，立刻又被大臣们打死，三人尸体被拖出，陈列于东安门外示众。在中国历史上，像这样大臣们公然在朝廷上打死人命的事情恐怕是绝无仅有的。面对混乱的局势和过激的行为，郕王惊恐万分，转身就要回内宫。这时于谦上前拦住郕王，请求他宣布马顺等人论罪当诛，参与殴杀的官员一概不究。朱祁钰恍然大悟，照此宣告，并族诛王振，抄没家产，惩治王振余党。这样，情势才得以安定。

虽然英宗被也先拘押，自己掌监国大权，但是朱祁钰倒没有坐上皇位的想法。当时明廷面临的局势是，英宗被俘，也先率兵虎视眈眈，国家的形势岌岌可危，有着亡国的危险。大臣们认为，郕王朱祁钰监国，终究没有皇帝的名分，明朝仍然处于一种国无君主的境况。对于也先而言，手中的英宗成为威逼要挟的筹码；对明朝而言，这种情况不利于政令、军令的推行和人心的稳定。因此，许多大臣提出议立新君是当时情况下的最佳选择。但是选立谁为新君呢？当时能够继承皇位的只有两个人，即英宗的长子朱见深和英宗之弟郕王朱祁钰。按血统名分和明朝的皇位继承制度而言，朱见深应为首选，只是他当时只有 3 岁，在这种特殊的情势下，他难以担负起拯救国家于危难的重担。郕王朱祁钰时年

22岁，风华正茂。于谦等众大臣从国家社稷的角度考虑，更加倾向于拥立郕王朱祁钰为新君，这种想法也得到了皇太后孙氏的支持，下懿旨令朱祁钰继承乃兄皇位。朱祁钰接到懿旨后，非喜却惊，躲到自己的府中，不肯出来接受。因为他知道，眼前国家处于极度危难之中，情势不定，而且英宗虽然被俘，或许还有返回的一天，那时情景如何，他心中委实难测。这种情况下，于谦起到了关键作用。他向朱祁钰指出，“臣等诚忧国家，非为私计”。一句话点醒年轻的郕王，让他意识到了自己身上所负担的责任。于是，几经避让的郕王朱祁钰不再推辞，于九月六日即皇帝位，遥尊英宗为太上皇，以次年为景泰元年，英宗长子朱见深仍为皇太子。应该承认，拥立朱祁钰即皇帝位，是对明朝皇位继承制度的破坏，是对被俘英宗的背弃，但是在当时特殊的背景下，这种做法还是有其充分的合理性。毕竟，拥立朱祁钰客观上使得也先手中的英宗失去了奇货可居的筹码价值，又使得明朝人心稳定，上下一致，有利于抗敌大局。可以说，于谦等大臣拥立代宗，是出于公心，跟历史上常见的拥立皇帝以邀功的情况是大不相同的。景泰八年（亦即天顺元年，1457）元月，明廷发生了一起政变，石亨、徐有贞等人趁景帝病重之机，拥立英宗复辟，是为“夺门之变”。当时，有一些官员请景帝复立沂王朱见深（即宪宗）为太子，石亨认为“请复立东宫，不如请太上皇（英宗）复位，可得功赏”，遂与徐有贞等人密谋。阴谋已定，徐有贞跟他的家人分别时说：“事情成功了，就是社稷之利；失败了，就有灭门之祸。我如果回来，就是人；如果不能回来，那么我就是鬼了。”这话活现出官场投机者典型的赌徒心理。所谓的“社稷之利”不过是一个幌子罢了。夺门之后，石亨等人居功自傲，英宗也颇为不堪。大臣李贤提醒英宗说："石亨他们以'夺门'居功，可这'夺门'二字怎么可以流传后世？皇位本来就是陛下的，如果是夺，那就是不正常的了。况且，幸亏当时成功了，不然万一失败了，石亨等人死不足惜，我实在不敢猜测陛下会有什么下场。"英宗大悟，敢情石亨是拿自己下赌注来着，遂下令今后不许提"夺门"二字，也逐渐疏远石亨等人。可见，石亨、徐有贞等人的境界显然不能跟于谦同日而语。正因于谦以社稷为重的气魄，所以明人凌煜才写诗称颂他说：

鑾輿北幸国无人，保障须凭柱石臣。
不是于公决大议，中原回首尽胡尘。

国难之时登上皇帝的宝座，景帝不得不面对严峻的考验。即位后，他主要做了两件大事。

第一，重用于谦，保卫北京城。也先俘获英宗后，犯了战略上的错误。他没有挥师直下北京，而是挟英宗来到宣府、大同等北边重镇，企图以英宗为饵索要钱财、赚得城池。但是守城官军不开城门，也先的计划落空。随后他又率兵回到蒙古老营黑松林，十月初才纠合各部直趋北京。这在客观上给了明朝以喘息、调整的机会。当然，也先之所以没有在俘获英宗后直扑北京，也有他自己的考虑：一是因为俘获英宗实属意外，事先并没有想到；二是当时蒙古军队兵分三路，也先担心自己孤军深入，又有宣府、大同威胁后路，十分冒险，不如退回老营，集合队伍后再卷土重来。

在大明社稷生死存亡的关头，景帝对于谦给予了充分的信任和支持。而时任兵部尚书的于谦，也深知责任重大，毅然挑起了抵御蒙古铁骑、保卫北京的重担。

经过土木之役，“京师劲甲精骑皆陷没，所余疲卒不及十万，人心震恐，上下无固志”。于谦奏请将南北两京、河南备操军、山东及沿海备倭军、运粮军以及剿捕农民起义军的明军急驰北京增援，同时为了不让粮草落入也先手中，下令将北京城东60里的通州仓粮移入京城。然而通州仓积粮甚多，非大量人力、物力恐难在短期内搬运完毕。这时应天巡抚周忱建议令人自取，于谦奏请景帝准许文武京官、军兵预支通州仓粮，令其自取，能够多运者还给予白银、布匹奖励。如此，通州仓粮很快就运入京城。有了充足的粮食储备，人心得以安定，也为不久的战斗做好了物资准备。

在如何进行北京守卫战的问题上，出现了不同的意见。成山侯王通建议在北京城外挑建城濠以拒抗也先；总兵官石亨坚持坚守城池、闭门不出、以逸待劳的办法；而于谦认为坚守不出则示弱于人，也先会更加猖狂。于谦的意见得到了景帝的支持。于谦遂分遣诸将率兵22万分列于京师九门之外，命诸将皆受总兵官石亨的节制，他自己则身披甲胄亲赴石亨军中督战。随后，他下令关闭九门，以示有进无退，背水一战的决心。此外，他还注意提高军兵的士气，“泣以忠义谕三军，人人感奋，勇气百倍”。

在安排京城防御的同时，于谦还加强了北方重镇的防务。宣府、大同是明朝抵御蒙古进攻的最为重要的军镇，也是北京城的屏障。于谦十分重视这两处军镇的防守，奏请景帝加封镇守宣府总兵官杨洪为昌平伯，全权负责宣府的防务，并谕奖宣府巡抚右副都御史罗亨信。当时宣府成为一座孤城，直接暴露在也先兵锋之下。城内人心惶惶，有议弃宣府者，官吏军民争先逃脱。罗亨信仗剑坐在城门下，下令敢有出城者立斩，整饬军务，严阵以待。镇守大同者为郭登，是明初开国元勋武定侯郭英之孙。由于总兵官刘安私自逃回京师，被弹劾下狱，郭登被任命为总兵官。大同城内军兵多战死，郭登吊死问伤，亲自为受伤的战士裹伤换药，深得士兵拥戴。他日夜操劳，鼓舞将士奋力抵抗，称“吾誓与此城共存亡，不令诸君独死也”。

十月十一日，瓦剌军兵临北京城下，驻扎在西直门外。也先原本以为明军不堪一击，见到明军严阵以待，未敢贸然进攻，而是采用被俘投降的明朝宦官喜宁的建议，声称是送英宗回宫，借此试探明廷虚实。景帝及于谦等众位大臣明知其中有诈，又不能怠慢英宗，只能派人朝见英宗。也先要求明朝派遣更高级别的官员前来谈判，并大肆索要钱财。当时景帝和一些大臣犹豫不决，在动武和媾和之间徘徊。于谦则识破了也先威逼利诱和讹诈的手段，坚决主战。景帝也放弃了幻想，充分备战。

十三日，也先率兵猛攻德胜门，准备一鼓作气冲进北京城，不想却陷入了于谦精心准备的埋伏中。原来，于谦发现几名瓦剌游骑曾到德胜门外窥探军情，估计也先会选择这里进攻，于是在道路两旁空房中埋伏军兵。战斗开始时，他派少量骑兵佯败，诱敌深入。待敌军接近时，伏兵四出，瓦剌军大败而逃。第一次交锋，瓦剌损失惨重，也先的弟弟平章孛罗卯那孩被创身亡。随后，也先又先后指挥瓦剌军进攻西直门、彰义门等处，结果都被明军击败。连续进攻了 5 天，瓦剌军无一胜绩，士气大跌。也先见北京城在轮番攻击下岿然不动，又担心后路被断，遂于十五日拔营北遁。杨洪、孙镗等人又先后在霸州、固安等地乘胜追击，夺回被掠人口一万多人。十一月初八日，瓦剌退回塞外，北京保卫战取得胜利。

北京保卫战，使得瓦剌受到了沉重的打击，此后也先再也没有能力组织大规模的入侵行动。北京保卫战，形成了以北京为中心，以宣府、大同、居庸关为屏障的防御体系，加强了北方防御力量，有效地抵御了蒙古军队的侵扰。明廷疆域内，人民获得了难得的安宁，生活和生产得到了切实的保障。

在北京保卫战过程中，骤登大位的景帝在政治上也变得成熟起来。他在国家危难中将人心惶惶的文武大臣团结起来，成功地保卫了北京城，保住了大明江山。他对于于谦的使用，更是用人不疑，多次在重要问题上采纳了于谦的正确建议，君臣协力，挫败也先的入侵。他还下令停止不必要的土木建筑，省下来的费用用于备战；即位之时，去掉了繁琐的礼节和例行的恩赏，一切从简；多次为北边军镇添调军马，增加银两布匹，稳定了北方军事防线。正是景帝的这种励精图治，为北京保卫战的胜利提供了重要的保证。

第二，迎还英宗，安置在南宫。军事入侵未能达到目的，也先不得不重新考虑如何对待手中的“奇货”英宗，因为他知道继续利用英宗要挟已经无利可图。如果将英宗杀掉，则会导致明蒙关系彻底破裂，随之而来的将是连年战争，边境无宁日。倒不如主动请和，将英宗送还明朝，借以修复关系，索要金帛。也有人认为也先此举别有用意，寄希望于英宗与景帝争夺皇位，明廷内乱，自己坐收渔翁之利。景泰元年（1450）五月，瓦剌知院阿剌遣使贡马请和。其实，这是也先想要讲和，自己又觉得耻辱，就私下让阿剌遣使来试探明朝的态度。

景帝命厚赐阿剌，但态度十分强硬，“也先挟诈，义不可从。

即阿剌必欲和好，待瓦剌诸部北归，议和未晚。不然，朕不惜战也”。六月，吏部尚书王直上疏请求派遣使者迎还太上皇，景帝以恐也先羁留使者为由未准。七月，王直再请迎还英宗。景帝不悦：“我非贪此位，而卿等强树焉，今复作纷纭何！”是否迎还英宗，景帝其实心里很矛盾。迎还，自己的皇位堪忧；不迎，天下人能答应吗？正是在这种复杂的情绪下，景帝似乎对迎还英宗不是很积极。群臣不知所措，只有于谦回答：“天位已定，宁复有他？言和者，冀以解目前而得为备耳。”景帝遂遣礼部右侍郎李实等人前往瓦剌讲和，但敕书中只有讲和而未提迎还之事。后脱脱不花可汗又遣使来京讲和，景帝遣右都御史杨善等人出使，仍不提迎还之事。不久，李实等人返回北京，转达也先希望明朝于八月遣使迎回英宗的意见。景帝致信也先，称：“所言送还大驾，实朕所愿，果出诚心，就令杨善等奉迎还京，朕当永保和好，太师（指也先）其深省之。”八月初六日，杨善奉英宗南归。

关于景帝迎还英宗一事，历来存在不同的认识。有些人认为景帝贪恋皇位，不愿迎还英宗。万历年间的于慎行《谷山笔麈》中说：“当时群臣奉迎之请，景帝不欲也。”李贽《续藏书》也认为“景泰绝无迎太上皇之意”。然而也有些人认为景帝并非是不想迎还英宗，这只是他与也先进行斗智斗勇的一种策略。王世贞指出：“己巳之役，不急奉迎太上，为景帝庇乎？不知太上所以得速还者，由不急迎也。”严从简也认为：“上皇回銮，固天命有在，亦人谋之。当时苟无于少保折冲御侮，力引社稷为重、君为轻之义，主战不主和，则送驾之日，已先堕虏彀中，和而不就始战，战而不胜则危矣。国事已去，安望其回銮也！”景帝自己的一段话可以作为最好的注释：“上皇是朕亲兄，岂有不欲迎复之意？但虏情叵测，今彼以急来，我以迟去，盖欲延缓牵制以探其情。如果出诚意，备礼而迎，固未为晚。文武群臣累言未即许者，皆为此也。”

八月十五日，英宗到达北京，景帝命迎奉从简。在一番谦让之后，景帝仍居皇位，英宗被幽禁在南宫。在史料中，英宗幽禁之地有时又称为延安宫、崇质殿。其实，这些都是一个地方。幽居之地整体上称为延安宫，因在紫禁城东南角，又称为南宫，其中的主要建筑物为崇质殿。景帝担心英宗复辟，加强了对南宫的防范。南宫有重兵看守，日常饮食都是从一个小窗口送进去。为了防止英宗与外界联系，极少给与纸笔。景泰六年（1455）夏天，景帝听从太监高平的建议，为防止有人攀树越墙，将南宫的树木尽数砍伐。朝臣多次请求在元旦、寿诞之日赴延安门朝贺太上皇，景帝皆命免。

夺门之变含恨

在取得北京保卫战和迎还英宗之后，明朝没有出现什么大的危机，天下承平，这时候景帝有了易立太子的想法。

“土木之变”时，景帝受命于危难之际，登临大位，然而皇太后孙氏同时懿旨进英宗长子朱见深为皇太子。也就是说，拥立朱祁钰为帝，是在国难当头的特殊情况下的一种权宜之计。按照明代皇位继承的程序，英宗长子朱见深才是合法的第一人选。明代实行嫡长子继承制，太祖朱元璋很早就册立了朱标为太子，无奈他在太祖生前就去世了。太祖并没有在子辈中另觅人选，而是直接传位给朱标之子朱允炆。成祖朱棣是通过“靖难之役”用武力夺得的皇位。他虽然有过犹豫，但还是传位于长子朱高炽。仁宗朱高炽传长子朱瞻基，宣宗朱瞻基传于长子朱祁镇。如此，则在景帝朱祁钰之前，只有成祖朱棣是通过血腥的战争取得皇位的，其他都是按照嫡长子制度传递的。当时孙太后及文武百官之所以拥立朱祁钰为帝，主要是从国家安危的角度考虑的，正如于谦所言“臣等诚忧国家，非为私计”，同时册立英宗长子而非景帝长子为皇太子，又保证了皇位正常的继承顺序，然而这种做法却为景帝易立太子和随后的复储风波埋下了伏笔。

易立太子。太子朱见深为太后孙氏所立，年纪尚幼又没有什么过错，景帝想要废掉也不是一件容易的事。一次，他对司礼监太监金英说："七月初二日，是东宫的生日。"金英马上对答："东宫生日是十一月初二日。"七月初二日是景帝长子朱见济的生日，十一月初二日是太子朱见深的生日，景帝借此从侧面试探周围人的意见。金英在内廷的地位很高，他的回答暗示不同意易储，这也代表大部分人的态度。事实上，不但孙太后那里不会同意，就是景帝的皇后汪氏也反对易立太子。

太监王诚、舒良为景帝献计，建议笼络朝臣，使他们转变态度。景泰三年（1452）正月，景帝加王文、杨善太子太保衔。四月，他赐给内阁大学士每人黄金50两、白银100两。至此，景帝易储之意为众所知，部分朝官的态度也有所转变。

正在这时，黄竑进呈的“永固国本事”疏为景帝易立太子提供了契机。黄竑，广西浔州守备都指挥，图谋广西思明府知府的位置，袭杀知府一家。事发，被捕入狱。黄竑为求解脱，派千户袁洪到北京活动。袁洪听说景帝欲易太子，觉得机会难得，遂以黄竑的名义上疏请易东宫。景帝见疏大喜过望，不禁感慨“万里之外乃有此忠臣”，将黄竑等人释放，晋升都督，并将疏文交朝臣讨论。文武大臣犹豫不决，但无人敢反对，最后知事已至此，王文等人先后署名同意。四月二十四日，景帝命王直等18位大臣兼支双俸。五月初二日，册立朱见济为皇太子，改朱见深为沂王，同时废反对易储的汪皇后，册立朱见济母皇妃杭氏为皇后。

复储风波。一切似乎都在按照景帝设计的路线发展，然而景泰四年（1453）十一月却发生了意外。当月，皇太子朱见济因病夭折，史称“怀献太子”，而景帝尚无他子可立，这样皇储问题又被提了出来。皇储事关重大，不仅关系到皇权的传承，也关系到国家的安定，历史上不乏因皇权更迭而产生的血雨腥风。

其实景帝更易太子，朝臣就不是非常赞同，只是慑于皇帝的威严没有敢公开反对。怀献太子刚死，大臣们私下就有复立原太子朱见深的主张。这些流言传到景帝耳中，他非常不高兴，怀疑是孙太后和南宫英宗在背后支持。景泰五年（1454）五月，御史钟同上疏论时政，提及请求复立太子事。没过几天，礼部郎中章纶也上疏请复沂王为太子，言辞更加激烈。他指责景帝皇位得于英宗却对英宗十分冷落，在元旦等节日应该带领百官朝谒英宗；原太子朱见深是名正言顺的皇位继承人，怀献太子夭折是上天的警告，天命难违，应当复立太子。

景帝见到这份奏章非常恼怒。当时天色已晚，宫门紧闭，景帝命人从门缝中传旨，立即抓捕钟同、章纶，下锦衣卫诏狱。锦衣卫的校尉使用各种酷刑，逼他们说出谁是幕后主使，是如何交通南宫的，二人被折磨得奄奄一息，但拒绝承认有人主使。七月，南京太常寺少卿廖庄上疏请求善待朱见深，以备将来景帝无嗣时沂王即位，不报。次年八月，廖庄因母丧赴京师，在东角门朝见皇帝。景帝记起了他一年前的奏疏，十分生气，当即廷杖八十。

有人提醒是钟同、章纶首先提起复储的，景帝命人将狱中的二人各杖一百，结果钟同死在了狱中，时年32岁。章纶虽然幸免于难，但被关在锦衣卫狱中，直到英宗复辟才被放出来。

从景泰五年五月到景泰六年八月，皇储问题在明廷闹得沸沸扬扬，掀起了一场小小的风波。自始至终，景帝就没有复立英宗太子的想法，甚至以杖杀大臣的手段来钳制人言。但是，景帝没有做得更绝。历史上为了争夺皇位而对骨肉兄弟痛下毒手的皇帝史不绝书。例如，在景帝之前，有盛名流传后世的唐太宗，发动玄武门之变，杀害一兄一弟；在景帝之后，有清朝雍正皇帝，对付其兄弟的手段极其毒辣，也是青史“留名”。景帝虽然也想保住皇位，但并不忍心对自己的兄弟和侄子赶尽杀绝。景泰六年（1455）七月，刑科给事中徐正上疏请求将沂王迁到他受封的地方，以绝人望，同时还要加强对太上皇英宗的看管。景帝非常惊愕，将他贬为云南临安卫经历，后来又以小事将其谪铁岭卫充军。只要竞争者在世一天，危险就存在一天，这是物理；不忍心残杀兄弟，这是人情。景帝想兼顾物理与人情，然而这两者对于皇室中人来说，似乎并不那么容易兼顾。事情的发展正如徐正所预料的那样，英宗人望不绝，得以寻机复辟，而景帝的下场就没有那么美妙了。

夺门含恨。景泰七年（1456）十二月下旬，景帝病重。二十八日，景帝仍未康复，就下旨罢元旦庆贺礼。三十日，他无法到太庙祭拜，就遣武清侯石亨代行礼。景泰八年正月初六日，石亨代行太庙祭祀祖先。初九日，景帝勉强上朝，并准备十三日到南郊祀天地。然而，十三日景帝病情转重，开始咳血，无法亲祀，又让石亨代行。大臣们见景帝病情沉重，不免担心起来，景帝身边的太监甚至暗示皇帝在世的时间不会超过10天。十四日，文武大臣商议上疏请景帝“早择元良”，意思就是尽早确立皇储。景帝下诏旨说自己只是偶感风寒，十七日将上朝，“早择元良”不准。因为“择”字不是复立的意思，因此有人传言朝廷已经派人迎接襄王世子去了，而不准备复立原太子朱见深。

景帝果真是偶感风寒吗？时值壮年，为何病情如此沉重？有人认为太子朱见济的夭折，以及随后新册立的杭皇后的病逝，对景帝打击很大，长时间内心情郁闷，致使他身染重病。也有人认为，太子夭折后，他一直不复立朱见深就是希望能够早日得到皇子而立自己的皇子为太子，因此急于想得到太子，近女色太过，致使身体每况愈下。

武清侯石亨以为景帝将一病不起，又听说十七日要选立东宫，认为机不可失、时不再来，遂会同徐有贞、曹吉祥、杨善等人于十六日夜打开南宫之门，抬太上皇英宗入奉天殿。十七日早朝时，群臣发现英宗已经复辟了。这场复辟，就是前面提到的“夺门之变”。随后，英宗改景泰八年为天顺元年，并复立朱见深为皇太子。

当景帝听说英宗复辟的消息后，只是说了几个“好”字，便不再说话。但据当时给景帝治病而日夜陪在景帝身边的太医董速说，景帝曾自叹是“无天之人”。从中可见景帝深深的失望之情。二月初一日，景帝被废为郕王，没多久就死掉了，年仅30岁。关于景帝的死因，明朝人多避讳，如李贤《天顺日记》、杨瑄《复辟录》、尹守衡《明史窃》都是简单地记载为“薨”，并未指明具体原因。综合各种言论，景帝之死有两种说法。

病死说。《英宗实录》里从景泰七年十二月到景帝去世，一共记载了20余条有关景帝身体疾病的记录，渲染景帝病情之沉重，认为病情不断恶化，最终不治身亡。

害死说。陆针《病逸漫记》中记载“景泰帝之崩，为宦官蒋安以帛勒死”。英宗复辟后，景帝虽然失去了帝位，但身体却逐渐康复。英宗对7年来被幽居南宫耿耿于怀，怨气难消，多次指责景帝“不孝、不悌、不仁、不义，秽德彰闻，神人共愤”。而且，他担心发生在自己身上的复辟事情也发生在景帝身上，于是命蒋安将身体逐渐恢复的景帝活活勒死，并毁掉景帝生前在昌平天寿山修建好的寿陵，将其安葬在西山。英宗同时赐景帝的唐妃等众嫔妃红帛，令其一律自尽，去世的杭皇后去皇后号，毁其陵，只有被景帝废掉的汪皇后得以幸免。乾隆十四年（1749），乾隆为景泰陵立碑题词，也认为景帝是被害死的。

最后，还需讲讲景帝去世后在明代官方历史中的地位问题。景帝死后，英宗废其帝号，赐谥号为“戾”，称“郕戾王”。这是个恶谥，表示景帝终生为恶，死不改悔。成化年间，一些臣僚开始为景帝鸣不平，他们认为景帝危难之时受命，削平祸乱，使老百姓安居乐业，功劳很大，却谥以“戾”，很不公平。甚至有人责问，当时若不是景帝即位，外敌如何得退，英宗如何得返？宪宗虽然曾被景帝废去太子地位，但对这位叔叔的功绩还是相当肯定。几经周折，宪宗下旨恢复景帝帝号，定谥号为“恭仁康定景皇帝”，在一定程度上承认了景帝的功绩。但宪宗不太可能给景帝全面平反，所定谥号仅5字，而明朝其他皇帝的谥号都是17字，景帝在规格上较其他皇帝为低，而且景帝还没有庙号。直到南明弘光时期，才给景帝加上庙号曰“代宗”，并增加谥号到17字。至此，景帝在礼仪规格上算是与明代其他皇帝平等了。他的历史功绩也稍稍为后人所知了。

朱祁钰档案

姓名：朱祁钰

出生：宣德三年（1428）

属相：猴

卒年：天顺元年（1457）

享年：30

谥号：景帝

庙号：代宗

陵寝：景泰陵（北京西郊金山口）

父亲：朱瞻基

母亲：吴贤妃

初婚：19 岁

配偶：汪皇后、杭皇后

子女：1 子，1 女

继承人：无

最得意：意外得到皇位

最失意：身边的人都不支持易立太子

最不幸：夺门之变中失去皇位

最痛心：自己的太子夭折

最擅长：支持于谦抵抗侵略

相关阅读书目推荐

(1) 王天有主编：《明朝十六帝·代宗景皇帝朱祁钰》，紫禁城出版社，1999 年

(2) 赵毅、罗冬阳：《正统皇帝大传》，辽宁教育出版社，1993 年

宪宗朱见深

成化元年（1465）——二十三年（1487）

宪宗朱见深，初名朱见濬。在他3岁的时候，父亲英宗朱祁镇在与蒙古瓦剌部的交战中被俘。他的叔父朱祁钰继承皇位。他被立为太子。但是，当他的叔父逐渐牢固地控制了政权之后，就改立了自己的儿子为太子，而废除了他的太子身份，改封为沂王。在他11岁时，父亲朱祁镇重新成了皇帝，他又成了太子。这一年，他改名朱见深。天顺八年（1464），18岁的朱见深继承了父亲的皇位，开始了他23年的统治，年号成化。他不像他父亲那样富有激情，喜欢冒险。他的性格安静、谨慎、宽和，信任大臣。他性格中最仁厚的一面，表现在他对他的叔父景帝的态度上。成化三年（1467），一个名叫黎淳的官员请求追查当初废除他太子之事，宪宗批答说："景泰事已往，朕不介意。"所以，清朝人修《明史》，说他"恢恢然有人君之度"。终成化一朝，除了南方广西的瑶族叛乱、荆襄郧阳山区的流民以外，政局基本上比较平稳。所以，明朝人称成化、弘治为太平盛世。其实，正如历史学家孟森所言，成化时期朝政极其秽乱。只是因为祖宗积下的财富甚多，还不至于扰民，所以尚能称作太平。据说，朱见深说话有严重的口吃，明人陆容《菽园杂记》记载说，宪宗每次上朝，如果准许大臣所奏之事，只说一个“是”字，以免出丑。这影响了他与大臣面对面地交流，也使他不愿意上朝理政。这样，很多事情需要通过身边宠幸的人传达旨意，也使他们有了干预朝政的可能。

具体而言，成化一朝朝政的混乱，多半是因为宪宗对贵妃万氏、宦官汪直和梁芳的宠信所致；而朱见深所倡行之皇庄、传奉官、西厂，亦是极大的弊政。

宪宗绘《岁朝佳兆图轴》

一个贵妃：万娘娘

天顺八年（1464）七月二十日，朱见深大婚。所谓大婚，专指皇帝的婚娶。朱见深当时婚娶的吴氏，是由父亲朱祁镇选定的。据称，由英宗朱祁镇选定而育于别宫的女子有三名，即吴氏、王氏和柏氏。皇帝的婚事，自然是隆重的。但是，仅仅还不到一个月，吴皇后就被废。取而代之的是王氏，即后来的孝贞皇后。吴氏被废背后的缘由，一直为人所猜疑。一种说法是太监牛玉专恣，讨厌太监牛玉的人想借机夺去他的权柄，故挑动皇帝废后。皇帝自己的说法是吴皇后“举动轻佻，礼度率略”，且可能在册立时牛玉有舞弊的嫌疑。然而，吴氏虽被废，但“舞弊”的牛玉却只是被发配到南京的孝陵去种菜。迂腐的官员以为牛玉真是犯有欺君之罪，于是纷纷上疏说对牛玉的惩罚太轻。结果，朱见深将上疏的官员王徽、王渊、朱宽、李翱、李钧贬到边远的州去做判官。

因此，“牛玉舞弊”的说法其实是不成立的。真正的原因是吴皇后得罪了皇帝宠爱的万氏。

万氏（1430~1487），小名贞儿，本是宪宗的祖母孙太后宫中的一名宫女，诸城人，4 岁就选入宫中，长大后选往东宫服侍朱见深。万氏比朱见深年长 17 岁。朱见深 18 岁即位以前，就与万氏关系暧昧。有趣的是，宪宗朱见深一辈子对万氏都非常宠幸。成化一朝的内宫，基本上是万氏主宰着，进而影响了外廷的政治。

一、宠冠六宫。万氏为人机警，身材丰满，很会迎合皇帝的心意。据说每次皇帝游幸的时候，她总是穿着戎装，骑着马为前驱，或佩刀侍立左右。相比六宫粉黛的柔姿弱态，身着戎装的万氏自然给朱见深一种新鲜感。也许，这是万氏邀宠于朱见深的关键。不过，皇后吴氏初立时，大概是恨朱见深与万氏的暧昧关系，竟敢以后宫之主的身份杖责万氏。皇帝获悉此事，便毫不犹豫地废了吴皇后。继立的王皇后，自然从中吸取了教训，对万氏的态度比较友善，不大理会万氏的横行霸道。王皇后的明哲保身态度，以及皇帝对万氏的宠幸，使万氏成为成化朝后宫真正的主人。特别是成化二年（1466）正月，万氏生下了皇帝的第一个儿子。朱见深非常高兴，派人四处祭祀山川，封万氏为贵妃。但是，万贵妃所生的皇子不久便死了。此后万氏再也没有怀孕。万氏虽然不能怀孕，但是皇帝却还是很喜欢她。俗话说，皇帝不急太监急。皇帝多年来没有儿子，让外廷的大臣们也着急。大臣们也许都听说是万贵妃在作梗，就上疏请皇帝“溥恩泽”，也就是请求皇帝多宠幸宫中其他的嫔妃。成化四年（1468）秋，出现了几次彗星。在古代，彗星的出现意味着不详。于是，大学士彭时、尚书姚夔也上疏请求皇帝要扩大宠幸的范围，以广后嗣。皇帝表面上同意，但行动中仍然专幸万氏。所以，万氏在宫中越发地骄横起来。太监中谁违背了她的意思，就立即被赶出宫去。宫中的妇女一旦谁与皇帝发生关系并且怀孕的话，就千方百计命人进药汤，使其堕胎。贤妃柏氏生下一子，即悼恭太子，也为万氏所害。后来的孝宗，若不是宫中的宫女、太监、废后吴氏、周太后的百般保全，恐怕也遭了万贵妃的毒手。但是，即使这样，宪宗朱见深对于万氏一直非常有感情。成化二十三年（1487）春，万氏暴病身亡。宪宗非常伤感，哀叹说："万侍长去了，我亦将去矣！"辍朝七天，谥万氏为恭肃端慎荣靖皇贵妃。

二、结纳外廷。万贵妃的骄横，不但影响了成化一朝的内宫的生活，而且还间接地影响到外廷。一些士大夫，不顾颜面，乐意与万贵妃及其家人相结纳。

其中比较著名的是大学士万安。万安，字循吉，眉州人，正统十三年进士。万安此人虽无学问，做大学士期间只知道依从皇帝，被人称作"万岁阁老"——"阁老"是明人对内阁大学士的称呼。"万岁阁老"的名称有个来历。成化七年（1471），已经入阁两年的万安与另外两名大学士彭时、商辂一同去面见皇帝议事。彭时和商辂向皇帝提出，京官的俸薪不宜削减。皇帝同意了。万安在旁边，立即叩头高呼万岁，弄得彭时、商辂也只得同时趴下高呼万岁，之后退出。这么一次精心安排的议政会议，大学士们本来是想要解决很多问题的，却因为万安这一声"万岁"，遂告流产。而且，从此宪宗基本上不再召见大臣。此后，大学士尹直想得到宪宗的召见直接面谈朝政问题，万安便劝阻道："当初彭公请皇上召见，一句话不对劲，就立即叩头称万岁，让人笑话呀！我们每件朝政尽量做到知无不言，让太监们选择给皇上，比当面议政好得多呀！”一句话，竟然把当初自己演出的丑剧全部归过于彭时，可真算是“不学有术”。他最无耻的杰作，恐怕是在给宪宗的奏疏中大谈房中术。后来，孝宗在宫中见到这些奏疏，文末署名“臣安进”，于是派太监怀恩向万安问罪：“这可是一个大臣做得出来的？”万安却一点羞辱的感觉也没有，只一个劲地叩头，连辞职的场面话都不愿说，脸皮可真厚，所以当时的人讥讽万安，说他“面如千层铁甲，心似九曲黄河”。

作为一个政客，万安肯定觉得自己最成功之处就是结交上了万贵妃。本来，眉州在今四川的眉山县，诸城则在今山东的诸城县，两地相距甚远。然而，万安却费尽心机与万贵妃联宗，摇身一变成了万贵妃的侄辈。万贵妃则因为出身贫寒，正希望有一个士大夫来撑撑门面。于是，双方一拍即合，成为同宗。更耐人寻味的是，万贵妃的弟弟锦衣卫指挥万通的妻子王氏，竟然有一个送给别人抚养的妹子成了万安的小老婆！此后，万安利用万通妻子王氏出入宫廷的便利，探听宫中虚实，并依靠着万贵妃的影响力一直安稳地做他的大学士。只是，不曾令万贵妃想到的是：她死后不久，孝宗即位，有人上疏要查办曾经与万贵妃交结的人，万安就赶紧申辩说：“我和万贵妃早就不来往了。”其实，也许正是万安的无能与软弱，才使万贵妃的影响力没有过度地在外廷扩散。不过，万安只是一油滑的小人，而不是一个十恶的坏蛋。他做大学士时还做过一件好事，就是顺应当时的情势请求宪宗废除了西厂。

三、图谋易储。成化一朝的储位，是在成化十一年（1475）就确立了的。这一年的十一月，年仅 6 岁的朱祐樘被立为太子。之前的六月，太子的生母纪氏已经去世了。纪氏是不是姓纪，也有疑问。据谈迁《国榷》记载，纪氏“广西贺县人，中军都督福斌女。……弘治初内庭言本出李氏，入宫时误为纪，故遂称纪氏”。按这种说法，纪氏真实的姓是李，父亲名李福斌。不过，这些都只是弘治初的说法。弘治初，孝宗朱祐樘出于对生母的怀念，曾经四处寻找纪氏的族人。利之所在，众之所趋，谣言也因此四起。然而，号称严谨的《明史》既然仍然主张朱祐樘的生母姓纪，我们姑且也认做是纪氏。纪氏很小的时候就入宫，据说，成化初年（1465~1466）的大藤峡之战，政府军队俘获了许多瑶族的子女。其中面貌姣好的女子就送进宫中做了宫女。纪氏正是瑶族土官的女儿。纪氏聪慧，而且知书达礼，在宫中负责内库的事务。后来，纪氏与宪宗一次邂逅，就怀上了朱祐樘。之后的事情，就与许多的宫中阴谋版本类似，得宠的万贵妃千方百计企图加害纪氏，而宫中善良的太监如张敏、怀恩，以及被废的吴后、宫女们则尽力保全。据说孝宗刚生下来的时候，头顶有一寸左右没有头发，说是药汤对胎儿的损伤所致，显然还是遭了万贵妃的毒手，只不过真命天子命不该绝罢了。朱祐樘在皇宫的一个偏僻之所（安乐堂）生活了6年，一直不敢公开露面，甚至连胎发都不敢剪。在朱祐樘之前，宪宗已经有两个儿子，一个是万贵妃所生，早就死了。另一个是柏妃所生，却被万贵妃害了。因此，当宪宗朱见深从太监张敏那里获知朱祐樘的消息之后，非常高兴。几个月之后，就立为太子。但是，万贵妃却深怀怨恨。据说万贵妃在宪宗认子之后，日夜哭泣说：“奴才们竟敢欺骗我！”接着，纪氏就死了。死的原因据明万历年间（1573~1620）的一个老太监说是自缢的。太监张敏也因为害怕万贵妃的报复而吞金自杀了。明眼人也许都知道，万贵妃自然容不得这个孩子。于是，宪宗的生母周太后对宪宗说：

“你还是把孩子交给我照看吧！”从此，朱祐樘就一直生活在祖母的仁寿宫中。有一天，万贵妃说要请皇太子过去吃东西。周太后就对孙儿说：“孙儿你去那里不要吃东西。”朱祐樘到万贵妃那里，万贵妃给他食物，朱祐樘就说：“吃饱了。”万贵妃就说：“那喝点汤吧！”朱祐樘说：“怕有毒。”万贵妃非常生气，说：“这小孩子才几岁，长大了还不吃了我？”一气竟生起病来。这件事，自然对万贵妃深有影响。废储的事，也许从此就埋下了伏笔。成化二十一年（1485），宪宗发现内库里的金银都花光了，就对当时的大太监梁芳、韦兴说：“靡费帑藏，实由汝二人！”接着，皇帝又说：“我不追究你们，后人会责怪你们的。”两个人听后非常担心，就撺掇万贵妃把她也不满意的朱祐樘废了，改立邵妃的儿子。这一年的三月，宪宗听了万贵妃的谗言，要将朱祐樘废了。司礼监掌印太监怀恩苦谏，却被贬到凤阳去守陵去了。幸好，泰山连续地震。钦天监的人说应在东宫太子身上。宪宗认为，祐樘是天命的合法继承人，才打消了废储的想法。易储一事虽然没有成功，却在另一个侧面

宪宗绘《一团和气图》

反映了万贵妃对于成化朝宫中事务的影响，也反映了成化朝宦官的作用。

按照明朝的制度，只有皇帝和皇后死后才能葬于天寿山陵区，像万贵妃这样的妃子只能葬在西郊的金山。万贵妃很幸运，死在宪宗朱见深的前面。作为皇帝最宠爱的妃子，她被朱见深安葬在十三陵陵区。今天在定陵西南约 2 公里处的苏山脚下，有一占地约 2 万平方米的陵园，即是万贵妃墓。墓碑雕云凤纹，中间一“卍”字，既表墓主“万”姓，且寄吉祥之意，真是宠尽于身后！明末的沈德符曾感叹地说：“妇人以纤柔为主，万氏身体肥胖，与纤弱相反，而获异眷，就像杨玉环得宠于唐明皇一般！”

两个宦官：汪直与梁芳

明代的皇帝实际上从太祖开始，就基本上接受“宦官官僚政治”的思想。历史学家黄彰健在 1961 年就曾指出，明太祖使用识字的宦官并在宫外的政府中委以重任，而明史中反复提出的禁止宦官干政的“铁牌”其实根本不存在。明成祖的时候，宦官执行任务的范围明显更广，例如郑和就是明代历史中最著名的宦官。英宗时王振的专权，首开明代宦官专权的乱局。成化朝则出现了宦官官僚政治进一步发展的情况，而且宦官专权与特务政治进一步结合，特务组织成为宦官专权的利器。成化二十一年（1485），一位都察院的官员上疏，抱怨宦官的数目已经突破了 1 万人，成为巨大的财政负担。当然，宦官所带来的财政负担对于朝廷和士大夫的威胁是次要的，真正对士大夫构成威胁的是宦官的乱政。成化一朝专权的宦官，基本上都是依靠万贵妃而起家的。汪直、梁芳、钱能、覃勤、韦兴等人，都是万贵妃的私臣。他们总是借万贵妃修建寺庙的名义，在外面大敛民财，一面贡献给万贵妃，一面自己揣进腰包。当然，其中专权而能乱朝政的，当是汪直与梁芳。

一、**汪直**。与宪宗的妃子、孝宗朱祐樘的生母纪氏一样，汪直的入宫也是成化初年大藤峡一战的副产品。他也是瑶族人。在明代历史中，汪直可能是继英宗朝王振之后又一个著名的专权者。他的生活，可以分为三期。早期是侍奉万贵妃的小太监，在昭和宫里当差，慢慢地升为御马监太监，做了一个管御马、进贡马骡的七品内官。中期是成化十三年（1477）至成化十八年（1482），期间汪直的身份是提督西厂。这是他权势最盛的6年。晚期是成化十七年宪宗将汪直闲置在边陲，然后再把他放到了南京的御马监这一段时间。实际上，汪直干预政治，也就是提督西厂的6年。关于西厂，我们稍后再谈。这里先谈汪直的为人。据《明史》说，汪直的主要特点就是“为人便黠”。“便”通“辩”，也就是花言巧语阿谀奉承的意思。“黠”是狡猾的意思。单“便黠”二字，就可见汪直的性格。《明史》对汪直性格的描述还有一点，即“年少喜兵”。他最喜欢做的事情，除了做特务之外，大约就是领兵打仗了。当然，太监在军队中的职务一般就是监军了。他曾经领着京城十二团营的军队远征过。团营是景帝时期开始创建的京城精锐部队，能控制这样一支军队，足以说明汪直的威势了。不过，也许正是喜欢领兵的毛病，使他远离了皇帝，也远离了他赖以专权的依托。成化十七年（1481），远征的汪直请求班师。对汪直越来越不感兴趣的宪宗叫他继续去宣府御敌，过不久又让他去大同巡边，却把军队全部撤了回来。之后，汪直就再也没有回到皇帝的身边，而是直接发配到南京御马监去了。其实，汪直的性格，还有很多层面，例如，他的骄横。据《皇明世说新语》说，汪直每到一个府、县，当地的官员都得跪着迎接，竭其所能地招待他，一旦有什么不周的地方，汪直就会这样问："尔头上纱帽谁家的？"有一次，汪直的问话得到一个很诙谐的答案。一个县令说："某纱帽用白银三钱，在铁匠胡同买的。"这一次，汪直大笑，也没有责怪那名县令。从这件事看来，汪直并不是一个无赖，起码还是懂得一些情趣的。汪直性格中的优点，人们知道得太少。也许是因为汪直是一个宦官，所以人们不愿意提他的优点吧。据说，汪直曾经到江南，听说绍兴杨继宗是个品行很高的官员，就前往拜会。汪直看了杨继宗后，说："人们都说杨继宗，却不料长得这么丑陋。"杨继宗冷冷地回答说："我虽丑陋，却还不至于损伤父母给我的身体。"汪直没有吭声。杨继宗这句话，意在讥刺汪直是一个阉过的太监。后来，宪宗问汪直："朝觐官中谁最贤明？"汪直回答说："天下不爱钱者，唯杨继宗一人耳！"此可见汪直之大度。

汪直专权的利器是西厂。我们可以开句玩笑，汪直专权的利器还有"两钺"（钺，古代兵器）。不过，这个玩笑的制作者是宪宗身边的一个小丑。古时宫廷中常蓄养一些俳优，专供皇帝娱乐，所表演的节目都是自己创作的，其中有些还讥刺时事，类似现代的小品。宪宗身边就有一个名叫"阿丑"的小太监。有一次阿丑奉命为宪宗表演。阿丑就表演一个喝醉酒的小太监撒酒疯。小太监喝醉了酒，正撒着酒疯，旁边人告诉他说："皇上来了。"小太监根本不理睬。旁边人又说："汪太监来了。"小太监立即避走，边走边说："今人但知汪太监也。"接着，他又扮演汪直，操着两柄"钺"来到皇帝身边，说："我带兵全仗此两钺。"旁人就问：

“你的钺是什么钺呀？”阿丑说：“王越、陈钺。”宪宗听了这样的笑话，自然是开怀一笑，但笑过之后呢，自然不能不有所省悟。因为，所谓王越、陈钺，实际上不过是交结汪直的两个大臣。王越，字世昌，直隶浚县人，景泰二年（1451）进士。他虽然是一名文臣，但却很能打仗，甚有才略，从成化初年起就在河套地区与抵御蒙古鞑靼部的战争中立下赫赫战功，后缘韦瑛而结识汪直，成为汪直的莫逆之交。王越与汪直的关系，被后人视为其品格上的污点。《明史》虽肯定“边臣未有如越者”，也惋惜他“躁于进取，依附攀缘”。陈钺，字廷盛，直隶献县人，天顺元年（1457）进士。与王越一样，陈钺也是一个负责边疆防卫的大臣。王越负责的是西北河套一带的防务，而陈钺则负责东北辽东一带的防务。他做辽东巡抚的时候，汪直巡边至辽东。他欢迎的场面非常大，自己匍伏迎接不算，酒席也办得很丰盛，并且重贿汪直的左右随从人员。其实，当时巴结汪直的大臣又何止“二钺”。据说汪直巡边时，负责边疆防务的巡抚都御史们往往出城二三百里迎接，“望尘跪伏”。汪直住下来后，官员们则“小帽曳衫，唯走唯诺，叩头半跪，一似仆隶”。有一次，尚书尹旻请王越将他介绍给汪直，私下问王越说：“见到汪直后，要跪吗？”王越说：“哪里有六部尚书还朝别人下跪的？”尹旻不放心，派人侦察王越见汪直的情景，发现王越竟是跪在汪直的床下说事的。后来，尹旻与王越去见汪直，一见到就立即跪下参见。出来时，王越怪尹旻不听他的话。尹旻说了一句很有趣的话：“我见别人是跪的，我不才，只不过是学别人罢了。”此一事，足见汪直之气势，亦可以看出当日士大夫之无耻。成化十四年（1478），竟还有一个名叫杨福的江西人伪称汪直，纠集一班无赖扮演校尉，从芜湖一路招摇撞骗至福州，吓得沿途官吏屏息听命。汪直本人，后来也逃过了惩罚，寿终正寝。在明代专权的宦官中，他可能算是最幸运的一个。

二、梁芳。梁芳在成化一朝，虽然不如汪直那般有权势，但却在另一个方面破坏了朝廷的正常秩序。汪直的权势，是笼罩于成化一朝政治、军事领域，而梁芳的恶劣，则主要是在经济上的挥霍与靡费钱财及引用佞幸小人。也许可以这样说，汪直爱权，而梁芳爱钱。梁芳知道，要得宠于宪宗，最好能得到万贵妃的信任。所以，梁芳与其亲信韦兴，不断地将珍珠、奇货、宝物贡献给万贵妃。然后，又利用为皇宫采办宫中奢侈品的借口出京，在地方大肆搜刮，还利用宪宗对道教和佛教的迷信，修建宫观庙宇，从中贪污。例如，拓建永乐朝所建的显灵宫，改名为大德显灵宫。据说，在梁芳的挥霍下，内库中前几朝累年积蓄下来的7窖金子都花光了。所以，从成化一朝的历史来看，其挥霍程度也是很惊人的。之所以没有出现像明代后期那样的赤字，正如学者孟森说，只不过是“前数代之遗泽，一朝不易枯竭耳”！梁芳为了弄到更多的钱，甚至开始卖官鬻爵起来。像李孜省、僧继晓这样的佞幸之徒，都是梁芳引进的。李孜省最初是江西布政司的吏员，由于贪赃被削职为民，却因为学习过五雷法这样的方术而受宪宗宠幸。僧继晓据说知道“秘术”。他靠着梁芳的引荐得到了皇帝的信任，使宪宗迷信于佛教，并诱使宪宗在西市建大永昌寺。据说，建寺一项费银10万，迁移居民几百家。尤其荒唐的是，僧继晓的母亲是一个娼妓，继晓竟然请求皇帝旌表他的母亲，而皇帝也下令不需要审核，直接就为他的母亲立起了牌坊。甚至，皇帝还经常将宫中的宫女赐给继晓，供其淫乐。终成化一朝，梁芳始终得宠于宪宗。只是孝宗即位以后，梁芳才被谪居于南京，不久下狱。

三桩弊政：西厂、皇庄、传奉官

成化一朝中，弊政甚多，其中为害较大而且对明代后来的历史产生重大影响的，莫过于西厂、皇庄和传奉官三事。西厂作为典型的特务机构，人们多少有些了解。皇庄与传奉官，人们也许还比较陌生。但是，从一个王朝的整体看来，西厂充其量不过是东厂的克隆罢了，而皇庄与传奉官，却在经济基础和政治制度两个层面开了恶劣的先例。

一、西厂。孟森说，东厂和西厂“为明代独有之弊政”。与东厂一样，西厂也是一个特务组织，始立于成化十三年（1477）。设立的地点就在西城灵济宫前面的一家灰厂内。宪宗为什么要在东厂之外再设立西厂呢？据说是宪宗觉得要知道外面的事情，单有一个东厂远远不够。事情还得从成化十二年（1476）说起。这一年的七月，京师捕获“尼妖”。有的说法说妖人名叫“李子龙”，借助宫内太监鲍石、郑忠的帮助进入内府，登万岁山观望，图谋不轨。总之，妖人抓住后，皇帝派太监汪直在灰厂审讯此事，随后就干脆在灰厂新立了一个特务机关即西厂，由汪直提督厂事。汪直是很有特务才能的，据说他能够化装成平民百姓往来于京城之间，“布衣小帽，时乘驴或骡，往来京城内外，人皆不之疑”。京城内外，大政小事、方言巷语，他都能一一向皇帝汇报。西厂正式成立后，汪直借用锦衣卫中的力量，在全国范围内展开了他的特务网络，据说“自诸王府、边镇及南北河道，所在校尉罗列”。西厂的特务人数，在当时比东厂要多出一倍。东厂的太监尚铭，也不得不俯首听命于汪直。因此，西厂气焰非常嚣张，成立的当年就连兴大狱，逮捕了郎中武清、乐章、太医院院判蒋宗武、行人张廷纲、浙江布政使刘福、左通政方贤。明代各省的左、右布政使是从二品，品秩相当高。然而西厂却可以不经皇帝同意就擅自抄捕。这种情形让当时的大学士商辂、兵部尚书项忠忍无可忍。商辂向宪宗建议，撤销西厂，主要的理由就是擅自抄没三品以上京官。其疏还有这么几句话，可以让我们想见当时西厂对正常的政治秩序的破坏："自直用事，士大夫不安其职，商贾不安于途，庶民不安于业。"孟森曾说东厂、西厂这样的特务机关只是凌蔑贵显有力之家，尚未至得罪百姓。可是，《明史》中就提及汪直的西厂对于民间打架斗殴、鸡狗之类的小事，也处以极重的刑罚。看来，商辂所说的"庶民不安于业"并非夸张。当然，皇帝有自己的看法。宪宗接到商辂的奏疏，说："用一个宦官，哪里就至于这样呀？"但终于拗不过商辂的坚持，加上兵部尚书项忠也上书请求撤销西厂，因此，成化十三年（1477）五月，西厂撤销，汪直回御马监办事。但是，同年六月，商辂和项忠就先后被罢免，西厂又恢复了。这一恢复，就一直到成化十八年（1482）汪直失宠以后撤销为止。总共计来，西厂在成化朝的历史上存在了五年零几个月。成化朝的西厂，一方面是扩大了明代特务的职能与侦察范围，侦察的地点不限于都城、地方，而遍及南北边腹各地，这是此前的东厂所没有的；另一方面，宪宗之设西厂，无疑加强了皇帝对于特务组织的偏爱心理。后来的武宗，也就是宪宗的孙子，就效仿他祖父的做法，非但重建西厂，又增设了内行厂。特务组织的存在，使原本属于厮役之流的旗尉，得以肆意凌辱大臣，也算是明代的创举了。

二、皇庄。《菽园杂记》里对皇庄有一段记载："前代赐诸侯有汤沐邑，赐公主有脂粉田，而皇庄则未闻也。今所谓皇庄者，大率皆国初牧地及民田耳。岁计之人，有内官掌之，以为乘舆供奉。然国家富有天下，尺地莫非其有，仓廪府库，莫非其财，而又有皇庄以为己有，此固众人所不识也！”这段话的意思，明白地表示出对皇庄设立的疑惑。大意是说，前代虽然有汤沐邑、脂粉田之类赐给公主、王侯的庄田，但还情有可原，然而，“普天之下，莫非王土”，皇帝为什么还要设皇庄作为自己的私产呢？从这一点来看，明代皇帝对于钱财的追逐，显然有一种变态的心理。从明代中期设立皇庄，到明代后期派太监充矿监、税使，目的都是为皇室搜集更多的钱财来满足宫中奢侈的生活。“皇庄”之名，始于宪宗朱见深。天顺八年，朱见深没收宦官曹吉祥在顺义的田地，设为“皇庄”。但是，明代皇庄的出现，可能更早。例如，仁宗朱高炽就曾有仁寿宫庄、清宁未央宫庄，英宗朱祁镇为诸子设立东宫、德王、秀王庄田。而朱见深的做法，无疑使皇庄的设立名正言顺，从而使皇室搜括土地的风气进入一个高潮。不过，皇庄并不单是皇帝一个人的庄田，而是包括皇帝本身、后妃、皇太子及在京诸王的庄田，也就是说，是皇帝及其妻、子的庄田。因此，皇子若分封后离京去了封地，在封地取得的田地，就不算是皇庄了。

皇庄的设立，其实是开了明代土地兼并的先河。朱见深的皇庄，很快就遍布顺义、宝坻、丰润、新城、雄县等处。到他的儿子孝宗弘治二年（1489）的时候，在京畿内的皇庄有五处，面积达 12800 顷。他的孙子武宗朱厚照即位一个月内就在大兴县设皇庄 7 所，并陆续发展到昌平、真定、保定等地，10 年内使皇庄的面积达到 37595 顷零 46 亩。上行下效，皇帝既然带头兼并土地，藩王、勋戚、宦官也纷纷请求皇帝赐给土地，于是有所谓的王田、官庄。土地兼并无疑激化了社会矛盾。例如，在京城附近的皇庄设置，就直接导致了正德年间河北霸县的刘六、刘七起义。而且，在皇庄内，土地所有权与司法权、行政权相结合。皇庄的管理非常混乱。一般的皇庄，都是派宦官去掌管的。宦官带着一旗校，再豢养着一帮无赖，“占地土，敛财物，污妇女”，无所不为。由皇庄引发的社会问题，得到一些官僚士大夫的注意。所以，嘉靖初年曾在表面废止皇庄，改称官地，但不过是换汤不换药。因此，宪宗设置皇庄的做法，无疑在与民争富，是在毁坏王朝统治的经济基础。

三、传奉官。天顺八年（1464）二月，即位不到一月的朱见深下了一道诏令，授予一位名叫姚旺的工人为文思院副使。《明史》对此的简要记载是：“二月庚子，始以内批授官。”这便是“传奉官”之始。“传奉官”是当时人们称呼那些不经吏部，不经选拔、廷推和部议等选官过程，由皇帝直接任命的官员。很明显，这违反了正常的手续，却只是为了满足皇帝或者后宫中某个妃嫔或宦官的愿望。这一举措对制度的破坏，带来了三个后果。第一，从此，皇帝视官爵为私物。只要皇帝喜欢，他可以随意地任用官员，从而破坏皇帝与官僚士大夫之间的平衡。宪宗自己，也往往一传旨就授官百数十人。对于士大夫们来说，官爵原是“天下公器”，皇帝这样的行为，无疑将官爵变成了“人主私器”。第二，传奉官既然是由皇帝直接任命的，也就说明其中大部分人是无法通过正常渠道获得官职的。对于一个文官政府来说，混杂着一大批出身于军人、僧道、工匠、画士、医官的官员，政府的文化认同性必然产生问题，政府运作中的冲突必然加剧。而传奉官中多数是一些佞幸之人，靠着结交宦官或者行贿的手段取得一官半职，他们的在职也就大大地败坏了吏治。第三，既然传奉官由宫中旨意直接传授，而又不需要经过吏部覆核，因此，掌握宫中大权的嫔妃及太监就可以借皇帝之名，大行私利，卖官鬻爵。据说，梁芳取中旨授官，累计达1000人。传奉官的泛滥，引起了许多官员的不满。成化十九年（1483），御史张稷上疏，谈及传奉官给朝政带来的混乱："末流贱伎妄厕公卿，屠狗贩缯滥居清要；文职有未识一丁，武阶亦未挟一矢……自古以来，有如是之政令否也？"张稷说，自有传奉官后，文官中竟有一字不识的，武官中竟有从来没拿过弓箭的，自古以来，有这样的政治吗？因此，官员们纷纷请求淘汰传奉官员。宪宗虽然有时也偶而淘汰一些传奉官，但是总体上是传授的要比淘汰的多。这种情形，直至成化二十三年（1487）孝宗即位后大力裁汰冗官，才得到一些改变。但是，好景不长。孝宗后来与他的父亲一样，也喜欢通过内旨授官，在弘治十二年（1499）曾一次传奉匠官张广宁等120人，再传少卿李纶等180余人。由宪宗创造的传奉官本是一个对制度的破坏，也许由于能满足历代皇帝任用私人的愿望，竟成了制度了！"率土之滨，莫非王臣。"宪宗一定是想："既然都是我的臣民，大家机会均等，我说了算吧。"

我们读完前面的三节，自然要以为成化朝是毫无可取之处了。其实不然，这里还要指出成化朝的几个亮点。第一个亮点是成化一朝中对于荆襄流民的安置，第二个亮点是成化朝的文化。荆襄流民是元代以来困扰中央政府的一个大难题。荆襄流民主要集中在今天的郧县地区。该地万山环绕，又处于湖广、陕西、河南三省交界处，在元、明时是一个三不管地区。每当灾荒、战乱，这一带常常聚集近百万的流民。成化年间对流民的重视和安置，是因刘通、石龙起义而起。政府在镇压了农民起义之后，任命原杰安抚流民，并设置了郧阳府，将流民用户籍的形式固定在当地，又设置了郧阳巡抚，一劳永逸地解决这一难题。文化方面，成化一朝有两位著名的学者，胡居仁（1437~1484）和陈白沙（1428~1500）。在明代，能够从祀孔庙的学者仅有四人，即薛瑄、胡居仁、陈献章和王守仁，而成化朝就占了两位。陈献章就是陈白沙。他字公甫，号石斋，家在广东新会白沙里，所以当时学者尊称他白沙先生。他是明代心学的先驱，诗也写得很好，钱穆称他是明代诗歌的“蜂腰”。他的“静中养出端倪”，最能体现一个学者心平气和、妙悟玄理的雍容。因此，我们看成化朝，非但要看到贵妃，看到宦官、佞幸与弊政，也当看其善政及其辉煌的一面。

朱见深档案

姓名：朱见深（初名见濬）	出生：正统十一年（1447）
属相：兔	卒年：成化二十三年（1487）
享年：41 岁	在位：23 年
年号：成化	谥号：纯皇帝
庙号：宪宗	陵寝：茂陵
父亲：朱祁镇	母亲：周贵妃
初婚：18 岁	配偶：吴皇后、王皇后
子女：14 子，5 女	继承人：朱祐樘
最得意：西厂之设	最失意：景泰朝时由太子降为沂王
最痛心：万贵妃之死	最不幸：幼时父亲被俘
最擅长：传奉授官	

相关阅读书目推荐

(1) 王天有主编：《明朝十六帝·宪宗纯皇帝朱见深》，紫禁城出版社，1999 年

(2) 刁书仁、赵兴元：《成化帝》，吉林文史出版社，1996 年

孝宗朱祐樘

弘治元年（1488）——十八年（1505）

自公元1488年至1505年，为明代弘治年间。在位皇帝是孝宗，名朱祐樘，宪宗的第三个儿子。他18岁即位，36岁去世，在位18年。弘治一朝，既无权臣、宦官或后宫的专权，也很少弊政。所以，弘治朝在明代历史上被称为政治最贤明的时期，孝宗也被史书描绘成一位贤君。晚明学者朱国桢就说："三代以下，称贤主者，汉文帝、宋仁宗与我明之孝宗皇帝。"认为孝宗是夏商周三代以后，与汉文帝、宋仁宗相比肩的贤主，评价很高。《明史》对孝宗的评价也很高，主要有八字，即"恭俭有制、勤政爱民"。他的勤政、宽容、尊礼儒臣、体恤民生，使他赢得儒家士大夫的一致好评，被视作明代历史上最符合儒家伦理的君主典范。他接受儒家士大夫们的劝谕，并尽可能遵照他们的要求去行事，因此，也有人将他比作周成王，意思是能够听从周公（儒家士大夫以周公自比）的辅导。从个人修养来看，孝宗并不像他的父亲一样，一味迷恋于佛、道与房中术，而是在诗、琴、画上的造诣颇深。在治国方面，孝宗任用大臣、修明制度、体恤民情，实际上创造了一个明代历史上的中兴盛世，而盛世的人文也很有可观之处。

良好的个人修养

孝宗的个人修养，首先得益于他较早地合法取得了皇太子的地位。他 6 岁就被父亲宪宗立为太子。9 岁的时候，就出阁讲学了。皇太子出阁讲学，是接受正规教育的开始。担任教育职责的官员一般都是学养深粹之人。例如，担任朱祐樘的讲读官中，就有彭华、刘健、程敏政等人。彭华是江西安福人，依附万安，品行不是很好，但毕竟是景泰五年的状元；刘健是河南洛阳人，与明初的理学大师薛瑄的弟子阎禹锡、白良辅一起学习，据说是“得河东薛瑄之传”的；程敏政是南直隶的徽州府休宁县人，10 岁被人称作神童，荐入翰林院里读书。据说，当时辅导东宫太子读书的人中，学问最渊博的就算程敏政了。单举这三个人，就可以知道宪宗对于皇太子教育的高度关注。皇太子一旦出阁讲学，之后除了大风雨雪天气以及酷热与严寒，每天都必须举行讲读。讲读的内容是四书（即《论语》《大学》《中庸》和《孟子》）以及经、史。讲读的地点，当时是在文华后殿。除了读书之外，皇帝还必须练字，由专门的侍书来辅导，春、夏、秋三季每天写 100 字，冬天每日写 50 字。因此，从某种意义上来说，是集天下之英才来对皇太子进行教育。所以，孝宗从 9 岁出阁讲学到 18 岁即位，整整接受了非常正规的 9 年教育。

除了大臣对他的教育外，据说宫中太监覃吉对他的影响也很大。孝宗 9 岁的时候，老年的覃吉每天给太子口授朱熹的《四书章句》。据说，有一次年幼的朱祐樘从别的太监那里得到一本佛经。正读的时候，覃吉刚好来了。小太子吓得连声呼叫说：“老伴来矣！”拿起《孝经》就装样子读。覃吉跪下问：“太子在读佛经吗？”朱祐樘说：“《孝经》。”覃吉说：“那就对了，佛经荒诞，不可读。”所以，《明史》说：“弘治之世，政治醇美，君德清明，端本正始，吉有力焉！”

正是在宫中、外廷的双重教育之下，年轻的朱祐樘才不至于像后来的明代帝王那样淫佚放纵。当然，按照古代对于皇帝的神化宣传，朱祐樘天性就是一个贤明的君主。据说，丧母时的朱祐樘虽然只有6岁，却会“哀慕如成人”。幼年失母，对于孝宗影响深远，也许孝宗后来的善良、温和、宽容，除了儒家的教育之外，还源于幼年时弱者的心态。孝宗在处理万贵妃一事上，最能体现他的宽容。尽管传说母亲纪氏是被万贵妃害死的，但是，当他即位后一位官员上疏要求惩办已死的万贵妃及其族人的时候，孝宗认为这样的做法是违背先帝的意愿，不愿接受。

然而，有趣的是，照儒家的教育，尤其是明代重视理学的气氛下，皇帝所具备的学识应当集中于对伦理的把握和对历史的领悟，而不是诗文、书画、琴瑟之类的小技。但是，在明代皇帝中，尽管孝宗在遵守儒家的伦理上做得算是最严谨的了，他却不愿放弃对于艺术的爱好。我们翻开《明史·艺文志》，可以看到孝宗有《诗集》5卷，可惜今天已经看不到了。明末清初的一位大学者钱谦益，编写了《列朝诗集》。其中明代部分就收入了孝宗的一首诗——《静中吟》：

习静调元养此身，此身无恙即天真。

周家八百延光祚，社稷安危在得人。

坦率地说，诗写得并不好，前两句还有些道家养身术的气韵（弘治后期朱祐樘也开始迷恋斋醮、符箓），但后两句最合儒家学者“文以载道”的口味。据钱谦益说，诗歌是从弘治朝大臣李东阳的《怀麓堂集》里摘抄出来的，并且连带着将大诗人李东阳的赞词一并抄了出来，其中几句说：“大哉王言，众理兼有，惟德与功，为三不朽。”中国古代有“三不朽”的说法，指立德、立功、立言。孝宗既有诗集，真能合三不朽的美誉了。只因诗中还提到“周家八百延光祚”，指周朝800年的统治，所以使钱谦益还想到另外的比附。他想，孝宗不单可以比作汉文帝、宋仁宗，还是周成王——“孝宗皇帝，本朝之周成王、汉孝文也”！

除了在诗歌方面的兴趣，孝宗对于绘画、弹琴也很喜爱。清人姜绍书所著的《无声诗史》中就提到孝宗爱好绘画与琴道的事情。书中说，孝宗“万几之暇，间亦好琴”。在士大夫们看来，皇帝喜欢乐曲，恐怕将来会滑入贪图享受的深渊中。因此，一些专门负责纠察朝政的言官们就纷纷上疏，劝说孝宗不要耽于声乐，而要把更多的精力放在修养身心之上。孝宗总是表面上接受，私下里却对旁边的太监们说：“弹琴何损于事？劳此辈言之。”意思是说，弹琴与政务又有什么冲突呢，要你们多嘴。他本人对言官的劝谏虽不以为然，却也不以为忤，这正表现了他宽容的一面。他还尽可能地避免来自士大夫们的批评。例如，他擅长绘画，宫中也有许多画师。有一次，他赐给画师吴伟几匹彩缎，害怕大臣们知道后没完地议论，对吴伟说：“急持去，毋使酸子知道！”意思是说，赶紧拿去，别让那些酸腐的书生们知道。孝宗之所以受到儒家士大夫们的一致称颂，主要在于他始终在表面上给士大夫们留下充足的情面。

践行一夫一妻制的皇帝

明末清初的思想家黄宗羲曾写过一篇专门批评专制君主的文

章《原君》，其中有“离散天下之子女，以奉我一人之淫乐”一句。大概中国古代的成年皇帝，很少有不淫荡的，大都三宫六院，嫔妃成群。明代的皇帝也多如此。但有一个明代皇帝例外，那便是孝宗朱祐樘。有人说，他可能是中国皇帝中唯一实行一夫一妻制的帝王。他的一生中只有一个皇后，而且没有其他的嫔妃。皇后张氏，兴济（今河北沧州市北）人。按照明代中期以后选后的制度，皇后一般都出身于平民之家。张氏的父亲张峦，原只是一个秀才，以乡贡的名义进入国子监，也就是说从地方学校保送进了国立最高学府读书，成为国子监生。张氏出身于这样的读书人家庭，家教自然还可以。成化二十三年（1487）二月初六日，张氏与时为皇太子的孝宗成婚。同年的九月，张氏被正式立为皇后。张皇后在弘治四年（1491）的九月二十四日生下了皇长子朱厚照，即后来的武宗。朱厚照一生下来，面貌非常清秀，“粹质比冰玉，神彩焕发”，举止非常。因此，孝宗对这个儿子非常疼爱，对于张皇后自然更是宠爱。晚明学者黄景昉说：“时张后爱最笃，同上起居，如民间伉俪然。”皇帝、皇后像民间的夫妇一样，每天一同起居。这在封建皇帝的私人生活中，真是少见。

身处粉黛成群的后宫中，孝宗这样的情形的确让人费解。原因可能有以下几种。第一，孝宗本人性格温和，又深受儒家思想的熏陶，对于男女之事没有特别强烈的兴趣。第二，孝宗幼年为避万贵妃的迫害，6 岁以前一直是秘密养育于宫中的安乐堂内。他对于嫔妃之间的争宠吃醋以及随之而来的宫闱斗争，可谓体会深切，有切肤之痛。所以，这可能是他不愿有过多嫔妃的一个原因。第三，张后本人的性格也许较为活泼，对孝宗有足够的吸引力和约束力。史称张后“骄妒”，从后来她在政治斗争中扮演的角色来看，张后确实绝非庸常之辈。第四，大臣谢迁的劝谏。本来，皇帝广纳嫔妃是极正常的事情，一般情况下大臣也不会反对。例如，成化朝的时候，群臣因为宪宗二十八九岁还没有儿子，竟纷纷上书要求皇帝广纳嫔妃。那么，谢迁何以会多此一举呢？事情是这样的。弘治元年（1488）二月，御马监左少监郭镛请预选淑女，等孝宗服除后在其中选两名女子为妃。当时的左春坊左庶子兼翰林院侍读谢迁就上言说："六宫之制，固所当备。而三年之忧，岂容顿忘。今山陵未毕，谅阴犹新，奈何遽有此事？"意思是说，皇帝选妃，自然是应当的。但是，宪宗的陵墓尚未完工，皇帝居丧的草庐还是新的呢，怎么就谈起选妃的事来了？孝宗号称以孝治天下，曾经定下了为宪宗皇帝守孝三年之制——"三年不鸣钟鼓，不受朝贺，朔望宫中素服"。因此，谢迁既有这么一说，选淑女以备嫔妃之选的事情就搁置下来了。后来主编《孝宗实录》的焦芳借此非议谢迁，认为谢迁这样的举动是为了讨好当时的中宫张皇后。但是，也有人为谢迁辩解说，谢迁谏选淑女，不是禁止孝宗这么做，而是请皇帝缓一缓再做，其实也合情合理。但无论如何，因为谢迁这么一来，后来选妃的事虽屡经提起，却都没有得到孝宗的同意。因此，成化二十三年始成为太子妃的张氏，非但在同年孝宗即位后正式成为皇后，而且集专宠于一身，直到孝宗去世。

孝宗夫妇的伉俪情深，虽然令人羡慕，却对弘治朝以及后来的政治格局，产生了一些影响。从孝宗本人的意愿看来，这些影响应当都不是他所想看到的。

第一，弘治夫妇感情之专一，造成了皇帝的子嗣相对较少。张皇后一生中为孝宗生了两子三女。但是，皇二子朱厚炜与皇长女太康公主，先后夭折。因此，孝宗只有朱厚照一个传人。后来朱厚照又没有儿子，所以孝宗的血脉便绝了。这在16世纪初期的一些大臣们看来，一个如此贤明的皇帝竟然无后，实在是令人痛心。后来，一帮大臣非要继朱厚照即位的世宗称孝宗为“皇考”，不无有这种为孝宗立后的心态在。孝宗单传，武宗无子，世宗以藩王入继，这种情况引发了明代中期一起重大的政治事件——大礼议，对明中后期的历史影响深远。

第二，孝宗夫妇感情的专一，造成了弘治朝外戚张延龄、张鹤龄的跋扈。所谓一人得道，鸡犬升天。张氏成为皇后且受宠于孝宗，给张家带来了极大的荣华富贵。父亲张峦在弘治四年（1491）进封为寿宁伯，不久封侯，死后追赠为昌国公。张皇后的两位弟弟，也先后受封。张鹤龄继承了父亲张峦的封爵为寿宁侯。张延龄初封建昌伯，在弘治十六年的时候（1503）也进封为建昌侯。孝宗还在皇后的家乡兴济为张家立家庙。

据说张峦还未因女儿的大富大贵而跋扈，仍然非常尊重读书人，礼敬士大夫。但是，张鹤龄、张延龄兄弟以外戚骤然富贵，不免气焰嚣张，纵容家人掠夺民田，鱼肉乡里，干一些犯法的事情。大臣们纷纷向孝宗提意见，要求追查张氏兄弟的违法之事。于是，孝宗派侍郎屠勋和太监萧敬去查实。但是，事情查实了，却没有办法处理，因为皇后不同意处理她的兄弟。而且，皇后生气了，孝宗也得跟着假装生气。事后，孝宗将萧敬找来，对他说：“你们说的我都相信。”然后，赐给了萧敬一些银子，这件事情就算不了了之。当时的大臣中，像李梦阳、吴世忠，都差点因为弹劾张氏兄弟而得罪。也许，在孝宗看来，张氏兄弟虽然有过错，但毕竟是皇后的弟弟，所以一般的小过错能宽免就宽免了。当然，他也知道放任张氏兄弟的后果，所以希望通过自己的教诲来使二人收敛。有一次，皇帝游幸南宫，皇后、太子、皇后的母亲金夫人以及张氏兄弟陪同。席间，皇后、太子及金夫人离席。孝宗便将张鹤龄单独叫来。人们远远地看到张鹤龄摘下纱帽向皇帝叩头。从此以后，张氏兄弟的行迹较为收敛。张氏兄弟，后来在正德朝和嘉靖朝之交接期间，因为拥护世宗登位，曾经非常受世宗的宠幸。但是，二人最后的命运让人嗟叹：张鹤龄被关在诏狱中死去，张延龄被杀于西市。这固然有世宗忘恩负义的因素，但二人的骄横无法，无疑是授人以柄。

张氏的晚景凄凉，不堪言说。先是失去了丈夫孝宗，而后失去儿子武宗，再遭侄子世宗之逼迫，不得不哀求世宗放过自己的两位弟弟。但是，在她生前，张鹤龄死于狱中。她死后的第五年，张延龄被杀于西市。皇权的尊贵与无常，她都有切肤之感！

用人唯贤的有道之君

孝宗开创了明代的中兴盛世，其治国方面可值称道的东西很多。晚明学者焦竑在《皇明人物考》中曾叙述了孝宗一朝的诸多善政：开经筵、尊儒臣、选官僚、立预备仓、筑张秋堤、招商开市、录用勋裔、经营哈密、饬边备、召辅臣顾问、减上供、列职官姓名。要详尽地展开叙述这些政事，却不容易。简要言之，孝宗的治国方略，核心即在任用大臣。

弘治一朝，名臣辈出。内阁的大学士、六部的尚书，都是贤明有能的道德君子。刘健、谢迁、丘濬三位大学士，六卿之长吏部尚书王恕，都是著名的学者与能臣。成化年间有一句谚语：“纸糊三阁老，泥塑六尚书。”那意思很明白，大学士万安、刘吉、王翊以及六部尚书，都不过是一些无能之辈。反观弘治朝的阁、部大臣，则是人才济济。我们看到，成化二十三年（1487）十月，即位才一个月，就罢免了品格不好的万安，选用徐溥入阁；十一月，又录用刘健入阁；弘治四年（1491）丘濬入阁；弘治八年（1495），丘濬死后任用谢迁、李东阳为阁臣；弘治十四年（1501）九月秦竑入阁。徐溥是当时的南直隶宜兴人，弘治五年（1492）后任首辅大学士。徐溥的辅政风格，讲究“安静、守成法”，与孝宗的性格有契合处。而且，徐溥与同僚谢迁、李东阳等人之间，不存在权力斗争，相互间配合得很好。大臣之间的和睦相处，自然能够形成一种与皇权相制衡的“文官”权力。这种格局，在弘治十年（1497）曾经非常有效地纠正了皇帝的出轨行为。弘治十年（1497）二月，徐溥等人向皇帝上疏，要求皇帝远离诱使皇帝斋醮的宦官李广，而将更多的精力放在处理朝政和接触儒臣上。原来，从弘治八年（1495）起，已经做了8年好皇帝的孝宗，据说“视朝渐晏”，就是上朝上得晚了一些。这在儒臣们看来，是皇帝走向堕落的初步。但是，与绝大部分明代皇帝不同，孝宗能够非常谦虚地接受大臣们的意见，就在弘治十年的三月于文华殿召见了内阁大学士徐溥、刘健、李东阳、谢迁，集聚一堂共商政事。议事完后，皇帝赐诸位大臣吃茶，然后散去。召见大臣，面议国事，在当时被称作为“盛事”。终弘治一朝，从《明史·孝宗本纪》中的记载看，除这一次首开先例外，大概先后还有过四次：弘治十二年（1499）五月召见刘健等于平台；弘治十七年（1504）六月在暖阁召见刘健等讨论边关大事；弘治十七年（1504）八月召见马文升、戴珊讨论第二年考察官员的事情，又召见李东阳等人讨论边务。像这样召见阁臣面商国家大事，其对于大臣们的激励作用是可以想见的。所以，一方面，可以看出弘治一朝君臣关系之和睦，另一方面，也可以看作是孝宗对于儒臣的信任。

内阁大学士之外，弘治一朝的六部大臣，也都是正人君子。例如，吏部尚书王恕在弘治一朝的政治中就发挥了非常重要的作用。王恕，字宗贯，号石渠，陕西三原人。他在成化朝的时候就因平大藤峡瑶民起义、安抚荆襄流民而名满天下了。但因为敢于直言，得罪了汪直，一直只能在南京做官。南京虽然也是明代的两京之一，但是南京的六部，实际上只是闲官。嘉靖朝的吴廷举，曾经因授职南京工部尚书上疏辞职，就引了白居易和张泳的诗来说南京官职之闲——“月俸百千官二品，朝廷雇我作闲人”“幸得太平无一事，江南闲煞老尚书”。但是，王恕在南京尚书任上仍然是敢于言事。成化末年，官场上有“两京十二部，独有一王恕”之说。所以，孝宗一即位，就听从群臣的推荐，召王恕为吏部尚书。在不设宰相的明代，吏部尚书是诸卿之长，掌管对官员的考察与任命，权势颇重，高于其他各部。王恕在吏部，所荐用的都是正人君子。据说，王恕曾带着他的第七个儿子王承裕到京城。王承裕每天为父亲接待来访的朝臣名士，和他们交谈，然后将自己的观察原原本本地告诉父亲。所以，从成化二十三年（1487）十一月至弘治六年（1493）王恕退休回家，他得人善用，培养了许多人才。《明史》说：“弘治二十年间，众正盈朝，职业修理，号为极盛者，恕力也。”继王恕之后任吏部尚书的大臣中，马文升也声名甚盛。李东阳后来有诗，称赞孝宗之善待人臣，其中有一句说：“近臣常造膝，元老不呼名。”说明孝宗对待大臣总像是对待家人一般亲切。

在信任大臣之外，孝宗又要求加强对臣工们的考察，这便涉及完善考察制度的问题。孟森曾说：“明之一代立法创制，皆在太祖之世。至孝宗朝，始有修明之举。”意思是说，明代的制度基本上是在明太祖朱元璋统治的时候就已经奠立，后来的皇帝中能够提出较贤明的政治制度的，也就是孝宗。所以，孝宗一直被视为中兴之主。弘治一朝中的制度建设，主要体现为会典的编修与京官六年一察制度的设定。会典是一种典章制度的汇编。弘治十年（1497），他下令编撰《大明会典》。编修的总裁为当时的大学士徐溥。经过5年的时间，《大明会典》在弘治十五年（1502）完成。应当说，会典的编定，为弘治朝的制度建设提供了一个基础。正是在这个基础上，孝宗有过许多的制度创设。例如，太庙制度即规定太庙的庙制为“各室一帝一后”。当然，在制度建设中，对明代后来的政治产生最重大影响的，无疑是京官六年一察的制度。在弘治以前，京官的考核是10年进行一次。弘治十七年（1504）六月，命南北两京五品以下的官员6年一考察。这项制度，一直沿用到了明亡，6年一次的考察，在明代后期往往成为党派斗争的焦点。因为，一旦经由考察而落职的官员，就很难有机会再做官了，等于是再无翻身的机会了。因此，各种政治力量总是利用把持考察的机会打击对立面。当然，这是初设制度的孝宗所没有想到的后果。但是，在当时，京官六年一察制度的实施，对于整顿官场的颓弊，起了很大的作用。

在明代的皇帝中，孝宗最为仁慈。他对于救荒的工作非常重视，要求各级官府都要设立常平仓，以应付灾荒。在刑罚方面，他要求慎重施刑。在他的这种要求下，一些素以残酷闻名的特务机构如锦衣卫都变得仁慈起来。所以，弘治一朝，政治清明，经济发达，文化上则出现了李东阳的茶陵诗派、丘濬的理学，号称太平盛世。

弘治十八年（1505）五月初七日，孝宗去世。据说，孝宗因为偶染风寒。太监张瑜、太医院使施钦、院判刘文泰、御医高廷和等人不诊视就开药，致使孝宗误服药物，鼻血不止而死。死前，遗命大臣："东宫年幼，好逸乐，先生辈善辅之。"时儿子朱厚照年 15 岁，后来继朱厚照之后而入承大统的侄子朱厚熜还未出生。当时，"深山穷谷，闻之无不哀痛""哭声震野"。同年十月，孝宗被安葬在泰陵。泰陵临溪水，直流若干里，而且整个地域显得逼仄、卑隘。当时，善风水术的人"咸知其地之不吉"。清初学者谈迁行文及此，大发感慨："泰陵有水石，其地非吉壤，杨子器早言之。辅臣不加意，遗痛桥山，泽斩于子。噫，德如孝宗，宁无罪地脉哉！"意思说，泰陵不是一个风水宝地，但是大学士们却不在意，使得孝宗的墓不得安宁，而孝宗的恩泽也到儿子便绝了，像孝宗这样有德的皇帝，却得到这样的结果，难道不要归罪于风水地脉吗？这虽然是谈迁的迷信之言，但也反映了后人对孝宗的推崇之心，对孝宗身后的惋惜之情。

朱祐樘档案

姓名：朱祐樘

出生：成化六年（1470）七月初三日

属相：虎

卒年：弘治十八年（1505）

享年：36 岁

在位：18 年

年号：弘治

谥号：敬皇帝

庙号：孝宗

陵寝：泰陵

父亲：朱见深

母亲：纪淑妃

初婚：18 岁

配偶：张皇后

子女：2 子，3 女

继位人：朱厚照

最得意：修《会典》，立制度

最失意：子嗣单传

最痛心：幼年失母

最不幸：张皇后在世宗朝遭迫受窘

最擅长：信用大臣

相关阅读书目推荐

(1) 王天有主编：《明朝十六帝·孝宗敬皇帝朱祐樘》，紫禁城出版社，1999 年

(2) 李梦之：《弘治帝》，吉林文史出版社，1996 年

武宗朱厚照

正德元年（1506）——十六年（1521）

武宗朱厚照，弘治四年（1491）九月二十四日生，孝宗朱祐樘长子，母张皇后。弘治十八年（1505）五月，武宗即皇帝位，在位16年，年号正德，死后葬北京十三陵之康陵。

武宗是历史上很有争议的一位皇帝。有人认为他荒淫暴戾、怪诞无耻，是少见的无道昏君，然而通过近些年来历史学界的研究，人们对武宗的认识有所改变，有人认为他追求个性解放，追求自由平等，是极具个性色彩的一个皇帝。总之，武宗富有戏剧性的一生是难以用只言片语概括的。

喜剧：天意与人事

武宗是孝宗和皇后张氏的嫡长子，像他这样既为嫡子又是长子的情况在封建礼法社会中是天然的皇位继承人。此前三朝，皇帝皆非皇后嫡出。明朝十六帝中，以嫡长子身份承继大统的也十分罕见。朱元璋确立了明代的嫡长子继承制度，本来要传位于长子朱标（朱标为马皇后所生），只是朱标在朱元璋生前就去世了，而且朱标出生之时朱元璋尚未称帝，马氏当时还不是皇后。建文帝朱允炆不是长子，成祖朱棣是朱元璋的第四子。仁宗朱高炽、宣宗朱瞻基虽是长子，但出生时母亲尚未被册封为皇后，在“嫡”字上还要打一点折扣。英宗朱祁镇是长子，生母孙氏时为贵妃。景帝朱祁钰是英宗的弟弟，宣宗的次子，生母为吴妃，既非嫡子又非长子，在位 8 年终因“夺门之变”失去皇位。宪宗朱见深是英宗的长子，生母为周贵妃。孝宗朱祐樘是第三子，生母纪氏当时只是宫人，3 岁时宪宗才知道还有这样一个儿子。世宗朱厚熜以藩王入继帝位。穆宗朱载垕是世宗的第三子，母杜康妃。神宗朱翊钧是穆宗第三子，母李贵妃。光宗朱常洛为神宗长子，母王恭妃，在位仅一个月。熹宗朱由校，光宗长子，母李选侍。思宗朱由检为光宗第五子，以藩王的身份即帝位，母刘贤妃。纵观明代十六帝，只有武宗一人是真正以嫡长子的身份登临大位的。就宗法社会的明代而言，在关系到皇位继承的大事上，这具有极其重要的意义，可以说武宗从一出生就注定要做皇帝。孝宗欣喜异常，取其名为朱厚照，希望他以后能照耀后世，5 个月后就将其册封为皇太子。

朱厚照的出生不论对于国家社稷还是孝宗、张皇后都意义非凡。孝宗和张皇后的感情非常好，一直没有选嫔妃，只有 5 个级别很低的夫人，这在明代皇帝中是绝无仅有的。要知道，朱元璋除马皇后外还有 19 个妃子。封建社会中，有无皇子关系到皇权的顺利承继和国家的安定，而不是简单意义上的传宗接代。张皇后婚后 4 年没有生育，当时朝臣上书请求选置嫔妃，孝宗并不理会。当然，孝宗不选妃还有另外一种说法，有人认为张皇后是个妒妇，不许孝宗再宠幸其他的女人。几年后，张皇后又生了一个儿子，取名朱厚炜，只是不久就夭折了。这样，孝宗就只有武宗这么一个皇子，因此非常宠爱。

据说朱厚照孩提时“粹质比冰玉，神采焕发”，性情仁和宽厚，颇有帝王风范。8岁时，在大臣的请求下，朱厚照正式出阁读书，接受严格的教育。朱厚照年少时以聪明见称，前天讲官所授之书次日他便能掩卷背诵。数月之间，他就将宫廷内繁琐的礼节了然于胸。孝宗几次前来问视学业，他率领官僚趋走迎送，娴于礼节。孝宗和大臣们都相信，眼前的这位皇太子将来会成为一代贤明之君。

武宗绘《青松偕老图》

武宗的生日也很特别。他的生年月日时为弘治四年九月廿四日申时，用干支表示是这样的：辛亥年甲戌月丁酉日申时。如果按照时、日、月、年的顺序读就与地支中的“申、酉、戌、亥”的顺序巧合，在命理上称为“贯如连珠”，主大富大贵，据说明太祖朱元璋的生辰与此有相似之处。而且当年张皇后梦白龙入腹而生朱厚照，按照传统的说法，白者乃主西方，为兵象。武宗生而好动，自幼贪玩骑射。孝宗一心想把他培养成为太祖朱元璋一样文武兼备的旷世圣君，所以对武宗骑射游戏颇为纵容，这也养成了武宗日后尚武的习气。孝宗也注意到了这一点，恐武宗玩物丧志，在病逝前一天，特意把大学士刘健、谢迁、李东阳召至乾清宫暖阁，委以托孤的重任：“东宫聪明，但年尚幼，好逸乐，先生辈常劝之读书，辅为贤主。”

然而这个受到上天眷顾的真命天子的身世还有一些隐情，似乎有人事搀杂其中。从武宗出生那一刻起，关于他生母不是张皇后而另有其人的说法就不胫而走。张皇后是河间兴济（今河北沧州北）人，成化二十三年（1487）选为皇太子妃。孝宗即位，册立为皇后。张皇后婚后 4 年没有生育，心理压力非常大。大臣们很是着急，纷纷上书请求皇帝选妃以广储嗣。孝宗不听，但心里也是有些着急，就和张皇后在宫中斋醮求子，一连几个月。弘治四年九月，宫中传出喜讯，张皇后的皇子诞生了！举国欢庆之余，各种流言也随之四起，有许多人相信这个皇子不是张皇后亲生的。因为张皇后生下皇子的消息过于突然，事先竟然一点消息都没有，而且婚后四年没有生育，难道这次真的是感动神灵而得子吗？当时张皇后因为既未生育又不让孝宗选妃而承受了巨大的压力，成为人们私下里埋怨的对象。有人怀疑张皇后自己不能生育，就抱养其他宫人所产之子为己子，这样既避开了人们的指责，又可以巩固自己的地位。这些流言或许有些事实依据，或许只是反映人们的一种态度。其实怀疑张皇后没有生育能力是没有根据的，事实上 3 年后她又生育过另外一个皇子朱厚炜。但是流言并没有停止，犹如长了腿一般传播到全国各地，并引发了一个轰动一时的大案。这个案子发生在弘治年间，称为“郑旺妖言案”。

郑旺，是武成卫的一名士兵，家境贫寒。他有个女儿，叫郑金莲，12 岁时卖给别人做婢女，听说后来进了宫。郑旺通过关系，与太监刘山交往，时常托他将一些时鲜水果等物送入宫中女儿手中，郑金莲也托刘山送些衣物给郑旺。郑旺拿着宫中的衣物四处炫耀，吹嘘女儿得皇帝的恩宠。别人讨好他，就称他为“郑皇亲”。

张皇后生下皇子后不久，就有流言说皇子其实是郑金莲所生，并被张皇后强行抱了去。这件事闹得满城风雨，但也没有人去追究，这是不同寻常的，有人认为实际上是孝宗已经默认了这种说法。谁知十几年后，即弘治十七年（1504），孝宗考虑到这种说法会影响到朱厚照的政治地位，遂命人将郑旺、刘山等人捉拿到官。然而孝宗没有让司法机关插手此案，而是御审，这又是不同寻常之事，难道是孝宗怕外臣知道宫中的秘密？御审的结果是刘山以干预外事的罪名被处死，郑旺以妖言罪、冒认皇亲罪被监禁，郑金莲被送入浣衣局。案件的结果也有几处不寻常之处：这个案件中只有太监刘山被杀，被认为是杀人灭口；而比刘山罪情更重的郑旺却只是监禁，武宗即位后又被释放出来，此中似有隐情。据翰林院王瓒的记载，他在司礼监教太监识字时，见两个太监将一个女人押入浣衣局。浣衣局的看守见到来人，肃立两旁，态度十分恭敬，可见来人非同一般。至于这个人是不是郑金莲，可惜王瓒没有看清楚。

然而案情随着孝宗的去世和武宗的即位又有新的发展。正德二年（1507），被释放的郑旺仍然坚持他的女儿生了皇子，因而谣言再起。他的同乡王玺打通关节，闯到东安门，声称上奏当今天子“国母”被囚禁的实情，郑旺、王玺因此被捕入狱。审判之时，郑旺多次声称自己无罪。最终，他以妖言罪被判死刑。为何两次都是妖言罪，结果大相径庭呢？第一次审判，孝宗与张皇后关系紧张，因此判罚宽松，似乎有意保全郑旺；第二次审判，孝宗已经驾崩，武宗刚刚即位，而且嫡长子身份又是何等神圣的光环，对于自己的政权十分重要，因此即使武宗为郑金莲所生，他又怎会相认？毕竟这对于自己、对于孝宗、对于张皇后乃至于对明廷而言，都不是一件光彩的事情。关于武宗身世的“郑旺妖言案”就这样无声无息地结束了。

摆脱了身世的困扰，武宗又可以以嫡长子的高贵血统名正言顺地坐在高高的皇帝宝座上，享受着皇权带来的种种特权。他可以建豹房、幸宣府，过着纸醉金迷、为所欲为的闹剧般生活。

闹剧：豹房与宣府

武宗就是这样一个皇帝：他想打破加在他身上的某些禁锢，想按照自己的真实想法办事，即使这违背了历朝祖训、社会习惯，也在所不惜。很难想象，武宗一点也不留恋象征权力和地位的金碧辉煌的紫禁城，而喜欢自己营建的两个小天地——豹房和在宣府的镇国府。对前者，他从正德二年（1507）入住一直到正德十五年（1520）驾崩，都住在那里；而对后者，他则亲切地称为“家里”。

少年天子武宗登临龙廷宝座，凭借皇帝至高无上的权力，自然不用装样子给别人看，可以随心所欲、为所欲为了，贪玩好动的本性不久就暴露了出来。他废除了尚寝官和文书房侍从皇帝的内官，以减少对自己行动的限制。为皇帝而设的经筵日讲，他更是以各种借口逃脱，根本就没听几次。后来连早朝也不愿上了，为后来世宗、神宗的长期罢朝开了先河。诸位大臣轮番上奏，甚至以请辞相威胁，但小皇帝口头上说“知道了”，实际上依旧我行我素，大臣们也无可奈何，可见少年武宗之顽劣。

武宗不顾朝臣的极力反对而沉湎于玩乐，主要是因为受到了“八虎”的蛊惑。“八虎”是指八个人，确切地说是指八个太监，包括刘瑾、马永成、高凤等人，其中以刘瑾为首。刘瑾为人阴险狡猾，想方设法鼓动武宗玩乐，每天进奉鹰犬狐兔，还偷偷带武宗出去逛，哄着武宗高兴，因此很受武宗的宠信，并逐渐掌握了大权，人称“立地皇帝”。

正德三年（1508），武宗的心思禁城的高墙已挡不住了。他不甘宫内枯燥的生活，索性离开了禁城，住进了皇城西北的豹房新宅。豹房并非是武宗的创建，是贵族豢养虎豹等猛兽以供玩乐的地方，元朝时期已有此风气。另有虎房、象房、鹰房等处，房又称为坊，如羊坊、象坊、虎坊等，北京至今尚存此类地名。现在北京地名中仍有豹房的名称，但那并不是武宗所建的豹房。也有人认为今天东华门外的报房胡同才是当年武宗日夜淫乐的场所，只是由于时间久远，豹房音变为报房。当然，更多的学者相信武宗兴建的豹房原址就在皇城的西苑太液池西南岸，临近西华门的地方，即今天的北海公园西面。今中海、南海、北海三海，明代统称为太液池，在西苑内。豹房新宅始修于正德二年，至正德七年共添造房屋200余间，耗银24万余两。其实豹房新宅并非养豹之所，又非一般意义上单纯游幸的离宫，实为武宗居住和处理朝政之地，有人就认为是当时的政治中心和军事总部。豹房新宅多构密室，有如迷宫，又建有校场、佛寺等。武宗每日广招乐妓承应，荒淫无度。正德九年正月十六日，宫中元宵节放烟花，不慎失火，殃及宫中重地乾清宫。乾清宫是内廷三殿之首，象征着皇帝的权力和尊贵的地位。武宗见火起，没有下令扑救，反而跑到了豹房观看，谈笑风生，回头对左右说：“好一棚大烟火啊。”世间还有这等皇帝！

豹房新宅中除乐妓之外，还有武宗的义子。武宗在位短短的十几年间，曾收有100余个义子，甚至在正德七年一次就将127

人改赐朱姓，真是旷古未闻。在这些义子中，最为得宠者为钱宁、江彬二人。钱宁，本不姓钱，因幼时被卖与太监钱能而改姓钱。其性狡诘猾巧，善射，深为尚武的武宗所喜欢。豹房新宅的建设，钱宁出力甚多。据说武宗在豹房常醉枕钱宁而卧，百官候朝久不得见，只要看到钱宁懒散地出来，就知道皇帝也快出来了。江彬，原本是名边将，骁勇异常。在镇压刘六、刘七起义时，身中三箭，其中一箭更是射中面门，但他毫无惧意，拔之再战。因军功觐见时，他于御前大谈兵法，深合武宗意，遂被留在身边。有一次，武宗在豹房内戏耍老虎。谁知平日温顺的老虎突然性情大发，直扑武宗。武宗忙呼身旁的钱宁救驾，钱宁畏惧不前，倒是江彬及时将老虎制服。武宗虽然嘴上逞能说“吾自足办，安用尔”，心里却是十分感激。此后，江彬逐渐取代钱宁而得宠。武宗更是毁京城中豹房西侧的鸣玉、积庆二坊（今厂桥、西四地区）民居，大肆营建“义子府”，供江彬等人居住。

江彬深恐钱宁害己，遂向武宗吹嘘边军如何英武善战，引诱武宗将边军与京军互调，借以自固。明朝祖制，边军、京军不许互调。因为如果边军弱，蒙古就会入侵；京军弱，边军就会成为祸患，这是为加强皇权着想的制度。武宗不顾大臣的激烈反对，打破祖制调边军入京，设东、西官厅，由江彬、许泰统帅。不仅如此，江彬更是鼓动武宗离开京城到西北游幸。这对于一向以雄武自居的武宗颇有吸引力，因为他一直梦想着能在广阔的草原上一展雄姿，开创不世之业。江彬还告诉他那里多美妇，自然更增加了武宗的兴致。正德十二年（1517），武宗一行浩浩荡荡来到宣府，营建“镇国府”。为什么称“镇国府”呢？原来武宗自封“总督军务威武大将军总兵官”，凡往来公文一律以威武大将军钧帖行之，并为自己更名朱寿，后来自己又加封为“镇国公”，令兵部存档，户部发饷。亘古以来，还没有哪个皇帝自降身份又为自己称臣的，真是视国事朝政为儿戏。《明史·武宗本纪》就说他“然耽乐嬉游，昵近群小，至自署官号，冠履之分荡然矣”。

武宗非常喜欢宣府的镇国府，甚至称那里为“家里”。正德十三年（1518）立春，武宗在宣府，照例要举行迎春仪式。以往的迎春仪式中，用竹木扎成架子，上面排放些吉祥图案，进献给皇帝，谓之“进春”。这一次，武宗亲自设计迎春仪式，花样百出。武宗命人准备了数十辆马车，上面满载妇女与和尚。行进之时，妇女手中的彩球就和和尚的光头相互撞击，彩球纷纷落下。这次迎春仪式，武宗始终兴高采烈，对自己的杰作甚感得意。

在江彬的鼓动下，武宗下令大肆修缮镇国府，并将豹房内珍宝、妇女运来，填充镇国府，似乎有常驻宣府的意思。武宗之所以有此打算，是与他尚武，想立边功密不可分的。宣府，是北边重要的军镇，也是抵御蒙古军队入侵的第一道防线。武宗在内心里仰慕太祖朱元璋和成祖朱棣的武功，盼望着自己也能像他们一样立下赫赫军功。而且，在宣府还有一个好处，就是再也不用听大臣们喋喋不休的劝谏。他下令大臣一律不许来宣府，只有豹房的亲随可以随时出入。在豹房和镇国府两处，武宗为所欲为、乐不思蜀。

悲剧：淫乱与无嗣

武宗即位不久就娶了夏皇后，之后又选置了几个妃嫔，然而他似乎对后宫中的皇后、嫔妃并不在意，自从搬到豹房之后，就很少回到后宫了，而是将喜欢的女人都放到了豹房和宣府的镇国府。武宗远离后宫而钟情豹房，是因为与夏皇后感情不和，还是有其他原因，是一个无法考释的谜。

豹房之内，美女如云，武宗过着恣意妄为的淫乱生活，极大地满足了他声色犬马的感官享受。这里充斥着教坊司的女乐、高丽美女、西域舞女、扬州少女，乃至于妓女、寡妇等各色女子。豹房之内到底有多少女子，恐怕连武宗自己都不清楚。那些一时无法召幸的女子，就被安排在浣衣局寄养，以备武宗不时宣召。这里既包括内臣进献的，也有武宗自己游幸各地带回来的，人数之多，难以想象，据说经常有因饥饿、疾病死亡者。

宣府是武宗另一个淫乐窝。他刚到宣府之时，在这个远离国都的军镇，可以肆无忌惮地放纵。每到夜晚，武宗带上一队亲兵，在空荡的街道上闲逛。看见高墙大院的富庶之家，他就令亲兵上前砸门，然后入内强索妇女，弄得人心惶惶，家无宁日。为了避免这样的事情，那些富有之家纷纷重贿江彬，希冀能够免除祸患。

从西北回来后，武宗又酝酿着要南巡。这次南巡，有人认为是武宗游玩寻乐；也有人认为武宗拥兵南下是为了防止宁王的反叛。正德十四年，宁王叛乱。武宗遂以此为借口南下亲征。然而当武宗到达河北涿县时，王守仁擒获宁王的捷报已到。武宗似乎已无南下的必要，但他屡檄王守仁不要北上献俘，自己则继续南征，一定要眼见南方的秀丽景色。在山东临清时，武宗竟然失踪了一个月，臣僚皆不知皇帝哪里去了。原来，武宗在太原时得到一个艺妓刘良女，宠爱一时。他西游宣府回来后，将刘良女安置在西苑太液池腾沼殿中，号称夫人，俗呼为刘娘娘。武宗对刘良女非常好，凡是豹房中有谁偶尔犯了小错，只要刘良女在武宗面前替他求情，武宗就不会追究。此次南巡，武宗原本要带她同行的，但刘娘娘当时恰巧得病，武宗与之约定以玉簪为信物，待病好后派人来接。武宗过卢沟桥时不慎将玉簪掉落河中。及至临清，武宗遣信使接刘，但刘氏因无信物不肯来，武宗只好亲自回京，前后将近一个月。由此看来，武宗也称得上是一个痴情天子。

关于武宗与刘良女相识的经过，有两种不同的说法。《明实录》中记载刘良女是太原晋王府乐工杨腾的妻子。武宗游幸山西时，派人到太原索要女乐，得到了刘良女。武宗喜她色艺俱佳，就从榆林带回了豹房。《稗说》则讲述了另一个版本的爱情故事。刘良女是大同代王府上有名的歌姬，武宗曾假扮低级军官出入于王府的教坊，因而得以认识刘氏。当时武宗在这样的风月场所中并不太引人注意，别人还以为他只是个普通的军官而已，但是刘氏慧眼识珠，认定他不是个平常人，就对他另眼相看。武宗记住了这个刘氏，后来派人将其接到北京。这就成了后来著名戏曲《游龙戏凤》的故事框架，只不过刘氏变成了李凤姐。武宗下江南时，刘氏一直陪伴在身旁，多次一同出现在臣民面前。武宗在南京赏赐寺庙幡幢上都要写上自己和刘氏的名字，刘氏也成为武宗一生中最宠爱的女人。

武宗风流好色，却有一个遗憾无法弥补。虽然他阅女无数，却没有子嗣，这是他心头无法抚平的伤痛，为此他甚至导演了迎娶孕妇的闹剧。正德十一年，赋闲在家的马昂为求得复职升官的机会，结交武宗身边的红人江彬。江彬极力在武宗面前赞扬马昂妹妹美若天仙，又娴熟骑射，能歌善舞。武宗一见，果然异常欢喜，不顾她已有身孕，将其从宣府带回豹房，并给马昂升官晋职。其实武宗宠幸马氏，却另有一番打算。因为在意识到自己不能生育后，他就想借此瞒天过海。朝臣听到了一些风声，又见马昂超授右都督，知道了传闻属实，就纷纷上疏要武宗驱逐马氏，以绝后患。

也不知道是奏疏中“吕不韦进孕女”这样的典故让武宗幡然醒悟，还是见到事情已经泄露，武宗倒是逐渐疏远了马氏，也就没有出现不可收拾的局面。

马氏风波虽然过去了，但这件事却给朝臣敲响了警钟，认识到了预备皇储的紧迫性。梁储上疏请求武宗从近亲藩王中选择二三人，放在宫内加以培养，作为将来皇储人选，如果武宗有了自己的子嗣，那么就将其送回。这种想法，既可以稳定人心，又保证了皇权可以顺利、平稳地传承，因而得到了很多朝臣的一致赞同，但武宗对此不予理睬。当时武宗尚不到 30 岁，身强力壮，精力充沛，他不相信自己会没有子嗣。再说，现在选立藩王之子，不就是向天下人宣告他不能生育的事实吗？那怎么能成！因此武宗拒不立储，以至于他驾崩之后，内官、大臣们匆忙选立新君，期间出现了 30 多天的权力真空阶段，为历朝少见，而且直接的后果是继位的世宗对他没有多少感情，兴起了“大礼议”风波。

正剧：皇权与军功

武宗沉湎于豹房之时，大权落到权阉刘瑾手中。刘瑾，今陕西兴平县人。本姓谈，后依靠刘姓太监进了宫，便改用刘姓。在朱厚照做太子的时候，刘瑾就在身边侍奉。刘瑾深知只要照顾好太子，自己就会成为新皇帝身边的功臣，权力、富贵会接踵而至。武宗即位后，刘瑾抓住少年天子喜好嬉戏的特点，每日进奉飞鹰、猎狗等，鼓动武宗游玩享乐，深得武宗的信任，被提升为内官监，掌握北京的军队，权力很大。

在刘瑾权盛时，正直的朝臣在暗中等待时机的到来。正德五年，宁夏安化王反叛，起兵的名义就是清除刘瑾。消息传到北京，刘瑾藏匿起檄文，不敢让武宗知道檄文的内容。杨一清与太监张永领兵前去镇压，很快就平息了战乱。杨一清在路上尽力结交张永，二人相交甚欢。张永为“八虎”之一，然而为刘瑾所排挤。其实不止是张永，其他六人都受到了刘瑾的压制。刘瑾担心他们受到武宗的宠信而自己失势，所以常在武宗面前讲七人的坏话。一次，武宗想调张永到南京闲住，圣旨还没下达，刘瑾就要驱逐张永出宫。张永知道自己是被刘瑾陷害的，跑到武宗面前申诉。刘瑾与之对质时，张永气愤得要挥拳打刘瑾，被谷大用等人费力拉开。武宗令二人摆酒和解，但嫌隙渐深。此次，杨一清就是利用张、刘的矛盾，游说张永除去刘瑾。八月，张永、杨一清班师回朝。献俘礼毕，武宗置酒慰劳张永，刘瑾、谷大用等人皆在座。夜深时，刘瑾起身回府。张永见时机成熟，从袖中取出弹劾刘瑾的奏章，奏明刘瑾违法犯纪 17 事，指出安化王造反皆因刘瑾，更说刘瑾有反叛之心，欲图谋不轨。武宗已有醉意，俯下身子问道：“刘瑾果真负我？”此时，周围的马永成等人也都历数刘瑾不法之事。武宗遂下定决心，当机立断派人前去刘宅，自己则紧随其后。刘瑾听见喧哗声，披青蟒衣出，随即被缚。抄没家产时，得到私刻玉玺一枚，穿宫牌五百，以及盔甲、弓箭等违禁物品，又发现他平时所用的折扇里面竟然藏有两把锋利的匕首。刘瑾被关押在菜厂，后被凌迟处死。行刑之时，许多人花钱买割下来的肉吃掉，以解心头之恨。

刘瑾之亡，竟然是出自武宗酒后的醉话。明代宦官，权重之时百官无人可与之抗衡，然而生死存亡却在皇帝的手中。这是明代宦官专政不同于汉唐时期宦官专政的一个特点。以往朝代宦官专政，宦官势力大到可以操纵皇帝的生死，明代却从没有这种现象发生。这不能不说是一个奇怪的现象。明代中后期，皇帝多有数月甚至数年不上朝的现象，但这并不意味着皇帝不理朝政，失去了对国家的控制。皇帝（如武宗者）此时正是通过宦官来传达圣意，管理朝政。有野心的宦官正是利用这样的机会来狐假虎威，加强自己的权威。但是，这种权力其实是皇帝给予的，是代皇帝执行的，一旦皇帝认为情势将危及皇权时，便会采取强力措施来收回这种权力。正如刘瑾、魏忠贤势大遮天者，往往只要皇帝一句话就束手被擒，其中的道理可想而知。事实上，刘瑾事后，武宗依然宠信宦官，如张永，只是张永并不贪心，倒也相安无事。

如果有人认为武宗在豹房、宣府穷奢极欲的时候把大权放弃了，那就大错特错了。武宗虽然不入大内，但是仍时常上朝听政，批答奏章，决定国家重大事件。不愿上朝时，就通过司礼监传达自己的圣旨，命内阁执行。即使他远在宣府的时候，还是特别强调虽然大臣不许前来，但奏章要一件也不许少地送到宣府，至于是否批复，那就是另外一回事了。所以说，武宗虽然做出了许多荒唐的事情，但在权力上一点也不糊涂，对权力抓得很牢。

武宗虽有着放荡不羁的本性，但他在内心里一直盼望着能够像太祖、成祖那样立下显赫的边功。他之所以听信江彬的鼓动游幸宣府，与这种想法实有着密切的关系。正德十二年十月，武宗终于盼到了一显身手的机会。在得知蒙古小王子部叩关来袭，武宗非常高兴，亲自布置，希望同小王子大战一场。这场战斗十分激烈，明军一度被蒙古军分割包围。武宗见状亲自率领一军援救，才使得明军解围。双方大小百余战，期间武宗与普通士兵同吃同住，甚至还亲手杀敌一人，极大地鼓舞了明军士气。最后，小王子自度难以取胜，引兵西去，明军取得了一场难得的胜利，史称

“应州大捷”。想明英宗当年率50万大军却在“土木堡之变”中成了蒙古军的俘虏，而此次武宗率五六万人抗击四五万蒙古军取得了军事上的胜利，此后蒙古兵长时间内不敢内犯便是这次战斗的直接结果。而且在这场战斗中，武宗亲为指挥布置，战术正确，指挥得法，体现了较高的军事指挥才能。应州之役，成为武宗一生中最为光彩的时刻。

正德十五年，南巡途中的武宗于清江浦(今江苏清江市)垂钓，不慎落水受寒，身体每况愈下。次年，武宗病死于豹房，终年31岁，葬于昌平金岭山东北的“康陵”。武宗一生，贪杯、好色、尚兵、无赖，所行之事多荒谬不经，为世人所诟病；同时武宗又处事刚毅果断，弹指之间诛刘瑾，平安化王、宁王之叛，应州大败小王子，精通佛学，会梵文，还能礼贤下士，亲自到大臣家中探望病情，甚至痴情于艺妓。我们可以从不同的角度看到不同的武宗，却很难看到一个完整的武宗。其实，明代自英宗正统朝以来，国势渐弱，如果武宗能够兢兢业业，尽心尽力，是完全有可能做一代明君而成为中兴之主，功垂史册，但他却恣意妄为，行径为后人所訾议。幽幽青山绿水间，康陵中静静地安息着武宗。对于他奇特的一生，后人依旧会不断地评说下去。

朱厚照档案

姓名：朱厚照	出生：弘治四年(1491)九月二十四日
属相：猪	卒年：正德十六年(1521)
享年：31岁	谥号：毅皇帝
庙号：武宗	陵寝：康陵
父亲：朱祐樘	母亲：张皇后
初婚：16岁	配偶：夏皇后
子女：无儿无女	继承人：朱厚熜
最得意：应州大捷	最失意：生母存在异闻
最不幸：没有子嗣	最痛心：落水染病而亡
最擅长：玩乐	

相关阅读书目推荐

(1) 王天有主编：《明朝十六帝·武宗毅皇帝朱厚照》，紫禁城出版社，1999年

(2) 李洵：《正德皇帝大传》，辽宁教育出版社，1993年

世宗朱厚熜

嘉靖元年（1522）——四十五年（1566）

世宗朱厚熜，在位45年。在位时间之长，在明代十六帝中仅次于他的孙子神宗。45年中，基本上有一半的时间他根本就不住在宫中，而是住在他专门用来炼丹、斋醮的西苑中。但是，他却从来没有放松过对政权的控制。在明代皇帝中，他的权术也许不及太祖朱元璋，荒唐不及武宗朱厚照，残忍不及成祖朱棣，可是，荒诞、自大、残忍以及喜欢玩弄权术，却交集于他的身上。他也许是最能够体会专制皇权的优越性的一个皇帝。他的堕落，非常迅速，而且彻底。他的刻薄寡恩，也算明代皇帝中很突出的一个。总之，本来他应当是在湖广安陆府一个王府中守规矩的世子和王爷，却最终因获得了皇位而被皇权扭曲成为一个怪物。似乎，一切都开始于“大礼议”——一场与他亲生父亲有关的政治争论。

谁是我的父亲

“大礼议”过程中文官政府的分化及士大夫们所表现出来的投机或顽固心态，使世宗对于一般的官员们非常轻蔑，并失去与士大夫们对话的兴趣。他所要做的，就是牢固地控制着权柄，并且永远高深莫测。孟森对于嘉靖一朝的政治，亦是用“礼议”二字概括。那么，何谓“大礼议”？大礼议的实质是表明了明朝皇权正统的转移，即帝系从孝宗、武宗一系转到世宗一系，其核心问题是如何尊崇世宗的父亲兴献王。大臣们与世宗所争论的问题就是，新即位的世宗与已故的孝宗皇帝之间，究竟是什么关系？是应该称孝宗为伯父？还是称孝宗为父亲？如果称孝宗为父亲，那么世宗又该如何称呼他的亲生父亲兴献王朱祐杬？这些看似细枝末节的事情，其实具有重大的政治意义。对世宗来说，议大礼一事不仅是要争取自己的皇权合法性，而且也是要逐步树立自己作为皇帝的专制权威。

正德十六年(1521）三月十四日，荒唐放诞的武宗朱厚照病逝，留下大好江山没有子嗣继承。武宗去世，政府的工作实际上已落在内阁大学士杨廷和的身上。杨廷和与内阁其他大学士商议迎立兴献王世子朱厚熜。由于朱厚熜在当时是宪宗皇帝孙辈中年龄最大的，其父兴献王朱祐杬跟孝宗是兄弟，按照伦序继承的原则，他的继位得到了所有大臣们的同意。次日，太监谷大用、驸马都督崔元、内阁大学士梁储、定国公徐光祚、礼部尚书毛澄等人出发赶赴安陆，迎接朱厚熜前来即位。谁也不会想到，迎来的15岁的朱厚熜竟是如此难以对付。从正德十六年(1521）始至嘉靖三年(1524)，朱厚熜依靠一部分臣工们的支持，在议礼问题上与大部分朝臣对立了整整4年，而在这一过程中，朱厚熜一步步走向强硬和专制。

杨廷和更没有想到的是，由他起草的一份遗诏，竟然一开始就成为朱厚熜迫使他改变立场的利器。遗诏中用武宗的语气说：“皇考孝宗敬皇帝亲弟兴献王长子，聪明仁孝，德器夙成，伦序当立，已遵奉祖训兄终弟及之文，告于宗庙，请于慈寿皇太后，与内外文武群臣合谋同词，即日遣官迎取来京，嗣皇帝位。”遗诏中最关键的是最后四字“嗣皇帝位”。所以，当正德十六年(1521）四月二十二日朱厚熜到达北京城外的时候，进城的礼仪就成为第一个问题。礼部员外郎杨应奎、郎中俞才拟定的仪注，是照准皇太子即位之礼的，即由东安门入，宿文华殿。朱厚熜看过之后，就对身边的兴献王府长史袁宗皋说：“遗诏是让我来做皇帝的，不是皇子。”当时，朱厚熜所能真正依靠的亲信，大概也就是年老的袁宗皋。后来，袁宗皋以从龙之功任内阁大学士，由一个正五品的官员升至一品大臣。但在当时，朱厚熜无疑是以一人之力对抗当时的文官政府。杨廷和请求按既定的皇太子礼仪行事，无奈朱厚熜以遗诏为依据，就是不同意。最后，张太后命杨廷和等人先实施“劝进”这样一个程序，等于在形式上确认朱厚熜为皇帝，然后再按皇帝的仪式让朱厚熜入城。朱厚熜当即受笺，也不再像以往的即位程序那样辞让再三，而是立即受笺，由大明门入，朝见太后、武宗皇后，御奉天殿，即皇帝位。后来的人说，这件事说明朱厚熜的心中“早有定见”——即“继统不继嗣”。对于一个15岁的少年来说，有这样的主见是难能可贵的。所以，袁宗皋说：“殿下聪明仁孝，天实启之。”但是，我们看来，这也许说明朱厚熜在王府时受过良好的教育。朱厚熜的父亲朱祐杬据说“嗜诗书，绝珍玩”，有较高的文化修养，平时也重视对儿子的教育。所以，相对于深宫长大的皇子，在王府中长大的朱厚熜自然有更强的独立能力与主见。因此，在第一个回合的较量上，朱厚熜小胜。但是，接下来的“大礼议”，竟牵动着整个嘉靖初年的政局。

正德十六年(1521）五月，按照内阁大学士杨廷和、礼部尚书毛澄的意见，朱厚熜“宜称孝宗为皇考，改称兴献王为皇叔父兴献大王，兴献王妃为皇叔母兴献王妃”；对兴献王和兴献王妃，朱厚熜一律称“侄皇帝”；益王第二子朱厚炫，继兴献王后，袭封为兴王。这样的安排，就等于将兴献王朱祐杬唯一的儿子朱厚熜过继给孝宗为子而正式成为武宗的弟弟，以继承皇位，再将益王的儿子朱厚炫过继给兴献王朱祐杬，继承王位。对于这样拔萝卜似的拔来拔去的安排，朱厚熜回答说：“事体重大，再讨论说来听。”显然，朱厚熜无法接受自己称亲生父亲和母亲为叔父、叔母，而称呼根本没有过继手续的伯父为父亲。但是，礼部尚书毛澄等人的复议依旧坚持前议，并且高唱“为人后者为之子，自天子至于庶人一也”的高调。朱厚熜的批复依旧是要礼臣们再去讨论。也许，他需要等待，等待一些人站出来为皇帝讲话。直到七月，事情仍悬而未决。新科进士张璁上疏，针对“为人后者为人子”的说法，指出如果兴献王健在并且即位的话，难道兴献王也要做孝宗的儿子么？认为朱厚熜所继承的大统，实际上是太祖之统，是来自祖父宪宗的。而且，张璁说：“现在要迎养圣母来京，称皇叔母的话，就要讲君臣之义了，难道圣母要做皇帝的臣子？且长子不得为人后！”这一番议论，在朱厚熜听来，自是高兴，说：“此论一出，我们父子就可以保全了。”但是，在大臣们看来，张璁的议论无疑是奸邪之论，意在讨好皇帝。因此，纷纷上疏要求惩办张璁及其同党桂萼。但是，朱厚熜好不容易找到支持他的人，哪里会惩办呢！于是，他不久后即命张璁、桂萼两人进京与京城的大臣们来议礼。大臣们自然是极力阻挠二人入京，一方面与皇帝妥协，一方面攻击张璁和桂萼两人心术不正。这样，围绕着议礼这一事件，朝臣中已分成两派：一派是以张璁为首的主张尊奉兴献王为皇考的；一派是以杨廷和为首的主张尊奉孝宗为皇考的。

从两派的力量对比来看，自然在初期杨廷和占据着极大的优势。内阁大学士们、各部的尚书以及科道的言官们，几乎都是与杨廷和同一主张的。世宗这时刚刚即位，羽翼尚未丰满，还不敢过分地专制。大臣们也动辄以辞职相要挟。就在正德十六年(1521)的十月，礼部尚书毛澄、大学士蒋冕就先后要求辞职，朱厚熜因为还缺乏多数朝臣的支持，只能温旨挽留。但是，正德十六年九月的一次事件，也许初现了朱厚熜专制的苗头。该月，礼部主张用王妃的礼节来迎接到京的兴献王妃。但是，朱厚熜明确地表示不同意，下诏用“母后仪驾”，由大明门入。整体看来，这一时期朱厚熜与杨廷和等大臣之间的关系，是一种博弈。双方相互妥协、要求，试探对方的底线。有时，朱厚熜几乎就像是在哀求了。正德十六年(1521)的十一月，朱厚熜对杨廷和等人说：“你们所说的意思我都明白，但是，我的哀哀之情不能自已，罔极之思亦无方。可承朕命以表衷肠，慎无再拒，勉顺施行。”意思说，请你们就接受我的命令不要再拒绝了吧，勉勉强强实施就可以了。在当时，朱厚熜的要求比较简单，就是不能称自己的父亲为“叔父”。嘉靖元年(1522)三月，世宗朱厚熜勉强接受称兴献王为“兴献帝”，称兴献王妃为“兴国太后”的做法。议礼诸臣如张璁、霍韬、熊浃等人被以各种理由放到外地去做官，只剩下皇帝一个人与整个文官政府抗衡。

但是，朱厚熜在长达一年的与诸臣接触中，也许早就明白皇帝之尊贵及专制的力量。所以，嘉靖元年(1522)十二月十一日，皇帝传谕：“兴献帝、后皆加称皇字。”也就是要称兴献帝为“兴献皇帝”，称兴献太后为“兴国皇太后”。但是，毛澄等人坚持“兴献帝不宜加皇号”，抗疏力争。朱厚熜派太监去见毛澄，向毛澄长跪叩头。毛澄吓了一跳。太监说：“这是圣上的意思。圣上说：‘人谁没有父母，为什么使我不能尽表尊崇父母之情？一定要请你改变主张！’”毛澄愤然说：“老臣虽糊涂，但不能让礼法在我手上破坏，只有一去不参加议礼罢了！”于是坚持辞去礼部尚书一职。事情到嘉靖三年(1524)正月，又有南京刑部主事桂萼上疏请求改称孝宗为皇伯考，称兴献帝为皇考。这一主张等于是否定了朱厚熜继嗣孝宗的说法，比当初只要求尊崇亲生父亲的主张又前进了一步。从而，在朝廷中再掀轩然大波。事情到嘉靖三年(1524)的三月，皇帝与大臣之间达成了和局：尊称世宗的亲生父亲为“本生皇考恭穆献皇帝”。这回皇帝似乎也满意了，也命张璁等人不要再来北京议礼了。但是，对于张璁和桂萼二人来说，深知当初这样的议论就犯了众怒，如果不弄垮反对派，势必在朝廷无法立足。于是，张璁等人又向皇帝上了一道奏疏。大意是说：称自己的父亲为“本生皇考”其实还是把自己当作是伯父孝宗皇帝的儿子，与称自己的父亲为“皇叔父”其实没有多大区别；那些大臣们表面上是尊重了您的看法，其实暗地里还是割裂了您作为儿子对父亲的孝情。皇帝看了这道奏疏，也不再和大臣们商量了，就下诏：“萼、璁来京。”这个时候，当初反对皇帝最激烈的几个大臣如毛澄、杨廷和、蒋冕，或者死了，或者致仕回家了。

张璁、桂萼入京，掀起了大礼议的又一个高潮。只不过这一次，是议礼派在皇帝的支持下人数越来越多，完全占据了上风。据说张璁、桂萼一入京，朱厚熜就授他们为翰林学士。翰林中的其他官员竟然纷纷请求辞职，以表示不愿与张璁、桂萼二人同事的决心。嘉靖三年 (1524) 七月，皇帝命去除“本生皇考恭穆献皇帝”中的“本生”二字，遂引发了反对皇帝过度尊崇亲生父亲的哭门事件。杨廷和的儿子杨慎对众臣说：“国家养士一百五十年，仗节死义，正在今日。”于是，群臣跪伏于左顺门，大呼太祖高皇帝、孝宗皇帝。朱厚熜命太监传谕说：“尔等姑退！”但是，群臣到中午时分仍然伏地不起。于是，皇帝命锦衣卫将翰林学士丰熙等 8 人逮入诏狱。杨慎等人于是撼门大哭，一时“声震阙庭”。朱厚熜大怒，将五品以下官员马理等 134 人逮入诏狱拷讯，四品以上官员姑令待罪。但是，朱厚熜余怒未息，又命将杨慎、张原等纠集者实行廷杖。张原当时即被杖死，杨慎等或削职为民，或充戍边疆。这件事，当时也称为“大礼狱”。明代士大夫的风节，在这一事件中表现得非常强烈。但是，这一事件同时也使“衣冠丧气”，而张璁等人气势极为嚣张，议礼一事亦沿着议礼诸臣的主张越滑越远。嘉靖三年 (1524) 九月，定大礼，称孝宗为“皇伯考”，昭圣太后张氏为“皇伯母”；称恭穆献皇帝为“皇考”，章圣太后为“圣母”。

至此，世宗解决了“谁是我的父亲”的问题，明确地表明孝宗朱祐樘只是自己的伯父。但是，正如孟森讽刺的那样，既然当初反对称亲生父亲为皇叔父的理由是“如果称皇叔，就要讲君臣之义”，那么称孝宗为皇伯考不是也要讲君臣之义吗，难道要把孝宗当作世宗的臣子吗？这里面无疑存在着一个自相矛盾之处。所以，清代人在修《明史》的时候，也总是议论纷纷。为此，学者毛奇龄曾专门写了一篇《辨定嘉靖大礼议》的文章，从经学的角度专门探讨明代人疏于知礼。但是，今天看来，大礼议一事，并无是非曲直，倒是真实地反映了明代皇权的专制力量之强大。后来，议礼一事还不仅停留于此。世宗非但对其生父称帝称考，而且称皇称宗，乃至超越武宗而配享于明堂。这样的做法，连张璁等人都觉得有些不对。但是，谁又能节制皇帝的随心所欲呢？晚明学者黄景昉说得好："有导其源，思节其流，难矣！"其实，后来世宗的随心所欲，又何止在大礼议一事上，在迷信道教上，他更是走得越来越远。

谁续我的生命

世宗迷信道教，在明代皇帝中是最典型的。他为自己取了几个很长的道号，大概凡是道士们喜欢使用的字词，在嘉靖的道号中都容纳进去了，真是可笑至极。例如，他自号"灵霄上清统雷元阳妙一飞元真君""九天弘教普济生灵掌阴阳功过大道思仁紫极仙翁一阳真人元虚圆应开化伏魔忠孝帝君"，又号"太上大罗天仙紫极长生圣智昭灵统元证应玉虚总掌五雷大真人元都境万寿帝君"，把自己当作道教的神仙。

从 16 岁始，世宗就开始喜欢上道教的斋醮活动，即建坛向神祈福。从嘉靖二年 (1523) 起，世宗的斋醮活动就开始受到群臣的关注与劝谏。第一个诱引世宗进行此类活动的人，可能是太监崔文。在四月份给事中张嵩的上疏中说："太监崔文等于钦安殿修设醮供，请圣驾拜奏青词，是以左道惑陛下，请火其书，斥其人。"闰四月，杨廷和也劝皇帝不要迷信道教："斋醮祈祷必须预绝，其端不可轻信"，指出斋醮活动是道教之人假借来骗衣食的，虚诞诬罔。但是，世宗浑然不以为意。群臣在劝谏斋醮活动的同时，还不断地提及要皇帝"宫寝限制、进御有时""亲幸有节"，要节制女色。一个即位才一年多的17岁皇帝，竟然就开始迷上道教与女色，可想其精神是多么的空虚。所以，世宗可能是明代皇帝中堕落得最快的一个。在世宗在位的45年中，他对于道教的痴迷从来就没有改变过。嘉靖朝的不少政治事件，也与道教有关。比如说嘉靖朝严嵩的垮台，就是道士蓝道行借扶乩之名指严嵩为奸臣而起。概括地说，世宗的信道活动中，前后有两个人对他影响很大。一个是邵元节，一个是陶仲文。世宗所宠幸的道士中，唯二人恩宠日隆，始终不替。

邵元节，江西贵溪人，龙虎山上清宫的道士。还在正德年间(1506~1521)的时候，宁王朱宸濠就曾经礼聘他去宁王府，但遭到拒绝。因此，正德十四年宁王朱宸濠的叛乱被平定后，邵元节非但没有受牵连，反而被道人们认为“有识”而受到尊崇。嘉靖三年(1524)，迷恋道教的世宗召邵元节入京，让他居住在显灵宫中，专门掌管祷祀之事。显灵宫在宫城之西，修建于明代永乐年间(1403~1424)。嘉靖初年，皇帝还专门修建显灵官的昊极通明殿，用以祭祀道教神仙浮德王、宝月光后。邵元节的法术，很快就在不久的一次求雨中应验了。这让皇帝很高兴，同时也增加了对邵元节的信任。他封邵元节为真人，让他主管朝天、显灵、灵济三个道观，总领天下道教。从嘉靖三年(1524)到嘉靖十八年(1539)病逝，邵元节无疑是世宗最宠幸的道士。皇帝还曾派人在邵元节的家乡贵溪建造道院，名仙源官。

陶仲文，在邵元节之后，他的朋友陶仲文取代了他的位置，专宠20年。陶仲文，初名典真，湖广黄冈人，曾做过黄梅县的县吏、辽东库大使。后来，他来京城，就住在邵元节的邸舍中。宫中有一些事情因邵元节年老不能去的，就让陶仲文代替去办。从嘉靖十八年(1539)到嘉靖三十九年(1560)去世，陶仲文成了世宗身边最受宠的道士。嘉靖二十年(1541)，陶仲文进少师，兼少傅、少保。在明代历史中，兼领“三孤”的只有陶仲文一人。由此可以想象世宗对他的宠爱。据说，陶仲文其人虽然极受世宗的宠爱，但行事却小心缜密，不敢恣肆。这也许是他长年能受宠于世宗的主要原因。

世宗迷信道教，虽然也有道教的法术在解决一些求雨、祈嗣等问题上有所应验的原因，但是，归根结底是想要寻找长生之道。有学者指出世宗信道，前期主要是为了长生，后期主要是房中术。在道士的理论中，房中术正是养生术之一种。从道士那里，世宗学来的长生之道有二。一是斋醮，二是采阴补阳。斋醮刚才说过，就是建道坛，斋沐之后，向神仙祈福。斋醮时必须向上帝呈奉祝词，即青词。青词是道士斋醮时上奏天神的奏章，通常是用朱笔写在青藤纸上，又称为绿章。世宗晚年迷信道教，专意于斋醮之事。当时的大臣中，严嵩、袁炜、李春芳都善撰青词，以讨好皇帝。袁炜、李春芳后来还被人称为“青词宰相”。一些没有资格为皇帝写青词的人如高拱就请求皇帝允许自己为他的斋醮事效劳。二是采阴补阳，实际上这变成了世宗既想长生，又不想节欲的借口。根据邵元节、陶仲文等道士的理论，世宗养生除了主静、主诚、主敬之外，不需要特别地节制自己的性欲，而只需要掌握一定的房中秘术并与童贞的处女交配，就可以达到采阴补阳、延年长寿的效果。为此，在嘉靖一朝，为皇帝炼制春药成为道士们的一项主要任务。春药有多种，其中以“红铅”(或叫“先天丹铅”)制成的小药丸最为有名。

世宗所要服用的“红铅丸”中的主要成分，就是十三四岁少女初次月经的经血。因此，嘉靖一朝，多次在民间选宫女，每次数百人。这些宫女，一方面是为炼制红铅丸提供原料，另一方面则是充当世宗泄欲的工具。在“红铅丸”中，还有中草药、矿物质及秋石等成分。秋石，据说也是用童男、童女尿炼制而成。据英国著名的中国科技史家李约瑟说，明代道士所炼的秋石，实际上即从大量的人尿中提取的性激素制剂。也就是说，秋石方的加入，即是使红铅丸具有春药的功能。依靠着这些药物，世宗再疯狂地对少女们进行所谓的“采补”。中国古代的房中术，“采补”之术即是把少女当作炼内丹的“炉鼎”。这种交配态度，其实对于女方是一种变相的摧残。此外，世宗命令宫中的宫女们每天日出时分就去御花园中采集“甘露”，供他饮用。许多宫女因此累倒、病倒。暴戾、好色的世宗，渐渐引起了宫女们的怨恨。嘉靖二十一年(1542)，宫中发生了一次宫女谋弑皇帝的宫变，史称“壬寅宫变”。宫变的主角杨金英、邢翠莲等纠集十余名宫女，在十月二十日晚上用黄绫布几乎将世宗活活勒死。这件事情的最终后果，是十余名宫女连带受皇后嫉妒的端妃曹氏被凌迟处死。而且，世宗从此对于冷森的宫城心怀怯意，干脆就搬出了宫城，住到了西苑的万寿宫，专心地修起道来。

但是，无论是道士们的斋醮，还是甘露、丹药、房中术，都没能强健世宗那本就孱弱的身体。过度纵欲与滥服药物，只能加速他的生命的逝去。嘉靖四十四年始，世宗就开始重病，次年十月，寿终正寝。此时，距邵元节死 27 年，距陶仲文死 6 年。道人既救不了自己的性命，又怎么可能延续别人的生命呢？也许，世宗至死也没有明白这样的一个道理。他也许还梦想着自己即将真的成为“真君”或是“仙翁”呢！

谁做我的宠臣

嘉靖一朝，有宠臣，无权臣。世宗虽然在嘉靖二十一年(1542)后就一直偏居西苑，但却是乾纲独断，掌控着朝廷大权。这虽然是明代皇权前所未有地得到加强的结果，也是世宗自身的性格所决定的。世宗在大礼议事件中的胜利，让他产生出极强的自负心理。有些学者说世宗是一个“自大狂”。这句话丝毫不错。明末的黄景昉说世宗“集众美自居”，即把自己看做是非常完美的人。实际上，世宗一直把自己当作是一个圣人。在有着这样一种心态的帝王手下做大臣，自然是不能有一丝一毫的自夸。明代中叶有一位大臣叫做王守仁，是一个大哲学家、军事家(正德年间他平定了宁王叛乱)，世称阳明先生。嘉靖初年他在平定思、田二州的叛乱之后，给朝廷上了一道报捷的奏疏。疏中说了自己“永除百年来两广心腹之患”“事半功倍”之类的话，结果招来了世宗一顿“近于夸诈，有失信义，恩威倒置，恐伤大体”的责骂。这件事说明，在世宗眼里，没有能臣，只有听话办事的奴才！嘉靖年间，皇帝比较信任的代表性的宠臣，前期有张璁、夏言，后期有严嵩、徐阶。张璁、夏言皆以议礼而受宠；严嵩、徐阶的特点，就是都很善于撰写青词。

张璁（1475~1539），字秉用，号罗峰，浙江永嘉人，后改名孚敬，字茂恭。后来，皇帝在召对时好几次叫他“张罗山”，所以张璁干脆又号“罗山”。据说，张璁身材高大，相貌秀美。20岁左右，他就中了举人。然而，他参加过7次会试，都没有考上进士。于是，他就想干脆以举人的身份向吏部谋一份差使。但是，一个名叫萧鸣凤的御史很会相人，看了张璁的生辰八字后就说：“你还是别去参加吏部的选试了。再过三年，你就可以成进士了。

一旦你成了进士，你就和皇帝好得像一个人，天下人没有谁能比得上你了！”张璁勉勉强强地回家了。3年之后的正德十六年(1521)，张璁终于中了进士。张璁以新科进士的身份上疏要求尊奉皇帝的亲生父亲，使他后来得到了皇帝的重用。在议礼的过程中，两个御史——段续和陈相——竟要求杀张璁、桂萼以正典刑。一时之间，张璁四面受敌，唯一的支持只剩下来自皇帝的慰问。当时，皇帝对张璁说：“你们不是靠议论我父亲的礼仪而受我的宠幸的，你们只是把该说的正确的话讲了出来而已。你们的忠心和你们的学识品行，都铭记在我的心里。”因此，对于皇帝的服从与感激，就成了张璁后来做官的基本准则。那就是，要无限地服从并报答皇帝，而对于大臣们却表示出极端的蔑视。张璁也在嘉靖六年(1527)升任礼部尚书、文渊阁大学士，入阁办事。皇帝对他极其信任，曾对他说：“我写给你的密旨，你千万不要让别人知道，恐怕会泄露秘密。”从张璁的性格看来，他是一个敢作敢为的人。在他做大学士期间，他做了许多事情，比如整顿翰林院庶吉士制度、让科道官互纠。这些措施，无论是出于什么样的主观意图，却都达到了整顿吏治的效果。但是，张璁倚仗着皇帝对他的信任，在任大学士期间，志骄气横，傲视公卿，根本就看不起别的官员，这在某个方面触动了世宗敏感的神经。嘉靖八年(1529)，张璁与首辅杨一清闹矛盾。世宗命令张璁退休回家。可是，张璁一离开京城，皇帝就又对他念念不忘。于是，皇帝问杨一清说：“我现在召还张璁，可不可以？”杨一清自然是不愿意张璁回来，于是便说：“召不召还张璁，是皇帝您决定的事情。只是，刚刚让张璁走，便又让他回来，恐怕变得也太快了一些吧！”皇帝想想也是。但是，过了一两天，还是忍不住命行人司的行人拿了一道自己的手谕，去追了张璁回来。张璁到了天津，接到皇帝的谕旨，便回来了。同样的事，还发生了两次。最后一次是在嘉靖十五年(1536)。所以，张璁一生做官的历程中曾被皇帝三次逐出京城，但是又三次召还。这说明，一方面，世宗对张璁仍是非常宠幸，但是另一方面却又总是想杀杀张璁的威风。后来有人议论张璁，就说他根本就不明白要向皇帝表示出一定的做大臣的尊严。其实，发出这种议论，又怎么能真正理解张璁呢！在张璁看来，他的一切都是皇帝给予的。何况，曾经扶持世宗登上皇位的杨廷和死后还差点要被追惩呢，更别说其他人了。张璁也许深谙其中的道理，才不致做出愚蠢的对抗皇帝的事来。世宗之下的大臣，谈什么尊严呢！

严嵩，他在明代历史中被视为奸臣。在嘉靖朝的后半期，他与陶仲文成为皇帝迷信道教上的左膀右臂。陶仲文干的是道士的活——炼丹；严嵩干的是文人的活——写青词。有点意思的是，两个人在相近的时间里离开世宗——陶仲文在嘉靖三十九年(1560)死了，而严嵩在嘉靖四十一年(1562)退休回家了。严嵩字惟中，江西分宜人，故明朝人常称他为严分宜。他是弘治十八年(1505)的进士。中进士后不久，就回到家乡潜心读书10年，练就了一手极好的古文、诗词的工夫。据说，嘉靖朝后期写青词的大臣不少，但往往是严嵩写的青词最合世宗的胃口。从嘉靖十五年始，严嵩开始进入政权的核心。当年，他因为文词甚好，被皇帝留在京城主持重修《宋史》的工作。不久之后，严嵩在同乡贵溪人夏言的帮助下成为礼部尚书。严嵩为了取宠于世宗，使尽了浑身解数。他深知世宗的忌好，所以表现得非常的“忠、勤、谨”。他一做礼部尚书，就上了一道疏。疏中说：“现在的大臣们呀，到最后都是观望祸福，使皇上变得孤立而劳碌。”世宗见后非常高兴，说：“这样的话，已经足够表现出你的忠诚了！”又比如说，世宗经常派小太监去探视夏言和严嵩的举动，严嵩通过结交内廷的太监，总是事先做好准备，深夜坐在家里写青词，而夏言总是茫然不知，酣然大睡。还有一次，皇帝要封严嵩为上柱国，严嵩赶紧请辞，说：“一个国家没有两个‘上’，人臣不应该称‘上’。”要知道，在古代，“上”是臣民们指称皇帝的代词。可以想象，一方面是一个非常善于伪装和取巧的严嵩，一方面是一个略显粗莽的夏言。他们之间的权力斗争，谁胜谁负一判立决。嘉靖二十一年，凭借议礼而得宠、当权6年之久的夏言被罢免。严嵩取代了夏言的位置。自此以后的20年，除嘉靖二十四年(1545)到二十七年(1548)的三年，基本上是严嵩一手遮天。在一个极端专制的皇权政治体系里，谁控制着与皇帝沟通的渠道，谁就可能获得权力。从嘉靖十八年(1539)起，世宗就基本上不再上朝了，大臣们基本上见不到皇帝。严嵩却时常能见到世宗，有时皇帝一天可能给严嵩下几道手诏，其宠幸可见一斑。到严嵩年龄很大的时候，他甚至可以坐着小轿出入宫廷。但是，世宗始终没有放权于严嵩。嘉靖二十四年(1545)重新召回夏言任内阁首辅，就使严嵩处于一个非常尴尬的境地。据说，有一次为了儿子严世蕃的违法之事，严嵩不得不携儿子来到夏言的府上，跪在夏言的床边求情。《明史》的编者清楚地指出，这是世宗察觉了严嵩的骄横，所以虽亲礼严嵩，却也不完全相信严嵩的话，偶而做出一些很专断的决定(例如杀兵部尚书丁汝夔、大将军仇鸾)，或偶而不同意严嵩的话，以“杀离其势”。

后来，年老的严嵩渐渐失宠。首先，他再也写不出很精妙的青词来。他的青词多是请别的人代写，所以皇帝总是不满意；其次，他最善于揣摩皇帝心思的儿子严世蕃因为要为母亲欧阳氏守孝，不能跟着他办事，所以他拟的旨也往往不称皇帝之心；再次，万寿宫火灾之后，严嵩竟敢糊里糊涂地劝皇帝暂且住到南宫去。要知道，南宫是当初景帝幽禁英宗的地方！这让世宗恼火不已。最后，严嵩之败的关键，是因为在皇帝的身边，出现了另外一个精明厉害的人物——徐阶，渐渐与严嵩争宠。据说，有一次严嵩想借大将军仇鸾之狱来陷害徐阶，却发现徐阶比他更早一步行动了——仇鸾之狱是徐阶先告发的，不由得咄咄称奇。嘉靖四十一年，道士蓝道行为世宗扶乩。沙盘上出现了一行字："贤不竞用，不肖不退耳！"世宗问谁是小人。蓝道行说："贤如徐阶、杨博，不肖如嵩。"这件事被一个在太监家避雨的御史邹应龙知道了。于是，善于投机的邹应龙就上疏攻击严嵩、严世蕃父子。同年五月，严嵩被罢免，严世蕃下狱。据当时一些人的记载，也有说这件事是徐阶一手布置的。后来，御史林润继续攻击严世蕃，想把当初杨继盛弹劾严氏父子而死的事情当作一件罪状列进去，被徐阶阻止了。徐阶知道，杨继盛之狱是世宗已经首肯的，翻杨继盛案等于指责皇帝也有过错了。于是，徐阶捏造了一个莫须有的罪名，说严世蕃结交倭寇。既然是叛国，自然死有余辜了。这样，严嵩 20 年的政坛经营，一朝瓦解。继严嵩而起的，是更有心术的徐阶。不过，朝政方面逐渐改变了过去严嵩当权时的悛刻之风，变得相对地宽松起来。所以，嘉靖最后的 5 年时间，气象略有些回复。

嘉靖四十四年 (1565)，皇帝病重。太医徐伟遵诏前往医治。世宗坐在小床上，龙衣拖在地上。徐伟怕踩着龙袍，远远地站住，不往前走。世宗非常奇怪。徐伟说："皇上龙袍在地上，臣不敢进。”诊视完毕后，世宗给阁臣们下了一道手诏，说：“徐伟刚才说‘地上’，最能体现他的忠爱之情。地上，人也；地下，鬼也。”徐伟听内阁大臣一说，吓得一身冷汗。刚才若是无意中说“龙袍在地下”，恐怕自己早已先变做鬼了。这种对文字的敏感，说明世宗自知自己来日无多了。果然，嘉靖四十五年(1566）十二月十四日，世宗被众人从西苑抬回到宫城的乾清宫中，规规矩矩地龙驭宾天了。据后来以徐阶为首的一批大臣们的主张，道士王金是害死世宗的罪魁祸首。世宗是不是服用王金等人所炼的丹药而死？这个问题，到隆庆三年(1569）时便模糊了。当时的大学士高拱为了报复原首辅大学士徐阶，对穆宗说：“如果要追究王金等人的罪责，就说明先皇之死是非正常死亡。先皇活了60岁，却最后留在世间一个暴死的名声，恐怕不好吧！”所以，此后对于王金等人的调查也就结束了。但是，从世宗喜欢服用丹药的特征看来，他的死，未尝不是服用丹药过量的缘故。无论如何，在嘉靖四十五年(1566），朱厚熜死了。留在他身后的，是不安的边疆和海域。

朱厚熜档案

姓名：朱厚熜	出生：正德二年（1507）八月初十日
属相：兔	卒年：嘉靖四十五年（1566）
享年：60岁	在位：45年
年号：嘉靖	谥号：肃皇帝
庙号：世宗	陵寝：永陵
父亲：朱祐杬	母亲：蒋妃
初婚：16岁	配偶：陈皇后、张皇后、方皇后
子女：8子，5女	继位人：朱载垕
最得意：大礼议中获得胜利	最失意：壬寅宫变
最痛心：曹端妃被凌迟	最不幸：八子仅存其一
最擅长：权术、房中术	

相关阅读书目推荐

（1）王天有主编：《明朝十六帝·世宗肃皇帝朱厚熜》，紫禁城出版社，1999年

（2）林延清：《嘉靖皇帝大传》，辽宁教育出版社，1993年

（3）林乾：《嘉靖帝　隆庆帝》，吉林文史出版社，1996年

穆宗朱载垕

隆庆元年（1567）——六年（1572）

与所有的皇帝一样，穆宗朱载垕也有一个“真命天子”的神话。嘉靖十八年，他与他的哥哥庄敬太子同日受封，太监们却误将太子的册宝送到他的宫中，人以为异。后来，庄敬太子得病就死了，太子的位置居然轮到他了。他的弟弟景王想要与他争夺皇位，却在老皇帝世宗就快去世的前一年死了。他的一生，基本上没有什么值得大书特书的事情。他唯一的爱好就是女人，他最大的优点就是无能。万历二年(1574)，张居正主持修纂《穆宗实录》，对刚刚过世的穆宗有极高的评价：“上(穆宗)即位，承之以宽厚，躬修玄默，不降阶序而运天下，务在属任大臣，引大体，不烦苛，无为自化，好静自正，故六年之间，海内翕然，称太平天子云。”相比较而言，穆宗的性格确实是正德以后历代皇帝中最谦和的。在他之前，是终日沉迷于道教而略有些变态的世宗；在他之后，是一个在偏激、厌世及对官僚政治的轻蔑中度过30多年岁月的神宗。所以，只有明静、宽仁的穆宗，才让大臣们有足够的空间来施展抱负。隆庆一朝，只有六年。但是，其间人才辈出，徐阶、张居正、高拱，都是人中豪杰。在他们的主持下，隆庆一朝倒真是一个太平盛世。《明史》对穆宗的评价也不错，说他“端拱寡营，躬行俭约”，每年光吃的一项省下来就达到几万两银子。不过，穆宗是一个“宽恕有余而刚明不足”的人，所以，在他统治期间，内阁之间的权力斗争加剧。其中，徐阶与高拱的斗争从隆庆元年(1567) 就已经开始。

内政：专任高拱

嘉靖四十五年(1566)，世宗朱厚熜死的时候，内阁大学士有四人：徐阶、李春芳、郭朴、高拱。其中，徐阶以首辅大学士，身份最尊，权力最大。嘉靖皇帝一死，徐阶就草写遗诏，以裕王朱载垕即位，并且革新嘉靖一朝的弊政。例如，逐去宫中的道士，恤录嘉靖一朝因为劝谏而罢官或杖死的官员。当时，人们都将徐阶视作正德、嘉靖之际的杨廷和。因此，徐阶的声望非常高。

徐阶(1503~1583)，字子升，号少湖，晚号存斋，松江府华亭县(今上海市)人，故人称徐华亭。他在嘉靖元年(1522)中应天乡试第八名，嘉靖二年中进士一甲第三名，也就是探花。这一年，徐阶还只有21岁。可以想见，徐阶是一个少年得志的才子。但是，嘉靖九年(1530)，喜欢创新制度的世宗命令修改孔子庙的庙制，比如说将孔子的谥号由“王”改称“先师”，毁塑像，用木牌位等等。这对于当时的许多读书人来说是不能接受的。徐阶就上疏表示不同意，惹怒了皇帝。世宗将他发配到福建延平府(今福建三明市)去做一个管刑狱的推官，并在宫中的柱子上刻了几个字——“徐阶小人，永不叙用”。意思是说，徐阶是一个小人，永远不要让他得到重用。后来，世宗似乎忘了当初发下的誓言，召徐阶为司经局洗马兼翰林院侍讲。徐阶从此学乖了许多，他“谨事(严)嵩，而益精治斋词迎帝意”，讨得了皇帝与首辅大学士严嵩的欢心。

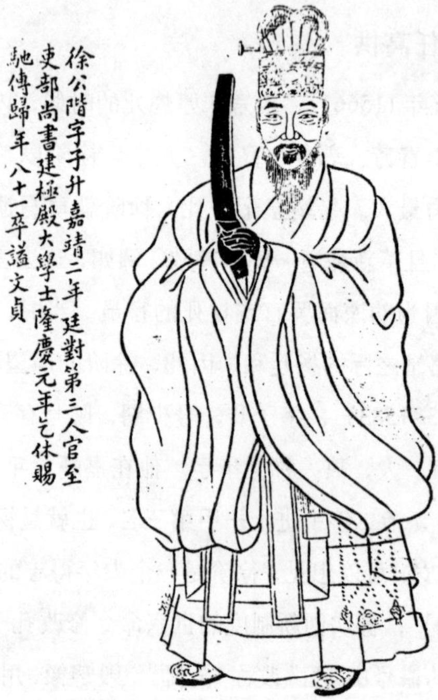

徐阶像并志　画 480—23

清光绪十七年(1891)七月刻。石在上海松江，现藏南京博物馆。徐璋绘并正书志，朱少渔刻，席云山镌。此为《松江邦彦图》之一。

嘉靖四十一年(1562)，徐阶终于扳倒了专权21年的严嵩，顺理成章地成为首辅。据说，徐阶身材短小，但长得非常俊秀白皙，为人极富心术，城府极深。但另一方面，据说徐阶非常能吃，且好酒。有一次，他在做江西提学副使任上，在路上遇见尚书毛伯温。两人用手抓着鹅肉和馒头就酒，各吃了50个馒头。徐阶吃起来“长醊大爵，旁若无人”，毛伯温感叹道：“公大器也。”毛伯温的话显然不错，到嘉靖四十五年(1566)，天下之人都归心于徐阶。但是，徐阶过于自信，以为自己既然护持着裕王即位，新即位的朱载垕自然会听自己的，全然不知自己的身后还有一个性格傲慢的高拱。

高拱(1512~1578)，字肃卿，号中元，河南新郑人，嘉靖二十(1541)年进士。他的仕途从翰林院庶吉士始，中历翰林院编修、翰林院侍读学士、太常寺卿兼国子监祭酒、礼部左侍郎、吏部左侍郎掌詹事府，直到后来的内阁大学士。作为裕王府讲官，预示着他的政治生命将非常辉煌。虽然，当时的裕王并没有正式被封为太子，但是，作为世宗的第三个儿子(世宗的长皇子及次子都过早夭折)，裕王是将来皇位的第一继承人。可能与裕王争夺皇位的人只有皇四子景王朱载圳。世宗晚年迷信道士的话，说“二龙不相见”，不愿与儿子们见面。但是，世宗并不糊涂。嘉靖四十四年(1565)，景王朱载圳死了。世宗对徐阶说：“此子素谋夺嫡，今死矣。”可见，裕王虽然没有被封为太子，却始终是世宗选定的第一皇位继承人。到这时候，裕王朱载垕成了皇帝唯一的儿子，继承皇位是指日可待的事情。于是，严嵩和徐阶两人都知道高拱将来会得到重用，所以倾心结纳。但是，高拱性格偏狭，以“骤贵而骄”，不大看得起徐阶。高拱做大学士的时候，把家安置在西苑附近，时常偷偷地回家。世宗临死的时候，高拱更是将自己的东西从西苑宫中搬出。这一件事遭到一位言官胡应嘉的攻击。胡应嘉与徐阶是同乡。所以，高拱就认定是徐阶嘱咐胡应嘉来攻击他的。从此，两人不和。嘉靖四十五年世宗去世的时候，徐阶草写遗诏，竟然不找高拱商议，而是与张居正商量。这也让高拱非常不满。但是，高拱在内阁大学士中的资历是排在最后一位，要扳倒徐阶还需要时间。

嘉靖四十五年（1566）十二月，裕王朱载垕即位。新帝登基，例当改元。朱载垕以年号问阁臣徐阶、高拱、郭朴及张居正。四人各拟二字上，而朱载垕最后选中了高拱所拟定的“隆庆”二字。按后来的一位明代学者沈德符的说法，“隆庆”作为年号并不恰当。因为，同时与“隆庆”重名的不少，而改名则“不免多一番纷更”。后来，晚明学者黄景昉对这件事情提出了更为深刻的看法：穆宗定年号为“隆庆”，是因为这两个字是高拱拟的；从这件事看，大家都知道皇帝现在喜欢谁了；在这种情形下，徐阶其实应该急流勇退的。

新即位的穆宗，与高拱的关系确实不一般。高拱前后在裕王府侍讲9年，所以，他改任国子监祭酒的时候，当时为裕王的穆宗与他别离时竟然哽咽而泣。所谓一朝天子一朝臣，当初裕王府的另两名讲官——陈以勤和张居正，也先后入阁做了大学士。徐阶虽然善于逢迎，毕竟不如高拱和穆宗的关系密切。然而，徐阶没有离职，而是留任在首辅的位置上，而且凡事都不和高拱、郭朴等阁臣商议。高拱与徐阶之间的冲突，在隆庆元年（1567）就加剧了。王世贞记载了在内阁中一次会食后徐阶与高拱的冲突。高拱质问徐阶说：“公在先帝时，导之为斋词以求媚，宫车甫驾而一旦即倍(背)之，今又结言路而必逐藩国腹心之臣。”徐阶的回答是：“夫言路口多，我安能一一而结之耶？且我能结之，公独不能结之耶？……公言我导先帝为斋词，固我罪。独不记在礼部时先帝有密札问我：拱有疏愿得效力于醮事，可许否？此札今尚在。”高拱之问虽然语含杀机，所谓“逐藩国腹心之臣”，就是想借穆宗而罪徐阶。然而，徐阶的反驳使高拱“颊赤语塞”，加以廷臣对徐阶的声援——“论及于拱，则人人称快如拔眼中之钉”，高拱自然不能不败。隆庆元年五月，高拱被罢免了。但是，高拱去后，徐阶在次年的七月，也致仕回乡了。隆庆三年(1569)十二月，在内阁大学士张居正与太监李芳的运作下，高拱被重新召用为内阁大学士，兼掌吏部事。从表面上看，在内阁中，高拱虽然居于李春芳之下，直到隆庆五年(1571)五月首辅李春芳致仕，他才成为首辅。但是，高拱因为掌管吏部事务，是实际的吏部尚书。按明朝的制度，吏部尚书是六部中排名第一的，地位极高，而且负责人事任免，具有很大的权力。因此，从隆庆三年开始，高拱实际上操纵了隆庆朝后期的政局。

高拱其人，练习政体，负经济才。他当权的时候，在整顿吏治、军事方面，推出了一些非常富有成效的措施。例如，他想知道臣工中哪些是人才，就命令吏部各司设立一本册子。册子上写着各位官员的籍贯、姓名，以及能力、品德。每个月，各司都要对册子进行一些整理；每年，将各司的册子汇集起来。通过这样的方法，高拱能间接地了解一些官员。所以，在他任吏部期间，有时看似是仓促的任命，但是所选的人才却总是能胜任该职。他任用人才的标准是能力而不是品德。例如，他曾经任用殷正茂总督两广军事。有人说殷正茂的品行不好。高拱回答说：“他虽然贪，但是可以成事。”仍然坚决地使用殷正茂。在军事问题上，高拱指出，军事是一项比较专门的学问，要经过多年的练习才能担当的。因此，他建议增置兵部侍郎一职。兵部侍郎，可以外用为总督；总督之后，可以再召回，用为兵部尚书。通过这样的内外更替，懂边疆军事的大臣就会多起来。高拱建议，兵部侍郎、兵部尚书这样的职位，应当慢慢地在兵部各司的属官中培养。兵部的属官，也最好不迁转到其他部门任职。这样，担任边防重任的巡抚、总督，就可以在兵部属官中挑选了。高拱还认为，以往边疆的地方官，都是用一些被贬斥的官员去充任。其实，边疆的地方官的责任，远比内地的地方官重。他建议从此以后要重视对边疆府、州、县地方官的委任。总之，在高拱的主持下，隆庆朝的政治局面以及边防，都有了很大改观。其中，边防一事，最大的动作就是“俺答封贡”。

边事：俺答封贡

俺答汗是蒙古族鞑靼部的一个部落首领。明初朱元璋将蒙古人驱往北边草原。蒙古就分裂成鞑靼和瓦剌两部。鞑靼在东面，瓦剌在西面。15世纪三四十年代，瓦剌在也先的带领下，势力非常强盛，曾经与明朝军队发生冲突并且俘虏过明英宗。这件事，史称“土木堡之变”。到15世纪末期的成化、弘治年间，鞑靼强盛起来，其领袖称小王子，时常骚扰明代北边。小王子死的时候，大儿子阿尔伦已经死了，王位便由次子阿著继承。不久，阿著也死了，大家便立阿尔伦的儿子卜赤为王。但是，阿著的子吉囊和俺答，却有着非常强的实力。卜赤虽然仍称“小王子”，但基本上约束不了吉囊和俺答等人。

俺答在嘉靖八年 (1529) 的时候，便经常随着吉囊骚扰明代的北疆。但是，俺答势力最强盛的时候，却是在吉囊死后的嘉靖二十一、二十二年 (1542、1543) 前后。他在蒙古草原上，东面赶走了察哈尔的小王子，西面威逼着占据河套地区的吉囊的几个儿子。吉囊的几个儿子，对于俺答也都比较顺服，都叫俺答为“俺答阿不孩”，即“俺答叔父”的意思。俺答又将自己的兄弟、儿子分为五部。五部的驻地直接面临明代的北防重镇宣府、大同，对明朝构成最主要的威胁。通过在蒙古草原上的征战，俺答的人马从辽东、蓟镇边外起，西边直到甘肃、青海迤西，并且经常深入中原，席卷宣府、大同、山西各边。因此，俺答汗的强盛，使明代北部边事频起。嘉靖二十一年 (1542) 六月，俺答从朔州、雁门关侵人，进犯太原以南各州县。一月之内，多出入 10 卫、38 州县，杀戮男女 20 余万，劫牛、马、羊、猪 200 多万只，并抢去大量的布匹、金钱，京师为之戒严。最严重的是嘉靖二十九年 (1550) 的八月，俺答的军队从古北口入侵，包围北京城。当时的兵部尚书丁汝夔领兵而不敢出战，事后被世宗处死。这件事史称“庚戌虏变”，足以和“土木堡之变”齐名。次年，在俺答的压力下，明王朝同意与蒙古进行互市，边疆暂时平静了数年。但是，嘉靖三十三年 (1554) 之后，在喜欢拥兵自重的大将军仇鸾的倡议下，加上世宗本来就不愿与俺答汗讲和，双方之间重新开始了战争。终嘉靖一朝，俺答入侵的问题始终得不到解决。嘉靖四十二年 (1563)，俺答汗的军队还曾经想攻打昌平陵区。

但是，蒙古军队南侵的目的，并不在于占有土地，而是在于掠夺财产，尤其是蒙古地区的稀缺之物。因为，蒙古地区物资匮乏，如果不和汉族地区进行贸易，就很难自给。后来，在俺答汗给穆宗的贡表中就非常明确地表明这一点。贡表中说："我们的人口越来越多，衣服缺少。像我的侄子们分驻在河套和河西地区，我的兄弟驻在东面。各边都不许进行贸易，我们的衣服、用物都没有。毡、裘这种东西夏天穿起来很热，缎、布又难得，被奸诈的小人赵全引诱，就进入边疆地区干下了坏事。虽然抢了一些东西，但人马也常被杀伤。最近，朝廷的各边防军队也常派兵出关作战，杀了我们的人，赶跑了我们的马，烧了我们的野草，冬、春两季人和畜牲都难存活下去。"我们看这份贡表，就知道当时草原上生活的蒙古人，需要依赖汉民族生产的布、茶以及一些粮食。所以，在和平时期，汉民与蒙民在双方接壤的地区，总是有一些市场进行交易，称作互市或者马市。而且，寇掠固然可以使蒙古军民获得掠夺物，但是酋长所得利益极少。所以，蒙古军队的入侵，总是向朝廷"求贡"，要求允许他们与汉民贸易。但是，也许是世宗自大狂的心理起了决定的作用，他始终不大愿意同蒙古进行互市。嘉靖十一年(1532)，当时负责陕西三边防务的总制唐龙就请求世宗允许小王子"求贡"的请求。俺答在嘉靖二十一、二十二年，都提出过允许他们与朝廷"通贡"的要求，但都遭拒绝，所以才有嘉靖二十九年的庚戌虏变。实际上，世宗封闭自大的思想，给嘉靖朝的边防与海防都带来了很大的麻烦。

穆宗登基后，北边的俺答汗仍然是一个巨大的威胁。当时的俺答汗手下，有一批汉人。一些是嘉靖十二、十三年大同兵变后叛逃到蒙古的，一些是被朝廷镇压的白莲教教众。俺答汗就依靠这些人来窥探明朝方面的动静。其中，丘富、赵全都比较著名。丘富劝说俺答大量收留汉族中的读书人。据说，当时边境稍微识一点字的人，就冒充举人、秀才，跑到蒙古去。俺答就命丘富考一考他们。有能力的，就让他统率军队；没有能力的，就让他们就地耕作，做自耕农。相对于连年受骚扰的明朝边疆，对于边民来说，蒙古境内竟然成了一块乐土了。丘富死后，赵全成为俺答汗主要的谋士。据说，赵全多略善谋。他一再劝俺答汗称帝，“据有云中、上谷，东封居庸，南塞雁门，独以一面”，进则占据山西，退则回到云中，与明王朝形成南北之势。为了坚定俺答汗称帝的决心，赵全等人筹划建立固定的居住城市。嘉靖四十四年（1565），赵全等人驱使大量汉人修建“大板升城”。“板升”是固定式房屋的意思。嘉靖四十五年（1566）三月，“大板升城”修成。这个城市，就是后来的归化城（今呼和浩特市）。从此，以“大板升城”为代表的“板升”地区，成为俺答财富的源泉之一。按照赵全的设计，也许慢慢地俺答汗的统治区域，将可以通过农耕和定居来弥补游牧业的不足，真可以自给自足，自成一体了。如果不是后来发生的偶然事件——俺答汗的孙子把汉那吉投降明朝，俺答汗的统治区就可以照着赵全的模式发展下去。

把汉那吉是俺答汗第三个儿子铁拜台吉的独生子，从小就失去了父母，跟着祖父俺答和祖母克哈屯生活在一起，很受祖父母的疼爱。把汉那吉长大后，娶了大成比吉为妻，又自聘了兔扯金的女儿。俺答汗有一个外孙女，长得非常漂亮，已经许嫁给袄尔都司。但是，当俺答汗得知她长得非常聪明、漂亮的时候，就自已把外孙女娶了过来，称三娘子。袄尔都司大怒，闹将起来。俺答汗便将把汉那吉所聘的那名女子给了袄尔都司，才平息了这场纠纷。把汉那吉怨恨祖父不伦的行为，又怨恨祖父将自已所聘女子给了别人，对乳母之夫阿力哥说：“我的祖父以外孙女为妻，又抢了孙媳妇给外人，我不想再做他的孙子了，我要走了。”于是，把汉那吉在九月率同妻子大成比吉和阿力哥投奔大同败胡堡请降。明朝的大同总兵王崇古和巡抚方逢时接受了把汉那吉的投降，并报告给朝廷。在当时，大同镇的将士们都说：“此样一两个小子，没什么用处，不要留他。”王崇古说：“此奇货可居。如果俺答急着想要人，并求互市，可以让他将赵全等人送给我们处置，我们可以优待把汉那吉而且把他送回到他的祖父那里；如果俺答不急着要人，我们也可以安抚把汉那吉，就好比留下一个人质，让他招降附近的蒙古人。”在朝廷，一些官员也强烈反对留把汉那吉。这时，穆宗出面作出了决定。他说：“对方向慕我们，才来投降的，应该加以安抚。把汉那吉授予指挥一职，阿力哥为正千户，各赏大红纻衣一套。”在蒙古那边，俺答的妻子担心明朝杀她的孙子，日夜责怪俺答，而俺答本人也感到有些后悔。于是，俺答率兵10万，逼近大同。王崇古派百户鲍崇德告诉明朝对把汉那吉的处理。俺答非常感动，说：“汉人既然能保全我的孙子，我愿意与他们结盟，永远不背叛了。”于是同明朝订立和约，在边境设立互市。十二月，俺答汗绑缚了赵全等人，交给王崇古。王崇古将赵全等人送到京师，在京城处死。隆庆五年(1571)五月，穆宗封俺答汗为顺义王。至此，延续近50年的边防危机终于得到一些缓解。在这件事情上，朝廷中高拱、张居正无疑起着重要的作用，王崇古也功不可没。但是，议和这样的大事，自然不是大臣们能做主的。从皇帝的个人因素看来，穆宗显然不像世宗那么执拗，所以能促成议和的成功。从这一件事看来，穆宗要比世宗开明得多。当然，开放海禁，就更说明穆宗的开明，而且意义也更为重大。

海事：开禁弭倭

明代的海防，主要是防倭。“倭”是自元末以来横行于东南沿海的海盗，其中有不少日本人，故名“倭寇”。洪武十三年(1380)的胡惟庸党案、嘉靖四十四年(1565)杀严世蕃，都借的是“通倭”的罪名。明代的倭寇，以洪武年间(1368~1398)和嘉靖年间(1522~1566)较盛。洪武年间的倭寇，主要是元末战争造成的人民离乱以及方国珍、张士诚等人的余部入海两方面的原因引起的；嘉靖年间的倭寇，也称“后期倭寇”“嘉靖大倭寇”，则主要是由嘉靖年间厉行海禁政策引起的。

事情还得从嘉靖二年(1523)的宁波争贡事件谈起。在16世纪的亚洲，明王朝是整个亚洲贸易圈的核心。中国与日本、东南亚等国之间的贸易，主要是通过“朝贡”的方式进行。历史学家们也称这种贸易体系为“朝贡贸易”。朝贡贸易虽然受到几年一贡的限制，但却是中国与外国贸易往来的主要通道。一旦这种通道被堵塞，就可能会导致走私的风行。当然，在明代，无论是君主还是大臣们，都没有国际贸易的观念。他们所追求的，首先是国内的政治秩序的稳定。所以，宁波争贡事件就成为引发海禁的导火线。嘉靖二年(1523)五月，在宁波港发生了日本大内氏派来的贡臣宗设与细川氏派来的贡臣瑞佐、宋素卿之间的争贡事件。按照惯例，日本货物进宁波港后，设在宁波的市舶司要登记货物并请贡臣们赴宴。一般情况下都是按先后次序来的。瑞佐虽然晚来，但是由于有狡猾的鄞县人宋素卿的帮助，贿赂了市舶司的太监，请他们先登记自己的货物。宴会上又坐在宗设之上。宗设心中不平，于是和瑞佐互相仇杀。太监因为得了宋素卿的好处，暗中给瑞佐他们一帮人兵器。宗设一帮人则勇猛善战，相方相持不下，倒是将市舶司的嘉宾堂烧了，又抢劫了东库，把瑞佐一直追到了绍兴。然后再一路杀回到西霍山洋，杀死了明朝的备倭都指挥刘锦、千户张镗，最后逃遁回了海上。整个浙中地区都为此事震荡。明朝政府立即对这件事情进行调查，结果是处死了宋素卿，将瑞佐送回了日本去。但是，当时的给事中夏言说了这么一句话："倭患起于市舶司。"这可能代表了当时许多大臣们的意见。于是，明廷决定废市舶司。此后，只有嘉靖十八年(1539)和嘉靖二十六年(1547)日本方面有两次使明船，大部分时间海上正常贸易是被隔绝的。

这一次的海禁，比朱元璋时的海禁政策更为彻底。朱元璋虽然不准日本前来，但是却保留着福建、广东、浙江三个市舶司。嘉靖二年(1523)明朝废市舶司，等于将对外贸易的大门全部关上了。在一个国际贸易逐渐发达的年代，这样的措施只产生了一个后果，就是走私贸易的猖獗。清代学者谷应泰在叙述此事后说："市舶罢，而利权在下，奸豪外交内诇，海上无宁日也！"既然海外贸易有丰厚的利润，那么实行海禁只是将正常的贸易渠道堵塞了，却显然无法禁止非法的走私贸易。政府对于走私贸易的打击，又迫使走私分子铤而走险，武装拒捕，从而导致嘉靖年间的倭患。因此，有学者通过研究认为，所谓"嘉靖大倭寇"，其实是海上走私集团，来自中国沿海的走私分子勾结"日本海盗"，共同为患，劫掠沿海居民。像明代著名的倭寇集团——汪直(五峰)、徐海(碧溪)的倭寇集团，其实就是以汪直为头目的一个走私集团。汪直是徽州府歙县人。汪直集团中就有一些日本人，是受汪直雇佣的，处于从属、附从的地位。倭寇横行中国沿海，破坏了沿海人民安居乐业的生活环境，危害极大。

嘉靖一朝对倭寇的战争，一直持续着。从朱纨到胡宗宪，抗倭的战斗一直在浙江、福建等地进行。但是，由于沿海的商人、势家大族都从走私贸易中获得了极大的利益，因此对于厉行海禁，都是采取破坏的做法。朱纨就是一个很典型的牺牲品。嘉靖二十五年(1546)，朱纨以右副都御史巡抚浙江，兼摄福州、兴化、泉州、漳州四府。这些地区都是走私贸易最猖獗的地方。朱纨的做法是，实行严厉的海禁政策，将所有的船只一律烧毁，违犯者一律杀头。朱纨明白，抗倭的关键是杜绝境内的走私商人下海活动，所以他上给皇帝的疏中说："去外盗易，去中国盗难；去中国群盗易，去中国衣冠盗难。"所谓"衣冠盗"，就是指参与走私贸易的浙江、福建的势家大族。福建海道副使柯乔抓获了一些"通海"的人，共九十余人。朱纨非常果断地命令将这些人处斩。于是，沿海的贵官之家都有点惴惴不安，想把朱纨除去。他们联系在京城的官员，攻击朱纨的举措有失平和，杀人太多。世宗立即削去了朱纨的官职。朱纨自知自己得罪的人太多，愤然自杀。此后的倭寇之祸，竟是越演越烈。俞大猷、戚继光等名将，都曾参与过抗倭的斗争。嘉靖三十五年(1556)三月，朝廷以胡宗宪为总督，主持抗倭。八月，胡宗宪计俘徐海。此后，倭患稍稍平息。

但是，倭寇问题的真正解决，是依赖于明朝政府最终放弃了海禁政策。当初王直集团就曾经多次请求互市，并且表示如果政府允许通商，愿意杀贼自效。主持平倭的胡宗宪、赵文华也认识到海禁太严使沿海的居民衣食无着，可能驱良为盗。一句话：海禁则商皆为盗；海通则盗皆为商。因此，嘉靖四十五年(1566)顽固的世宗的去世以及穆宗的即位，成为解决倭患问题的一个新的契机。隆庆元年，福建巡抚御史涂泽民向穆宗建议"开放海禁，准贩东西二洋”，获准。据《东西洋考》的解释，东洋指吕宋、苏禄诸国，约指今天的菲律宾，西洋指安南、占城、暹罗诸国，即今东南亚越南、柬埔寨、泰国诸国。而对于与日本的直接贸易，仍然严禁。但是，海禁的开放，毕竟使亚洲贸易圈的正常国际贸易重新运转起来，且打破了约200年“濒海居民不得私自出海”的祖制，使私人海上贸易进入了一个新的阶段。从这一点来说，隆庆元年的开放海禁，是具有历史意义的革新举措。

一个无能的皇帝，只因为有几个能臣的辅导，便使隆庆一朝的6年成为太平盛世，而自己也被称作太平天子，可谓奇事。但是，穆宗由于过度纵情于声色，淘空了身子，在位6年之后就死了，一个年幼的小太子，由高拱、张居正、高仪三个顾命大臣和司礼监太监冯保辅佐。他不曾想到，从隆庆一朝开始加剧的门户之争，将在万历一朝越演越烈。

朱载垕档案

姓名：朱载垕

出生：嘉靖十六年(1537) 正月廿三日

属相：鸡

卒年：隆庆六年(1572)

享年：36岁

在位：6年

年号：隆庆

谥号：庄皇帝

庙号：穆宗

陵寝：昭陵

父亲：朱厚熜

母亲：杜康妃

初婚：17岁

配偶：李妃、陈皇后

子女：4子，6女

继位人：朱翊钧

最得意：俺答封贡、海上开禁

最失意：年长而不能早获储位

最痛心：大臣对自己的宫内生活多有谏诤

最不幸：纵情声色，享位不久

最擅长：无为而治

相关阅读书目推荐

(1) 王天有主编：《明朝十六帝·穆宗庄皇帝朱载垕》，紫禁城出版社，1999年

(2) 林乾：《嘉靖帝　隆庆帝》，吉林文史出版社，1996年

神宗朱翊钧

万历元年（1573）——四十八年（1620）

明代历史中以万历纪元的时间，持续将近48年之久。实际上，如果不是因为神宗的儿子朱常洛在即位一月之后即去世，万历一朝应当足足是48年，即从公元1573年至1620年。朱常洛在万历四十八年(1620）八月即位，九月去世。大臣们当时建议以万历四十八年八月以后为泰昌元年，以纪念这位短命的皇帝。因此，神宗朱翊钧是明代历史中统治最久的皇帝。从他10岁开始，到58岁生命结束，他的一生可以分成三个阶段：10岁到20岁，他只是一个象征性的权威，凡事依大学士张居正而行；20岁以后，他开始亲政，有一段时间勤于政务；后期怠于政事，酒色财气，醉生梦死。

万历小皇帝

隆庆六年五月二十二日，宫中传出穆宗病危的消息。三天之后，即二十五日，内阁大学士高拱、张居正、高仪被召入宫中。高拱等人进入寝宫东偏室，见穆宗坐在御榻上，榻边帘后坐皇后、皇贵妃，10岁的太子朱翊钧就立在御榻的右边。穆宗抓住高拱的手，临危托孤："以天下累先生""事与冯保商榷而行。"接着，司礼监太监冯保宣读给太子朱翊钧的遗诏："遗诏与皇太子。朕不豫，皇帝你做。一应礼仪自有该部题请而行。你要依三辅臣并司礼监辅导，进学修德，用贤使能，无事荒怠，保守帝业。”三辅臣即高拱、张居正、高仪三人。司礼监的地位也很重要，司礼监秉笔太监兼提督东厂冯保其实也在顾命之列。三位大学士受托之后，长号而出。第二天，隆庆皇帝即死于乾清宫。六月初十，皇太子朱翊钧正式即位，改元万历。

按照穆宗的布置，高拱是外廷的顾命大臣中排名最前的；在宫中，小皇帝自然还得依靠冯保。但是，冯保与高拱的关系非常恶劣。此前，司礼监几次掌印太监职位空缺，高拱先后推荐了陈洪、孟冲，就是不愿让冯保做掌印太监。冯保此人知书达礼，又喜爱琴棋书画，很有涵养，所以很受穆宗的喜爱。冯保利用皇权更迭之间的权力真空，轻松地通过一道遗诏，就驱走了孟冲，自己做了掌印太监。但是，就高拱来说，对冯保自然是必欲除之而后快。在高拱的授意下，工科都给事中程文、吏科都给事中雒遵、礼科都给事中陆树德都开始弹劾冯保。由此，一场政治斗争势必不免。斗争中，冲突双方是冯保和高拱，而张居正表面上是帮助高拱的。但是，实际上，张居正与冯保关系非常密切，早就预谋赶走高拱了。据高拱后来回忆说，张居正每次看护小皇帝读书，总是和冯保到文华殿东小房里密谈，直到小皇帝讲学完毕才结束。高拱与张居正本同属穆宗裕邸旧臣，关系甚睦，“两人欢相得，不啻兄弟”。但是，张居正显然是一个典型的两面派，一方面赞同高拱驱逐冯保的建议，一方面与冯保密谋如何驱逐高拱。高拱则自视甚高，把事情的复杂性估计过低，加上性格粗直，容易被人揪住辫子。冯保想起穆宗刚死的时候，高拱在内阁对同僚们说的一句话——“十岁太子如何治天下？”冯保深知，这句话足以扳倒高拱。于是，冯保到皇太后和皇太贵妃那边说："高拱斥太子十岁孩子如何作人主。"皇太后和皇太贵妃听后都大惊，万历小皇帝听了面色立即大变。六月十六日早朝，宫中传出话来："有旨，召内阁、五府、六部众至。"高拱兴高采烈，以为将颁布驱逐冯保的诏旨。张居正则面色如水，心中有数。到会极门时，太监王榛已捧圣旨出，说："张老先生接旨！"接下来宣读："今有大学士高拱专权擅政，把朝廷威福都强夺自专，通不许皇帝主专。不知他要何为？我母子三人惊惧不宁。高拱着回籍闲住，不许停留。"这一段话，可惊得高拱面如死灰，汗下如雨，浑身瘫软，伏地不能起。第二天，高拱坐着一辆骡车离开京城，由于仆婢都逃逸了，身上没多少钱，只能到一些小店里吃饭。一直到了良乡，才得到张居正为他请来的驿传勘合，可以坐着政府的驿传还乡。高拱一走，高仪也坐不住了，惊得呕血三日而亡。至此，三位内阁顾命大臣中只剩下张居正一人，担当辅弼小皇帝的重任。从此以后，万历朝的前10年，小皇帝的生活基本上是受三个人的规范：一个是自己的母亲慈圣李太后，一个是司礼监掌印太监冯保，一个是内阁大学士张居正。

神宗需要侍奉两位母亲。一位是嫡母仁圣皇太后，即原来穆宗的皇后陈氏；一位是生母慈圣皇太后李氏。仁圣皇太后体弱多病，不能生育，却很疼爱小皇帝。据说，小皇帝还是太子的时候，经常去皇后那里玩。陈氏每次听见太子跑动的脚步声，就非常高兴。所以，神宗虽然尊崇自己的生母李氏，即改变过去皇帝生母只称"徽号加太后"的惯例，为李氏加"皇"字，称"慈圣皇太后"，但是，对于嫡母仁圣皇太后始终非常尊敬，一视同仁，备极孝心。当时人称神宗之孝顺，乃"古今帝王之孝所稀有也"。比起他的祖父世宗以宫廷逼仄的理由勒令孝宗张皇后迁居于宫城幽僻之地来，神宗显然是有情有义得多。不过，小皇帝的监护人主要还是生母慈圣皇太后。慈圣皇太后生性淳朴善良。例如，她虽然母以子贵，但是对于仁圣皇太后却非常恭敬。万历九年（1581）她为女儿寿阳公主选驸马的时候，面对侯拱宸等三位候选人，唯独选择了衣冠朴素、战战兢兢的侯拱宸，还说："此子浑朴不雕，真我家儿也。"对于儿子，慈圣太后也一心想让他成为一个有为之君。据说，太后"教帝颇严"。每次万历小皇帝不读书，李太后就命令皇帝跪在地上。要上朝的一天，五更时分太后就到皇帝睡觉的地方，叫他起来，命太监们把小皇帝扶起来，为他洗脸，催他上驾。有一次，小皇帝在宫中喝多了一点酒，命内侍唱歌。内侍回答说不会唱。小皇帝大怒，说内侍竟敢抗旨，拿起剑就刺，在左右的劝解下，小皇帝玩要般地割了两个内侍的头发，算是将他们"斩首"了。这件事传到了慈圣皇太后的耳朵里。太后非常生气，命小皇帝在地上跪了很久，历数他的过错。小皇帝吓得涕泗横流，请求让他改正错误，这事才算了结。还有一次，皇帝在太监孙海、客用的引导下喝了酒，受二人的引诱将冯保的两名养子打伤，又骑马直奔冯保的住所。冯保被吓得只能抱起巨石撑住大门。第二天，冯保将此事禀告太后。慈圣皇太后立即换上青布衣服，不戴首饰，命召阁、部大臣，要谒告太庙，将万历小皇帝废了。小皇帝吓坏了，赶紧前去请罪。太后说："天下大器难道就是您可以继承的么？"意思是要改立神宗的弟弟潞王。神宗跪在地上哭了多时，皇太后才肯宽恕。

慈圣皇太后与太监冯保都喜欢书法。所以，神宗很小的时候书法就极为工整。冯保在宫中，被皇帝称作"伴伴""大伴"。万历小皇帝对于冯保非常畏惧。每次万历小皇帝与小太监玩的时候，看到冯保来了，就正襟危坐，说："大伴来了。"冯保的职责不但是对皇帝实行一般的教育，有时还要代皇帝朱批。因此，他与张居正之间的联系要紧密一些。实际上，正因为内有冯保，外有张居正，万历初年的新政才能顺利地推行。大臣与宦官勾结，往往是一件极让人痛心的事情，但是，张居正一心为国，此时二人的合作对于整个国家来说，未尝不是一件好事。

张居正（1525~1582），字叔大，号太岳，湖广荆州府江陵人。他比较喜欢禅学，又曾自号太和居士。他对于佛教华严宗的《华严经》很感兴趣。万历元年 (1573) ，他在写给一位朋友李中溪的信中说："前年冬，偶阅《华严》悲智偈，忽觉有省。即时发一弘愿：'愿以深心奉尘刹，不于自身求利益。'"其实，万历元年 (1573) 至万历十年 (1582) 的 10 年中，辅弼小皇帝的张居正倒确实是全心地为朝廷办事。应当说，佛教华严宗的献身精神，造就了后来"工于谋国，拙于谋身"的张居正。对于小皇帝，张居正是无比忠心，有时忠心得有点肉麻。例如，张居正有一次在奏疏中对皇帝说："今伏荷皇上天语谆谆，恩若父子。"40 岁的张居正将 10 岁的皇帝比作父亲，倒也有趣。但是，实际上张居正对于小皇帝的辅导和关怀，也是无微不至的。他为皇帝安排了详尽的视朝和讲读的日程表。大至朝廷用人之道，小至宫中的一些小节，张居正都要细细地与皇帝说。有一次，小皇帝想搞一次元宵灯火，张居正就说："将灯挂一些在殿上，就可以尽兴了。不需要再搞什么灯棚。接下来的几年还要有许多大事，例如皇上的大婚、潞王的出阁，每件事都要花很多钱，天下民力有限，还是节省一点好。"小皇帝倒也知趣，说："朕极知民穷，按先生的话办吧。"小皇帝对于张居正，也是非常的尊敬，从来不称名道姓，而是称"先生"，所下的诏令，凡提及张居正时，都写"元辅"。万历二年 (1574)

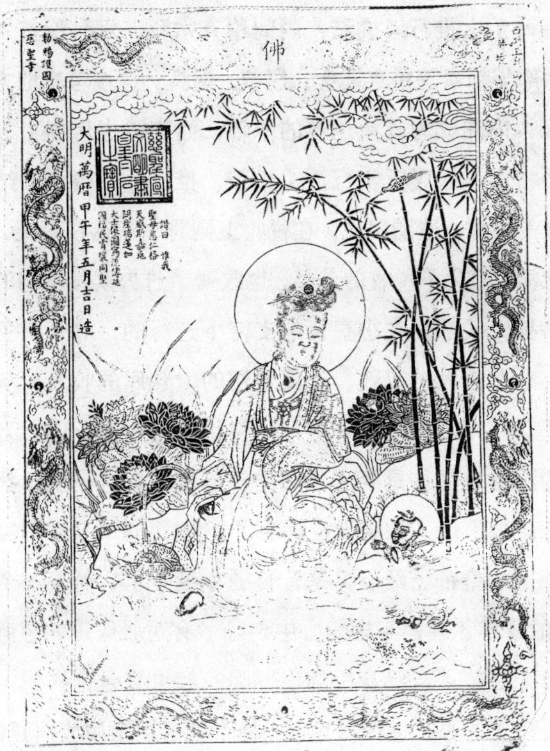

瑞莲圣母像并赞　京 2538

明万历二十二年（1594）五月刻。石在北京门头沟区樱桃沟。两面刻，拓片均长 88 厘米，宽 67 厘米。正书。

五月八日，皇帝在讲读完毕之后，听说张居正腹痛，就亲手调制了一碗辣面，并要次辅吕调阳陪着张居正一块儿吃，其意图是要以辣热攻治腹痛。皇帝对于张居正，有充满人情味的一面。他听说张居正的父母都还健在，非常高兴，赐给两位老人很多的东西。

万历朝的前10年，政府在张居正的领导下，面貌焕然一新。张居正在政治上推行考成法：内阁稽查六科，六科稽查六部、都察院，六部与都察院稽查巡抚、巡按，巡抚、巡按考察地方官员。这样一来，内阁成为政治运转的中轴，而吏治也得到了很大的改观。在经济上，张居正实行清丈田粮、推广一条鞭法，结果清查出了大量的隐匿、遗漏田地，在税收上则将一切徭役折银，按丁、粮加以摊派，简化了税收的条目，也改变了过去赋役不均的状况。这一切举措，又都是在小皇帝的支持下进行的，对于明王朝的经济状况，有非常大的成效。户部管辖的太仓库的收入，从隆庆时期的每年200万两银左右升至万历初年平均每年三四百万两，京师粮食的贮量也往往是隆庆年间的三倍左右。这一切，都是张居正的功劳。只不过，张居正也许忘了，10年间，除了国家财富的激增之外，小皇帝已经不再是昔日的小皇帝了，而是一个成长为近20岁的青年。在他年轻的心中，除了有对张居正的感激之外，是否也有无法施展自己身手的遗憾呢？如果真是这样想，那么要成为大权独揽的真正皇帝，万历小皇帝就必须摆脱张居正的影响。这样的契机直到万历十年(1582)才姗姗来迟。当初的万历小皇帝，此时已经是大婚4年的青年。

亲政时期

神宗亲政之后做的第一件大事，就是清算已死的张居正。万历九年(1581)七月张居正患病。患病的原因，据说是“积热伏于肠胃，流为下部热症。又多服凉药，反令脾胃受伤”。当时一些学者像王世贞、沈德符，都推断张居正喜欢服用春药，以致热气向下或向上发散。张居正在冬天的时候，头上不敢戴貂皮帽，就是因为热气上冲于头。所以说，张居正的病情，实在是因为他的个人生活的奢侈糜烂所致。当然，张居正操劳国事，过度疲劳，亦是病因之一。从万历九年到万历十年间，张居正一直没有请假，坚持办公。次年二月，张居正旧病复发，虽然屡经名医医治，但是张居正自己也知道，自己“精力已竭”“不过行尸走肉耳”！万历十年(1582)六月二十日，一代名臣张居正终于病逝。神宗为之辍朝一天，给予张居正崇高的待遇：谥文忠，赠上柱国，荫一子为尚宝司丞，赏丧银500两。然而，两年之后的万历十二年(1584)八月，神宗在都察院参劾张居正的奏疏中批示道：“张居正诬蔑亲藩，侵夺王坟府第，钳制言官，蔽塞朕聪。……专权乱政，罔上负恩，谋国不忠。本当断棺戮尸，念效劳有年，姑免尽法追论。”这时候的张居正一家，已经被抄家。张居正的长子张敬修留下了一份“丘侍郎(橓)、任巡按，活阎王！你也有父母妻子之念……何忍陷人如此酷烈”的遗书，自缢身亡；张居正80岁的老母还是在首辅大学士申时行的请求下才留有一所空宅和10顷田地。张居正恐怕生前绝对不能想到，他死后竟然会遭到一手扶持的神宗如此无情的惩处！神宗这种一百八十度的态度转变，显然是他长久地处于张居正的约束之下的大发泄。而张居正的政治悲剧，原因有很多方面。首先，张居正过度自信，没有给皇帝足够的自信，威权震主，最后才引来了皇帝的报复。其次，张居正执政的时期过于专权，得罪的官员太多。被张敬修骂作活阎王的丘橓即其一。

丘橓，诸城人，性格刚直，好争论。隆庆年间罢官在家。神宗初年，很多言官向朝廷推荐丘橓。但张居正很厌恶他，没让他重新出来做官。神宗深知这层关系，等张居正死后，特派丘橓跟太监张诚去抄张家。丘橓用法酷烈，不免有公报私仇的嫌疑。张居正夺情一事，也开罪了许多正直的士大夫。禁讲学一事，又开罪了许多知识分子。最后，张居正对于慈圣皇太后的父亲李伟等人，没有给予充分的方便，以致神宗清算张居正时，慈圣皇太后并没有为张居正说话。如此看来，张居正是一个极自信的人，所以不能虚己待人，而是过于刻毒专制。所以，招来报复，某种层面上来说是咎由自取。但是，对于神宗来说，清算张居正是自己开始亲政的基础，推倒张居正，也就树立了皇帝自己的权威。神宗称张居正"罔上负恩"，其实他自己何尝不是忘恩负义？

继张居正而任首辅大学士的张四维、申时行，目睹张居正生前的宠荣和死后的受辱，自然再不敢以张居正为榜样。因此，曾经以才干受张居正赏识的申时行，深知伴君如伴虎的道理，吸取张居正的教训，一方面顺从皇帝，一方面用诚意打动整个文官政府。一句话，申时行是个典型的和事佬。这位来自富饶的苏州府长洲县的嘉靖四十一年（1562）状元，正如他的字"汝默"一样，力求清静，但也被人视为"首鼠两端"。他在任上，开创了两项很恶劣的先例——章奏留中和经筵讲义的进呈，他也因此被人批评为要为神宗的"荒怠"负责。章奏留中，就是皇帝对于大臣们送上来的奏疏不予理睬，放在宫中，既不批示，也不发还。经筵讲义的进呈，就是皇帝不需要参加经筵，经筵讲官们只需要把他们的讲义送到宫中就可以了。这两件惯例的养成，就彻底地切断了皇帝与大臣们交流的渠道。其实，要让申时行为神宗的荒怠负责，

申时行像并赞　画 870—259

清道光七年（1827）十一月刻。石在江苏苏州市。孔继尧绘，石韫玉正书赞，谭松坡镌。此为《沧浪亭五百名贤像》之一。

无疑是不公平的。皇帝既要亲政，大臣们就应当无为；皇帝既要无为，大臣们就更应当谦逊地表示顺服。这才是神宗的心态。从某种意义上来说，神宗从他的祖父那里隔代遗传下来的，除了自大心理之外，还有乾纲独断的心态。神宗是一个权力欲极重的人，而且，与他的父亲不同，他不是一个平庸的君主。实际上，万历一朝的大事，如万历三大征，还都是在神宗的布置下进行的。所谓万历三大征，是指在东北、西北、西南边疆几乎同时开展的三次军事行动：平定哱拜叛乱；援朝战争；平定杨应龙叛变。

哱拜是蒙古鞑靼部人，嘉靖年间投降明朝边将郑印，后来官至宁夏副总兵。万历十七年（1589），哱拜以副总兵致仕。儿子哱承恩袭为指挥使，充巡抚门下旗牌官。哱拜私下里蓄养了一批奴仆，组成一支苍头军，见明军兵马不整，就有反叛之心。万历二十年（1592）二月，哱拜与结义兄弟刘东旸同时发难，杀宁夏巡抚党馨，缴去总兵张维忠的印信。刘东旸自任总兵，哱承恩为副总兵，哱拜为谋主，扯旗反叛，企图占据宁夏，自为一个割据政权。当时，朝廷对于蒙古的羁縻政策因俺答汗之死渐渐失控。哱拜勾结河套的蒙古骑兵，企图联成一气。明朝总督魏学曾一方面切断河套的蒙古骑兵与哱拜之间的通道，一方面围住宁夏。在朝廷，神宗命大臣各献平叛之策。当时的兵部尚书石星提出的方案是掘开黄河之堤，以黄河之水灌淹宁夏城，则“一城之人尽为鱼鳖”；御史梅国桢推荐原任总兵李成梁前往平叛；甘肃巡抚叶梦熊请命讨贼。神宗后来对于三种方案竟然都能接受，一方面命叶梦熊赶赴宁夏，一方面命李成梁出征宁夏。李成梁当时在辽东，便命其子李如松前往。神宗还下命悬赏缉拿哱拜等人。到了六月，宁夏城外已经有魏学曾、梅国桢、叶梦熊、李如松等数支大军，由魏学曾统一调度。但是，魏学曾束手无策，力主招安。这让神宗大怒，以为堂堂天朝竟然奈何不了些么小丑，成何体统？七月，神宗在接到监军御史梅国桢的军情报告后，果断地以叶梦熊取代了魏学曾，并将魏学曾逮回京城，并直接部署："决（黄河）水灌城之谋，毋得异同误事。"既然最高当局已经下令灌城，前方的将领自然再无异议。于是，当初在反对俺答封贡中似乎没有多少远见的叶梦熊，这时显得非常有胆略。他在七月十七日之前，围着宁夏城筑了一道长约 1700 丈的长堤，将宁夏城围成一个水泄不通的池塘，然后掘开黄河大堤，向宁夏城灌水。八月，城中粮食短缺。同时，李如松击败了从河套来援的蒙古骑兵。九月，明军攻破宁夏城南城。但是，叛军退据的大城依然易守难攻，明军的攻势受挫。这时，一个名叫李登的卖油郎，挑着担子在街上边走边唱："痈之不决，而狃于痏；危巢不覆，而令枭止。"监军梅国桢将他请入营中，让他带着三封书信去见哱承恩。李登跛一足，瞎一眼，在路上根本就不被人注意。他将一封信交给哱承恩，劝哱承恩说：哱氏有功于朝廷，监军深为可惜，可杀刘东旸以自效；接着，李登又去见了刘东旸、许朝，劝他们说：首乱是哱氏，将军为汉人，何苦代人受过？这个离间计果然成功。九月十六日，刘东旸杀土文秀，接着，哱承恩杀刘东旸、许朝，投降明军。九月十八日，明军进城，剿灭了哱拜的苍头军，哱拜自杀。哱承恩等人被押解京城。至此，宁夏平定。

援朝之战，也是始于万历二十年（1592）。这一年，日本关白丰臣秀吉派小西行长等人领兵 20 万从釜山登陆。沉湎享乐的朝鲜国王根本就无法抵御，只会频频遣使向明朝求救。消息传来，神宗立即做了三项准备：一，令兵部向朝鲜派遣援兵；二，命辽东、山东沿海整顿军备，小心戒备；三，如果朝鲜国王进入明朝境内，择地居之。但是，当时的兵部尚书石星，确是无能之辈，只派一个游击史儒率少量兵马入援朝鲜。对于 20 万日军来说，这无异于羊入虎口，史儒战死；随后赶到的副总兵祖承训也只有 3000 兵马，结果也是仅仅只身逃脱。这两仗的大败，激怒了神宗。于是，神宗命宋应昌为经略，从西北前线调回李如松，一齐东征。宋应昌贪生怕死，说自己带兵要讲究什么“一字兵法”：用兵 1 万，要造车 360 辆，火炮 7.2 万门，弓弩 2.7 万副，毡牌 2000 面，弩箭数百万支，以及火药、火枪之类，要兵部先给他准备齐全，方肯出征。御史郭实于是弹劾宋应昌担任经略一职不恰当。宋应昌便干脆顺水推舟，要求辞职。神宗申斥了宋应昌一番，宋应昌才不得不出征。幸好，担任前线指挥的有名将李成梁之子李如松，能征善战。明军前几仗打得都很成功，但在万历二十一年 (1593) 正月在碧蹄馆附近遭日军伏击，损失惨重。双方最后决定议和。日本方面撤兵南下，朝鲜汉城以南的大片国土恢复。日本方面，以与明朝通贡为和谈的条件。神宗一面敦促朝鲜国王练兵自守，一面与群臣商量是否与日本通贡。万历二十二年 (1594) 十二月，明朝和日本方面互遣使节。明朝册封丰臣秀吉为日本国王。丰臣秀吉身着明朝的冠服，迎接明朝的使臣。事情似乎得到了解决。然而，两年之后即万历二十四年 (1596) 十二月，丰臣秀吉不遵守当初议和的条款，发动第二次朝鲜战争。明朝遂于次年正月以邢玠为总督，杨镐为经略，再次出援朝鲜。但是，明军这一次在岛山附近再遭惨败。万历二十六年 (1598) 正月，明军退守到平壤南部的王京，与日军进入相持阶段。但是，七月九日丰臣秀吉死去的消息，让日军士气低落，阵脚大乱。明军遂发动攻击，日军无心恋战，纷纷登船渡海东归。中朝联军与撤退日军在东南露梁海面发生激战，明将邓子龙、朝鲜将领李舜臣指挥军队奋勇杀敌，将日军杀得大败。邓、李二将亦战死海上。这一次援朝之战，虽然耗损巨大，但对于确保明代的海防与东北边疆，意义非常之大。

万历二十七年 (1599) 二月，神宗命令还在朝鲜战场的几支部队迅速移往西南，其中包括最能征战的总兵刘綎的部队。此行的目的地是四川的播州。明代在播州设立播州宣慰使司，其驻地约相当于今遵义市。播州宣慰使姓杨，世代为当地的土司。隆庆五年 (1571) ，生性雄猜、阴狠嗜杀的杨应龙世袭了父亲杨烈的宣慰司一职。万历十四年 (1586) ，神宗又赐杨应龙都指挥使衔。但是，杨应龙对于四川的官军弱不经战的士气看在眼里，早就想占据整个四川，独霸一方。他的居所都是雕龙饰凤，又擅用阉宦，俨然是一个土皇帝。从万历二十年 (1592) 起，杨应龙就时叛时降，反复不定。万历二十七年 (1599) 二月，贵州巡抚江东之派都指挥使杨国柱讨伐杨应龙，结果 3000 人军队全军覆没，杨国柱战死。当时，朝鲜战争已经结束。因此，神宗决定一劳永逸地解决杨应龙问题。他任命李化龙为湖广、川贵总督，兼四川巡抚，郭子章为贵州巡抚，讨伐播州叛军。万历二十八年 (1600) 初，各路兵马陆续汇集播州附近。李化龙持尚方宝剑，主持讨伐全局，坐镇重庆；郭子章以贵州巡抚坐镇贵阳；湖广巡抚支大可移驻沅江。明军分兵八路进剿；总兵刘綎出綦江；总兵马礼英出南川；总兵吴广出合江；副总兵曹希彬出永宁；总兵童无镇出乌江；参将朱鹤龄出沙溪；总兵李应祥出兴隆卫；总兵陈璘出白泥。每路兵马 3 万，共计 20 余万人。这种安排，足以说明神宗对于剿灭杨应龙的决心。八路大军中，以刘綎所部最为骁勇善战。綦江在播州的北面，杨应龙也重点屯兵于此，以他的儿子杨朝栋亲自领苗兵数万进行防守。然而，苗兵每遇上身先士卒的刘綎，只会大叫：“刘大刀至矣。”往往不战而溃。罗古池一战，杨朝栋差点被俘。刘綎率军一直攻到了娄山关下。娄山关是杨应龙老巢海龙囤的门户，与海龙囤并称天险，易守难攻，但是，却被刘綎在四月至六月两个月内连续攻破。六月初六日，杨应龙与爱妾周氏、何氏关门自缢，儿子杨朝栋、弟杨兆龙被俘。战役前后历时114天，杨应龙的部队2万人被斩杀。万历二十八年(1600）十二月，李化龙班师回朝，并将杨朝栋等69人押解到京师，磔于市。至此，平播一战以完胜结束。这一战，虽然耗费了湖广、四川、贵州三省财力，但是，正如当时的官员朱国桢所说，如果不平定播州，四川周边的少数民族就要纷纷效仿杨应龙，非但四川不保，云南、贵州也可能不保。后来，瞿九思编《万历武功录》，称平定杨应龙是“唐宋以来一大伟绩”，大概也是从确保西南版图的效果来说的吧。

在明代历史中，神宗经常被过度地描写成一个荒唐、好色、懒散的皇帝。从万历三大征看来，神宗绝不是一个平庸的皇帝。虽然，我们可以说他是好大喜功，但是不要忘了，他在给朝鲜国王的信中始终强调朝鲜要力求自保的事实。实际上，神宗对于每一次军事行动，似乎都充分认识到其重要性。而且，在战争过程中对于前线将领的充分信任、对于指挥失误的将领的坚决撤换，都显示了神宗的胆略。当然，神宗的荒怠、好色，也是不容否认的。晚年的神宗，对于朝政的兴趣，显然没有对敛财的兴趣浓厚。在他亲政的后20年，他基本上是一个不理朝政的皇帝。因此，万历后期朝政的混乱，直接导致了万历四十七年(1619）明朝军队在与努尔哈赤军队的萨尔浒一战中丧师10万，从而丧失了明军对后金军队的优势，间接导致了明代最终被清朝取代的结局。

醉梦之期

孟森在他的《明清史讲义》内称神宗晚期为“醉梦之期”，并说此期神宗的特点是“怠于临朝，勇于敛财，不郊不庙不朝者三十年，与外廷隔绝”。那么，神宗是什么时候从一个立志有为的皇帝变成一个荒怠的皇帝的呢？又是什么让皇帝堕落得如此厉害呢？虽然，按照晚明的一位名士夏允彝的说法，神宗怠于临朝的原因，先是因为宠幸郑贵妃，后是因为厌恶大臣之间的朋党斗争。但是，学者们也以为，神宗之怠于临朝，还因为他的身体虚弱的原因。当然，身体虚弱的背后，是酒色财气的过度。

万历十七年（1589）十二月，大理寺左评事雒于仁上了一疏，疏中批评神宗纵情于酒、色、财、气，并献“四箴”。对皇帝私生活这样干涉，使神宗非常恼怒。幸好首辅大学士申时行婉转开导，说皇帝如果要处置雒于仁，无疑是承认雒于仁的批评是确有其事，外面的臣民会信以为真的。最后，雒于仁被革职为民。在处理这件事的过程中，神宗曾召见申时行等人于毓德宫中，“自辨甚悉”。神宗对内阁大学士们说：“他说朕好酒，谁人不饮酒？……又说朕好色，偏宠贵妃郑氏。朕只因郑氏勤劳，朕每至一宫，她必相随。朝夕间她独小心侍奉，委的勤劳。……朕为天子，富有四海之内，普天之下，莫非王土，天下之财皆朕之财。……人孰无气，且如先生每也有僮仆家人，难道更不责治？”看来，神宗根本不承认雒于仁的批评。的确，明末社会好酒成风。清初的学者张履祥记载了明代晚期朝廷上下好酒之习：“朝廷不榷酒酤，民得自造。又无群饮之禁，至于今日，流滥已极。……饮者率数升，能者无量。……饮酒或终日夜。朝野上下，恒舞酣歌。”意思是说，明代后期对于酒不实行专卖制度，所以民间可以自己制造酒，又不禁止群饮，饮酒成风。喝酒少的能喝几升，多的无限量，日夜不止，朝野上下都是如此。神宗的好酒，不过是这种饮酒之风的体现罢了。神宗在17岁的时候，曾经因为醉酒杖责冯保的义子，差点被慈圣太后废掉帝位。这件事他倒是承认。至于说到好色，神宗虽然似乎不及他的祖父，但却一点也不逊色于他的父亲。他在万历十年(1582)的三月，就曾效仿他的祖父世宗的做法，在民间大选嫔妃，一天就娶了“九嫔”。而且，神宗竟然还玩起同性恋的勾当，即玩弄女色的同时，还玩弄小太监。当时宫中有10个长得很俊秀的太监，就是专门“给事御前，或承恩与上同卧起”，号称“十俊”。所以，雒于仁的奏疏中有“幸十俊以开骗门”的批评。这一点，神宗与当初荒唐的武宗有一点类似。至于贪财一事，神宗在明代诸帝中可谓最有名了。他在亲政以后，查抄了冯保、张居正的家产，让太监张诚全部搬入宫中，归自己支配。为了掠夺钱财，他派出矿监、税使，到各地四处搜括。

酒色的过度，使神宗的身体极为虚弱。万历十四年(1586)，24岁的神宗传谕内阁，说自己“一时头昏眼黑，力乏不兴”。礼部主事卢洪春为此特地上疏，指出“肝虚则头晕目眩，肾虚则腰痛精泄”。万历十八年(1590)正月初一，神宗自称“腰痛脚软，行立不便”。万历三十年(1602)，神宗曾因为病情加剧，召首辅沈一贯入阁嘱托后事。从这些现象看来，神宗的身体状况实是每况愈下。因此，神宗亲政期间，几乎很少上朝。他处理政事的主要方法是通过谕旨的形式向下面传递。万历三大征中边疆大事的处理，都是通过谕旨的形式，而不是大臣们所希望的“召对”形式。在三大征结束之后，神宗对于大臣们的奏章的批复，似乎更不感兴趣了。所以，神宗荒怠的情形，还真有前后两个阶段：前一阶段是不愿意上朝听政；后一阶段是连大臣们的奏章也不批复，直接“留中”不发。但是，按照明朝的制度，皇帝是政府的唯一决策者。一旦皇帝不愿处置但又不轻易授权于太监或大臣，整个政府的运转就可能陷于停顿。到十七世纪初期，由于神宗不理朝政，官员空缺的现象非常严重。万历三十年(1602)，南、北两京共缺尚书3名，侍郎10名；各地缺巡抚3名，布政使、按察使等官66名，知府25名。按正常的编制，南、北二京六部应当有尚书12名，这时缺了四分之一。到万历四十一年(1613)十一月，南北两京缺尚书、侍郎14名。地方的行政管理，有时必须由一个县的知县兼任邻县的知县。由这样的情形，我们可以想见万历后期政府运作的效率。神宗委顿于上，百官党争于下，这就是万历朝后期的官场大势。官僚队伍中党派林立，门户之争日盛一日，互相倾轧。东林党、宣党、昆党、齐党、浙党，名目众多。整个政府陷于半瘫痪状态。正如梁启超说，明末的党争，就好像两群冬烘先生打架，打到明朝亡了，便一起拉倒。这样的恶果，未尝不是由神宗的荒怠造成的。所以，《明史》对于明神宗的盖棺论定是这样表述的：“明之亡，实亡于神宗。”

万历四十八年（1620）七月二十一日，神宗朱翊钧病逝，十月葬于定陵。300多年以后，他的坟墓定陵被发掘。1958年，在考古学大师夏鼐的指挥下，神宗的梓宫（棺椁）被开启。在厚厚的龙袍下面，掩藏着神宗的尸骨。尸骨复原后的结论是：“万历帝生前体形上部为驼背。从骨骼测量，头顶至左脚长1.64米。”1966年8月24日下午，“地主阶级的总头目”神宗的尸骨被砸烂、焚烧。这位曾经统治中国48年的驼背皇帝，终于化作一缕青烟远去。

朱翊钧档案

姓名：朱翊钧	出生：嘉靖四十二年（1563）八月十七日
属相：猪	卒年：万历四十八年（1620）
享年：58岁	在位：48年
年号：万历	谥号：显皇帝
庙号：神宗	陵寝：定陵
父亲：朱载垕	母亲：李贵妃
初婚：16岁	配偶：王皇后
子女：8子，10女	继位人：朱常洛
最得意：万历三大征	最失意：皇三子朱常洵做不成太子
最痛心：萨尔浒一战丧师10万	最不幸：身体虚弱，疾病缠身
最擅长：罢朝	

相关阅读书目推荐

（1）王天有主编：《明朝十六帝·神宗显皇帝朱翊钧》，紫禁城出版社，1999年

（2）樊树志：《万历传》，人民出版社，1993年

（3）林金树：《万历帝》，吉林文史出版社，1996年

（4）黄仁宇：《万历十五年》，三联书店，1997年

光宗朱常洛

泰昌元年（1620）

光宗朱常洛可能是明代历史上最不幸的皇帝。在他 39 岁的生命历程中，前 20 年是不受宠爱的皇子，后 19 年过的是战战兢兢的皇太子生活及短暂的一个月的皇帝生涯。他的一生，始终处于宫廷阴谋漩涡之中。他的父亲神宗偏爱他的异母弟福王朱常洵，而他则成为文官政府的官僚士大夫们拥护、推戴的对象。围绕着他和福王，官僚们与神宗进行了长达 15 年的拉锯战。他被士大夫们视作国家的根本、未来的希望。他也确实在短短的一个月的执政生涯里，曾经令士大夫们欢欣鼓舞，欣欣向治。

皇长子：争国本

对于习惯于生活在皇权之下的明代大夫们来说，皇储是一个国家稳定的象征。皇太子是预备的君主，是国家的根本，可以杜绝旁人对于皇位的觊觎。我们应该还记得，宪宗在儿子朱祐樘 6 岁的时候就将儿子册立为太子；武宗因为没有儿子，所以就接连出现宗室亲王图谋皇位的叛乱；世宗不立裕王朱载垕为太子，皇四子景王朱载圳就始终有着夺嫡的幻想。因此，从万历十四年（1586）起，大臣们与神宗就册立皇太子一事展开了长达 15 年的拉锯战。许多大臣被生气的神宗罢黜，但是，册立皇太子的呼声却从来就没有间断过，直到万历二十九年（1601）皇太子正式册立为止。

如果没有福王朱常洵，或者如果朱常洵的生母不是受宠的郑贵妃，大臣们也许没有那么敏感。在宫廷的地位升迁中，母以子贵或者子以母贵的可能性都存在。郑贵妃是神宗最宠爱的妃子。她在14岁的时候就成为19岁的神宗的宠妃。据说，郑贵妃不但有闭月羞花的美貌，而且聪明机警，喜欢读书。她敢于毫无顾忌地挑逗、嘲笑神宗，同时又能倾听皇帝的诉苦。可以不夸张地说，她是精神匮乏的神宗的精神支柱。她为皇帝生下了两个孩子。其中，皇三子朱常洵最为神宗所喜爱。在神宗内心深处，肯定希望由朱常洵继承他的皇位。但是，神宗同时也深知这样对于继承规则的破坏，可能会产生严重的后果。所以，他一直在犹豫，借口皇后还年轻，说不定能生出一个嫡系的皇子出来。在这种犹疑中，受伤害最大的无疑是皇长子朱常洛。

朱常洛生于万历十年（1582）。母亲王氏是一名普通的宫女，平时在慈宁宫侍候慈圣皇太后。有一次神宗去慈宁宫探望慈圣太后，索水洗手，私下里宠幸了王氏，并赏了她一副首饰。此事虽然有随侍的文书房宦官记载于《内起居注》上，但是，神宗觉得自己与一名宫女发生关系很不光彩，便秘而不宣。一天，太后问起此事，神宗沉默不语。太后命人取出《内起居注》，让他自己看。神宗面红耳赤，静候太后的发落。太后说："我老了，还没有孙子呢，如果生个男孩，也是宗社之福呀，有什么忌讳的！母以子贵，分什么贵贱等级？"于是，万历十年（1582）六月，有孕在身的王氏受封为恭妃。两个月之后，就生下了皇长子朱常洛。但是，恭妃王氏始终没有受皇帝的宠爱。因此，恭妃王氏带着皇长子，僻居别宫。等到万历十四年（1586）正月郑贵妃生下皇三子朱常洵，就立即引发了大臣们觉得不能掉以轻心的问题。首辅大学士申时行请求立即册立东宫太子，但是皇帝以朱常洛年纪还小拒绝了。接着，皇帝决定将淑嫔郑氏的地位提高为皇贵妃。贵妃在宫中，地位仅次于皇后了。这样，生育皇长子朱常洛的恭妃在地位上反居于郑贵妃之下。这一下，更引起了大臣们的警觉。因为，按照子以母贵的说法，这样皇三子朱常洵的地位反而要高于皇长子朱常洛。大臣们纷纷上疏，要求：一，按有嫡立嫡，无嫡立长的继承制度，应册立朱常洛为皇太子；二，郑贵妃、王恭妃应当同时进封。但是，神宗一一驳回。

慈圣太后的过问，应当说遏止了神宗立皇三子为太子的意图。皇长子朱常洛的母亲，本就是侍奉太后的宫女，生下了皇长子后，更受太后的疼爱。一天，神宗去见太后。太后问："外廷诸臣多说该早定长哥（宫中呼太子为长哥），如何打发他？"神宗道："他是都人（宫中呼宫人为都人）的儿子。"太后怒道："你也是都人的儿子。"慈圣太后，本来也只是一名宫女，后来进了裕王府，才生下了朱翊钧。这一说，多少让神宗有所感悟。在另一方面，恭妃王氏对皇长子的约束甚严。从出生到10多岁，皇长子都是随母亲一同起居的。所以，当万历二十二年（1594）郑贵妃诬陷皇长子与宫女有染已非童贞之身时，恭妃王氏恸哭，说："十三年与我儿同起居，正为此也，果有今日。"因此，朱常洛在未立太子之前，始终行动循规蹈矩。另据文秉《先拨志始》记载，神宗曾经与郑贵妃一同去紫禁城西北角的大高玄殿行香。其间郑贵妃要万历皇帝立下誓约——立皇三子朱常洵为太子，并将誓约藏于一个玉盒之中，交付郑贵妃保管。后来，神宗改变了立朱常洵为太子的念头，命人去郑贵妃处取回玉盒。玉盒表面如故，揭开一看，誓约上所写的誓文腐蚀殆尽，只余一张白纸。这让神宗感到非常害怕，从此也就决意立朱常洛为太子了。其间，关于三王并封、皇太子出阁讲学等事情，神宗与朝臣之间有过不少的争议和冲突。但是，局势倒还是向有利于朱常洛的方向发展。

万历二十九年（1601）十月，朱常洛正式立为太子。然而，皇三子朱常洵仍未离京之国，宫廷中的明争暗斗仍然继续。

皇太子：梃击案

朱常洛被册封为皇太子的时候，已 20 岁。次年，皇太子纳郭氏为皇太子妃。这在明朝历代的皇帝中，结婚已相当的晚了。一般明代皇帝的结婚年龄，多半在 16 岁左右。朱常洛万历十三年始出阁讲学接受教育，21 岁始婚，可见神宗对他的冷淡。因此，婚后的皇太子移居慈庆宫，一则与母亲王氏隔离，难以往来；二则受神宗的冷落，境遇并不很好。王氏居景阳宫，且眼睛患白内障，几近失明。万历三十九年（1611），王氏病危。朱常洛前往探视，只见宫前门庭冷落。王氏听到儿子朱常洛的声音，用手抚摸着儿子，不禁凄然而泣，说："儿长大如此，我死何憾！"朱常洛及左右皆泪下如雨。母亲死时，朱常洛已有五子，后来的思宗朱由检亦已出生。然而，获得太子名分以及生下皇孙，并不能改变朱常洛的境遇。东宫的防卫非常松弛，侍卫仅寥寥数人。宫中的太监也多因东宫门庭冷落告假而去。万历四十三年（1615），慈庆宫遂发生梃击一案。

万历四十三年（1615）五月初四日黄昏时分，一个陌生男子手持枣木棍闯入慈庆宫，打伤守门的老太监，直奔前殿檐下。太子内侍韩本用闻讯赶到，与同来的七八名太监将陌生男子擒获，交由东华门的守卫指挥使朱雄收监。第二天，朱常洛将此事告知神宗。皇帝立即派人提问。当天，御史刘廷元就将讯问的结果奏报给皇帝：闯宫的男子名叫张差，是蓟州井儿峪的百姓，语言颠三倒四，看起来有点癫狂，话里头常提到"吃斋讨封"等语，但又有些狡猾，看来要认真审问。初十日，刑部郎中胡士相等官员对张差的审问结果是：张差因被人烧了柴草，要来京城申冤，在城里乱闯，又受气癫狂，受人诳骗说拿一木棍可以当作冤状，然后乱跑，误入慈庆宫。前后两审的结果似乎有些不同，非但"吃斋讨封"的话头没有提起，连带狡黠的性格判断也没有了，变成纯粹的一个"疯癫"的结论。胡士相等人的处理意见是：按照在宫殿前射箭、放弹、投砖石伤人的法律，对张差问斩。但是，皇太子朱常洛在万历一朝中的地位及其安危，始终是一些正直的官员们所关心的。官员们不禁会想，慈庆宫虽然禁卫不严，但又怎么是一般人说进就进的呢？这背后肯定有隐情。刑部提牢主王之寀抱着这样的疑问，在牢中亲自审问张差。十一日，王之寀为牢中囚犯散发饭菜，见张差身强力壮，样子绝不像疯癫之人。王之寀诱他："实招与饭，不招当饥死。"把饭放在张差的面前。张差低头，又说："不敢说。"于是，王之寀命牢中其他狱吏回避，只留两名狱卒在旁，亲自对他进行审问。张差的招供中说："张差小名张五儿，父张义病故。有马三舅、李外父，叫我跟不知名的老公，说：'事成与尔几亩地种！'老公骑马，小的跟走。初三歇燕角铺，初四到京。……到不知街道大宅子，一老公与我饭，说：'你先冲一遭，撞着一个，打杀一个，打杀了我们救得你！'

领我由厚载门进到宫门上。守门阻我，我击之堕地。已而老公多，遂被缚。小爷福大。”照王之寀所录的这一段口供，则张差的行为是由太监指使，而且目标直指小爷（皇太子）。王之寀这一奏疏，遂掀起轩然大波。有敢说话的官员如陆大受，就开始影射背后指使之人必有“奸畹”，暗示此事是郑贵妃之父郑国泰所为。神宗对王之寀及陆大受的奏疏，皆留中不报。

参与调查此事的人越来越多。御史过庭训移文给蓟州知州戚延龄，调查张差此人的一贯表现。得到的回答是，张差确属疯癫之人。于是，诸臣都欲以“疯癫”二字定案。五月二十日，刑部郎中胡士相等官员再次提审张差。这一次，张差招供的内容更多了。张差说：“马三舅名三道，李外父名守才，同在井儿峪居住。又有姊夫孔道住在本州城内。不知姓名老公，乃修铁瓦殿之庞保。不知街道大宅子，乃住朝外大宅之刘成。三舅、外父常往庞保处送炭，庞、刘在玉皇殿商量，和我三舅、外父逼着我来，说打上宫中，撞一个打一个，打小爷，吃也有，穿也有。刘成跟我来，领进去，又说：‘你打了，我救得你。’”案情似乎比较清楚了，太监庞保、刘成是主使之人。然而，太监何以要杀太子朱常洛？幕后定然还有更深的主使者。庞保、刘成二人，都是郑贵妃翊坤宫的有权太监。明眼人一看都明白此事的究竟。这时候，大臣们所上的奏疏纷纷，其中多涉及外戚。当然，大臣们都没有直接指向郑国泰，然而郑国泰竟然按捺不住，在五月二十一日写了一个揭帖，表明自己的清白。这一举动，让给事中何士晋抓住了辫子。何士晋说：“陆大受疏内虽有身犯奸畹凶锋之语，……并未直指国泰主谋。此时张差之口供未具，刑曹之勘疏未成，国泰岂不能从容少待，辄尔具揭张惶，人遂不能无疑。”郑国泰的一个愚蠢行为，直接将自己卷入此事，实是不打自招。郑贵妃的嫌疑从而更为明显了。

事情牵涉到郑贵妃，神宗遂不愿事态进一步扩大。郑贵妃则日夜向神宗哭泣。神宗深知此事牵涉到太子，非太子朱常洛不能解。于是，神宗命郑贵妃去见太子朱常洛。贵妃见太子后，“辨甚力”，极力为自己开脱，并向太子下拜。太子亦拜，且拜且泣，坐在旁边的神宗据说也“掩泣”，忍不住哭了出来。我们想，太子之泣，或是由于得不到父爱的关心而且身处危险的境地，感怀身世，不得不哭；而神宗之泣，或者是动了舐犊之情，毕竟朱常洛是自己的儿子。这件事，最后由皇帝带着皇太子、皇孙、皇孙女一起面见大臣们而了结。五月二十八日，皇帝在慈宁宫慈圣太后灵前召见诸大臣。神宗穿白袍白冠，西向而坐；朱常洛穿青袍，侍立于神宗右侧；皇孙、皇孙女四人一字排列于左边阶下。神宗拉着皇太子的手说：“你每（们）都看见否？如此儿子，谓我不加爱护，譬如尔等有子如此长成，能不爱惜乎？”说着让太监们将皇孙、皇孙女引上石级，让大臣们仔细瞧瞧，且说：“朕诸孙都已长成，还有什么说的！”回头对朱常洛说：“你有什么话，跟大臣们都说出来，别顾忌。”朱常洛道：“似此（张差）疯癫之人，决了便罢，不必株连。”又说：“我父子何等亲爱！外廷有许多议论，尔辈为无君之臣，使我为不孝之子。”这样，皇帝与受害人朱常洛，都为梃击一案定了调子，也就是将张差以疯癫处理，不必株连太多。诸臣追查此案，原是为太子的安危考虑，既然太子这样说，事情也就这样定了下来。第二天，即五月二十九日，张差被凌迟处死。接着，刑部、都察院、大理寺三法司会审庞保、刘成。此时张差已死，死无对证，庞、刘二人遂抵死不愿承认。审讯时，皇太子朱常洛再下谕旨："庞保、刘成身系内官，虽欲加害本宫，于保、成何益？料保、成素必凌虐于（张）差，今差放肆行报复之谋，诬保、成以主使之条。"竟为庞保、刘成二人开脱。六月一日，神宗密令太监将庞保、刘成处死，梃击一案的最后线索被掐断，也就再无从查起。

梃击一案，看来必然与郑贵妃脱不了干系。郑贵妃想要加害朱常洛，便通过太监庞保、刘成寻找张差这一类鲁莽、弱智、状似疯癫之人行事，目的就是想在事情败露之后可以借张差疯癫之事掩蔽主谋之人。谋杀皇太子这样的罪行，稍有理智的人恐怕就不敢做，也就是张差这样的半疯癫的人敢做。因此，张差的疯癫，看来不假；而郑贵妃想借张差梃击皇太子朱常洛，恐怕也确有其事。要不然，郑贵妃为什么要向朱常洛下拜？神宗为什么要秘密处死刘成、庞保？当然，这件事情的最后解决，确是因为皇太子朱常洛温驯的性格决定了他不愿意扩大事态。于是，最后大事化小，小事化了。不过，此后的郑贵妃，似乎收敛了许多，倒一味地讨好朱常洛起来。

皇帝：红丸案

郑贵妃讨好朱常洛的手段，主要是向朱常洛进献美女。朱常洛自从做了太子之后，由于离开了母亲的约束，加上父亲朱翊钧对自己的冷淡，生活失意，精神苦闷，所以，大部分的时间，他都是纵情于酒色。万历四十一年（1613）皇太子妃郭氏去世以后，朱常洛就没有再立妃子。这可能是因为册封皇太子妃需要得到皇帝的批准，而神宗对于朱常洛基本上是不闻不问的。因此，在慈庆宫中，虽然有很多的女人，但却没有皇太子妃。也许，没有皇太子妃，对于朱常洛来说更是自由。万历四十八年（1620）七月二十一日，神宗病逝。八月初一，朱常洛即皇帝位，宣布次年改元泰昌。

应当说，朱常洛初即位的时候，是想做一个有为之君的。当初神宗大行敛财，宫中留有大量的银两。朱常洛在七月二十二日至八月一日之间，连续两次发内帑共计 160 万两，用来赏赐在辽东及北方的前线防军。同时，朱常洛命令撤回万历末年引起官怨民愤的矿监和税使，召回在万历一朝因为上疏言事而遭处罚的大臣，补用空缺的官职。像邹元标、王德完等一些正直敢言的大臣，先后下诏召回。这一切，都预示着新的政治面貌即将出现。然而，宫中的郑贵妃似乎仍是朱常洛无法摆脱的阴影。他非但没有胆量去追查当年郑贵妃对自己的迫害，反而处处以先皇为借口，优待郑贵妃。神宗弥留之时，曾遗言于朱常洛，要朱常洛封郑贵妃为皇后。神宗离世的次日，朱常洛传谕内阁："父皇遗言：'尔母皇贵妃郑氏，侍朕有年，勤劳茂著，进封皇后。'卿可传示礼部，查例来行。"此时，神宗原来的王皇后以及朱常洛的生母王氏都已经去世，郑贵妃一旦变成皇后，在接下来的泰昌朝中，她就可能变成皇太后。礼部右侍郎孙如游上疏给朱常洛说："臣详考历朝典故，并无此例。"既然朱常洛另有生母，郑贵妃怎么能封为皇后呢？朱常洛对此感到十分为难，于是将奏疏留中不发。后来，在八月二十日，朱常洛收回了封郑贵妃为皇太后的成命。

郑贵妃担心朱常洛会因前嫌而报复自己，采取了两方面的措施：一是勾结朱常洛所宠幸的李选侍，请求朱常洛立李选侍为皇后，李选侍则投桃报李，请朱常洛封郑贵妃为皇太后；二是向朱常洛进献美女，以取悦于朱常洛。朱常洛对于郑贵妃送来的美女，照单全收。据《明史》的说法，郑贵妃送来的美女数目是8名；《明史纪事本末》说是4名。但无论如何，喜爱美色的朱常洛面对美女，自然是夜夜纵乐。本来就因为生活压抑而虚弱的身体，骤然要承担如此多的政事，又贪恋美色，“退朝内宴，以女乐承应”“一生二旦，俱御幸焉”，由是基本上累垮了。到八月初十日，身体就不行了，召医官陈玺诊视。八月十二日，一心想做个好皇帝的朱常洛拖着病体接见大臣。大臣们见到皇帝形容憔悴，“圣容顿减”。十四日，便发生了崔文升进药事件。

崔文升本是郑贵妃宫中的亲信太监。朱常洛即位以后，升崔文升为司礼监秉笔太监，兼掌御药房。朱常洛患病后，郑贵妃指使崔文升以掌御药房太监的身份向皇帝进“通利药”，即大黄。大黄的药性是攻积导滞，泻火解毒，相当于泻药。所以，接下来的一昼夜，朱常洛连泻三四十次，身体极度虚弱，处于衰竭状态。后来，廷臣们对于崔文升进药的资格和所进药物是否符合医学原理两点，对崔文升进行猛烈的抨击。给事中杨涟说：“贼臣崔文升不知医……妄为尝试；如其知医，则医家有余者泄之，不足者补之。皇上哀毁之余，一日万几，于法正宜清补，文升反投相伐之剂。”杨涟认为，朱常洛本来身体就虚弱，应当进补，而崔文升反而进以泻药，其心叵测。当时，朱常洛的生母王氏外家、原皇太子妃郭氏外家两家外戚都认为其中必有阴谋，遍谒朝中大臣，哭诉宫禁凶危之状：“崔文升药，故也，非误也！”八月二十二日，朱常洛召见首辅方从哲等大臣，六品的给事中杨涟也在召见之列。朱常洛看了杨涟很久，说：“国家事重，卿等尽心。朕自加意调理。”之后，朱常洛下令，将崔文升逐出皇宫。八月二十九日，鸿胪寺丞李可灼说有仙丹要呈献给皇上。太监们不敢做主，将事情禀告内阁大臣方从哲。方从哲说："彼称仙丹，便不敢信。"接着，内阁大臣们进乾清宫探视朱常洛。朱常洛此时已着意安排后事，将皇长子交由阁臣小心辅佐，又问起自己的陵墓的营建事宜。在安排好一切之后，朱常洛问："有鸿胪寺官进药，何在？"方从哲说："鸿胪寺丞李可灼自云仙丹，臣等未敢轻信。"朱常洛自知命在旦夕，遂抱着试一试的想法，命李可灼入宫献药。到中午时分，李可灼调制好一颗红色药丸，让皇帝服用。朱常洛服完红丸后，感觉还好，让内侍传话说："圣体用药后，暖润舒畅，思进饮膳。"傍晚，朱常洛命李可灼再进一粒红丸。尽管御医们都表示反对，但是朱常洛坚持要再服一颗。于是，李可灼再让皇帝服用了一颗红丸。服后，朱常洛感觉安适如前，没有什么不良反应。然而，次日（九月初一）五更，朱常洛便死去。于是，廷臣纷纷议论，指定李可灼、红丸是致皇帝暴毙的罪魁，而且还牵涉到方从哲。不过，平心而论，方从哲、李可灼对于朱常洛服药，本就是抱着一试的希望，对于朱常洛的死并不要负什么责任。后来，内阁大学士韩爌将进药的前后始末详细地在给熹宗的奏疏中说明，才使方从哲摆脱了困境。红丸，其实与嘉靖皇帝当初服用的红铅丸类似，是用妇人经水、秋石、人乳、辰砂调制而成，性热，正好与当初崔文升所进的大黄药性相反。本就虚弱的朱常洛，在最后的岁月连遭性能相反而且猛烈的两味药物的折腾，岂能不暴毙而亡！

身后：移宫案

朱常洛的暴毙，使他次年改元泰昌的想法无疑变成了一个泡影。但是，在位一天的皇帝毕竟也代表着一个时代。因此，大臣

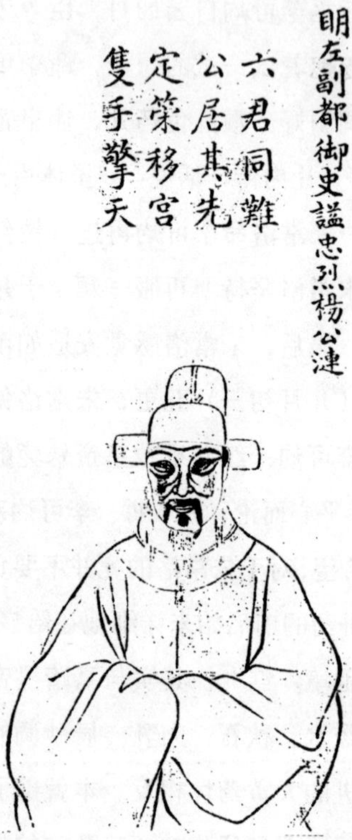

杨涟像并赞　画 870—309

清道光七年（1827）十一月刻。石在江苏苏州市。孔继尧绘，石韫玉正书赞，谭松坡镌。此为《沧浪亭五百名贤像》之一。

们决定：万历四十八年（1620）农历八月初一日朱常洛正式即位到年底，为泰昌元年。移宫一事，前后有过两次。一次是大臣们逼郑贵妃搬出乾清宫；一次是大臣们逼李选侍搬出乾清宫。

前面我们已经说过，无论是郑贵妃，还是李选侍，都是有野心的女人。明代的制度，外廷有皇极殿，内宫有乾清宫，都是属于皇帝、皇后专用的。但是，郑贵妃借口侍奉神宗住进了乾清宫。朱常洛正式即皇帝位之后，仍然可笑地居住在当初做皇太子所住的慈庆宫内。这种本末倒置的事情，在秉性懦弱的朱常洛看来，竟然可以容忍。直到崔文升进药事件发生以后，由杨涟、左光斗出面，郑贵妃才在八月二十一日被迫搬出乾清宫。但是，郑贵妃搬出去后，李选侍却随着朱常洛住进了乾清宫。

朱常洛自万历四十一年（1613）皇太子妃郭氏死后，没有再立妃子，身边只有才人、选侍、淑女侍候。其中有两名选侍，一居于东面，一居于西面，故分别称作东李、西李。东李地位较高，西李比较受宠于朱常洛。所以，朱常洛将失去生母的长子朱由校交由西李抚养，五子朱由检则由东李抚养。跟着朱常洛入住乾清宫的李选侍，即是西李。西李与郑贵妃关系极为密切，也想借助郑贵妃之力进封皇后。但是，泰昌元年（1620）八月二十一日郑贵妃的被迫移宫、九月初一朱常洛的暴毙，显然让李选侍意识到：要保住自己的荣华富贵，就应当紧紧地抓住皇长子朱由校。其实，朱常洛在临终前，曾经向大臣们提出要册封李选侍为皇贵妃的事。可是，皇帝的话还没有说完，李选侍掀开帷幄，叫皇长子朱由校进去。朱由校进去后，对父皇朱常洛说了一句：“要封皇后！”众大臣瞠目结舌。朱常洛面色一变，一言不发。如果李选侍册封皇后得逞，她便可以通过自己抚养的朱由校，间接地控制朝政。

但是，朱常洛的暴毙，让李选侍的要求没有得到满足。如今，她所有的赌注不得不押在皇长子朱由校身上。她与郑贵妃商量，要将朱由校拥留在乾清宫，以便达到控制朱由校的目的。

这时，内廷的司礼监掌印太监王安获悉李选侍的阴谋，出具揭帖，遍投朝臣，说："选侍欲拥立东朝（皇长子朱由校），仿前朝垂帘故事。"第一个站出来反对的大臣是杨涟，他奋然说："天下岂可托妇人？"他建议立即去乾清宫，导皇长子出宫。群臣借口哭临死去的泰昌皇帝，来到乾清宫。守门太监拦住群臣，不让进去。杨涟厉声道："皇上驾崩，嗣主幼小，你们拦住宫门不让进去，意欲何为？"这时的朱由校，被李选侍留在乾清宫的暖阁中。太监王安进入暖阁，扶朱由校出宫。群臣见后，山呼万岁。然后，朱由校登上一顶小轿。大臣刘一璟、周嘉谟、张维贤、杨涟抬轿，仓促前行。走了几步，轿夫方到。到文华殿，群臣请朱由校即日登基。朱由校不同意，只答应初六日登基。当天，朱由校在大臣的护卫下回到慈庆宫。九月初二日，尚书周嘉谟等请李选侍移宫——搬出乾清宫。左光斗的上疏中说，乾清宫是皇帝专用，如今将即位的皇长子朱由校已经16岁了，又不用哺乳，李选侍住在乾清宫中，保不定将来会有"武氏之祸"。这是用武则天来比喻李选侍，一则不希望出现后宫专权的情形出现，二是担心朱由校血气未定，把持不住，坠入当初唐高宗纳父亲后妃武则天的事情中。这样的话，可谓的确是敢言！在外廷大臣的严词逼迫和宫中太监王安的恐吓之下，李选侍最后决定移宫。九月初五日，她抱着皇八女，徒步从乾清宫走向宫中宫妃养老处——仁寿殿哕鸾宫。

朱常洛即位一月而逝，此时他的父亲朱翊钧的棺椁尚未下葬。因此，正如他自己曾经担心的一样，他的陵墓营建得怎么样呢？

营建皇陵是一项很大的工程。在仓促之间，如何安葬两位皇帝呢？一般情况下，皇帝都是早就给自己修好了陵墓的。但是，朱常洛没有这样的机会了。大臣们将他安葬在当初景帝为自己修的陵墓里。景帝自己建好陵墓，却被重新夺回皇位的明英宗下令葬于北京西郊的金山。因此，天寿山的明陵中就有一个现成的陵址。经过短暂的修缮后，“景泰洼”在天启元年（1621）九月初一日迎来了即位仅一月的光宗，改名庆陵。

朱常洛档案

姓名：朱常洛
出生：万历十年（1582）八月十一日
属相：马
卒年：泰昌元年（1620）
享年：39岁
在位：1月
年号：泰昌
谥号：贞皇帝
庙号：光宗
陵寝：庆陵
父亲：朱翊钧
母亲：王恭妃
初婚：21岁
配偶：郭皇后
子女：7子，9女
继位人：朱由校
最得意：子女众多
最失意：太子之位不稳
最痛心：母亲失明
最不幸：登基一月而亡
最擅长：隐忍

相关阅读书目推荐

（1）王天有主编：《明朝十六帝·光宗贞皇帝朱常洛》，紫禁城出版社，1999年

（2）樊树志：《晚明史》，复旦大学出版社，2003年

（3）徐凯：《泰昌帝　天启帝》，吉林文史出版社，1996年

熹宗朱由校

天启元年（1621）——七年（1627）

从皇长孙到皇帝的角色转换，要在不到两个月的时间完成，对于一个16岁的少年，尤其是对一个没有受过什么教育、几乎是文盲的懵懂少年来说，实在有点勉为其难。然而，泰昌元年（1620）九月初一日，少年朱由校就面临这样的角色转换。早在万历年间，朱由校的父亲朱常洛不为神宗所喜，这个皇孙自然也常在神宗的视野以外。直到神宗临死，他才被册立为皇太孙，有了出阁读书的机会。没想到他的父亲登基一个月就撒手西去，连册立他为皇太子都没来得及，更别提读书的事情了。这一年，朱由校已经16岁，看上去已经是个少年了，但文化水平还比不上如今八九岁的小学生。他像个木偶般被养母李选侍和一帮大臣抢来抢去，最后在5天之后变成了一个泱泱大国的君主。他名义上统治了这个国家整整7年，但是实际上只是他信任的一个太监在掌控着政治权力。他甚至不知道如何去保护他的女人们和孩子——还好，他总算有效地保护了他的妻子和弟弟。在他统治期间，宦官专权达到了极限。整整7年中，他的心智似乎一直没有成熟，对于世界的认识始终肤浅。他喜欢在宫中做他喜欢做的事情，比如说做木工，或者斗蟋蟀。据说，在建造房屋与木工、油漆工艺方面，熹宗朱由校的水平很高，“巧匠不能及”。他将他的所有心智，都放在自己的玩乐中去了。也正因此，魏忠贤才有可能在天启一朝中专权。魏忠贤的专权，其实不过是代皇帝专权。每次熹宗玩兴正酣的时候，王体乾和魏忠贤就会从旁传奏紧急公文，最后博得熹宗一句话：“你们用心去行吧，我已知道了。”实际上，除玩乐之外，他不关心别人，更不关心朝政与大臣的死活。在他的人生中，也许只有四个人最重要，即太监魏忠贤、乳母客氏、皇后张嫣和信王朱由检。

太监魏忠贤

一个文盲高踞于皇帝的宝座上，而另外一个文盲当上了皇帝的秉笔太监，替皇帝拟写朱批。无论看起来是多么荒唐可笑，这却是明代天启元年（1621）至七年（1627）这 7 年间明代朝政的一个事实。也许，对于文盲熹宗来说，没有读过书的魏忠贤比那些迂腐的大臣们，更值得信任，值得欣赏。相对前代的宦官专权者王振、刘瑾、冯保等人来说，魏忠贤毫无文化修养，而且品德全无可称之处。熹宗对于魏忠贤的眷爱，只说明这个王朝没落到一个可悲的地步——皇帝非但全无文化修养，且不具备对文化的最基本的欣赏力。对于以经术治国的明王朝来说，统治者的素质决定了天启一朝可能是最黑暗的一个阶段。缺乏教育和辨别能力，自然是最高统治者熹宗宠信魏忠贤的一个原因；但是从魏忠贤方面来说，他又是凭借什么而取得皇帝的宠信呢？还有，魏忠贤尽管是皇帝宠信的太监，可他又是怎样实现专权的呢？

魏忠贤受宠于熹宗，原因有三：一是他在熹宗很小的时候就开始侍奉熹宗；二是熹宗乳母客氏的帮忙；三是他的性格极其狡诈，善于阿谀奉承。关于第一点，相信每一个人都可以理解。例如，光宗即位，就用当初在慈庆宫中服侍他的太监王安出任司礼监掌印太监。魏忠贤在万历十七年（1589）入宫为太监，隶属当时的司礼监掌东厂太监孙暹。据说，皇孙朱由校出生以后，魏忠贤“谨事之，导之宴游，甚得皇太孙欢心”。朱由校很小的时候，魏忠贤就很讨朱由校的喜欢。而且，通过太监魏朝的介绍，魏忠贤成为朱由校生母孝和王太后宫中专门主管膳事的太监。后来，朱由校成为太子后，魏忠贤通过朱由校乳母客氏的帮助，就正式成为东宫典膳了，也就变成未来皇帝朱由校身边最亲近的太监了。从万历十七年（1589）入宫，到泰昌元年（1620），整整31年，魏忠贤才有机会成为皇帝身边的红人。这充分说明，明代太监的竞争和升迁，可能比外廷的文官更艰难。魏忠贤能爬上这样的位置，正是因为他较一般太监更聪明，更有远见。在当时，连在朱由校父亲宫中办事的太监都因为不看好朱常洛的未来，经常借故离开。魏忠贤则费尽心思要成为朱由校生母王氏宫中的办事太监，就说明他的确很有远见。魏忠贤是个赌徒，他将他所有的赌注都押在看来离皇位还非常遥远的朱由校的身上。但是，光宗的暴毙，却将毫无准备的朱由校推上前台，为早有准备的魏忠贤提供了机会。在朱由校正式登基之前，几乎所有与朱由校有关的人物，都是魏忠贤刻意结纳的对象，如朱由校的乳母客氏，养母李选侍，太监王安、魏朝。所以，朱由校即位以后，魏忠贤就一跃而成为宫中太监中的第二号人物——司礼监秉笔太监兼掌东厂太监，地位仅次于先皇朱常洛的近侍王安。

据朱长祚《玉镜新谭》记载，魏忠贤本名李进忠，原是河北肃宁县一市井无赖，娶过妻子，有一个女儿，后因为吃喝嫖赌荡尽了家财，才自宫做了太监。魏忠贤“形质丰伟，言辞佞利”，能挽强弓，射奇中，有胆气，家无余财而敢一掷千金，又喜欢弹棋、蹴鞠，嬉游于青楼翠袖之间。这些早年的经历，成为后来侍奉皇帝的优越条件。对于朱由校这个没什么知识的顽童来说，魏忠贤的英俊、胆识以及丰富的社会阅历，必定会有很强的吸引力。而且，无论魏忠贤后来如何地专权，但对于熹宗本人，他却是忠心耿耿。这其实也是明代太监专权的一个特征。明代的太监，无论如何专权，对于皇帝本人，却总是无条件地服从。相比较汉、唐时代的宦官动辄杀死皇帝，这种专权充其量也只能说是滥用了皇帝的授权而已。对于熹宗，魏忠贤“服劳善事，小心翼翼”。这也是为什么熹宗要在天启二年（1622）给他赐名“忠贤”的原因。一些史料中说，魏忠贤得宠于熹宗的原因，还在于魏忠贤善于房中之术，所以经常能与客氏一起导熹宗淫乐。这种事情，在明代太监中实在是平常。一个当初喜欢依红偎绿的太监，做熹宗性方面的导师，应当是有足够的资本了。更何况对于绝大多数都好色的明代皇帝来说，传授房中术也是“忠心”的表现。因此，魏忠贤受宠于熹宗，其实并非偶然，魏忠贤的个人素质恰是贪玩的熹宗所欣赏的；而魏忠贤小心翼翼的服侍，以及对于朱由校身边亲密之人的结纳，更使他能在天启一朝成为一个大国的实际主宰者。终熹宗一生，他对魏忠贤的眷爱始终不替。他的诏旨中，经常会出现“朕与厂臣”如何如何的文字，一点也不忌讳将魏忠贤与自己相提并论。

然而，一个目不识丁的太监，是如何专权的呢？魏忠贤的专权，其实必须在内依靠一些亲信的太监，在外依靠一些无耻的文臣。天启初年，不识一字的魏忠贤为了能读懂奏疏，就用李永贞“入备赞画”。整个天启一朝，在宫中，魏忠贤最信任的宦官是王体乾。此外，李朝钦、王朝辅、孙进等30余人，都是魏忠贤的死党。王体乾继王安为掌印太监，名义上位居于魏忠贤之上，其实对于魏忠贤是唯命是从。在外廷，魏忠贤培植了一帮无耻文臣。最先成为魏忠贤急先锋的是给事中霍维华，正是他在魏忠贤的嗾使下，上章弹劾司礼监掌印太监王安，最终使王安死于非命。后来，外廷的文臣，多半是魏忠贤的走狗，例如崔呈秀、魏广微等人。魏忠贤势力最盛的时候，外廷有“五虎”“五彪”“十狗”“十孩儿”“四十孙”，占据着政府重要的部门，“自内阁、六部至四方总督、巡抚，遍置死党”，形成所谓的“阉党”。后来崇祯二年（1629）中所定的逆党名单中，共计内外廷各类官员315人。可以想见，当一个如此庞大的官僚集团集中在魏忠贤的周围，而皇帝本人却不理朝政，魏忠贤要引导皇帝、蒙骗皇帝，从而达到自己专权的目的，简直是太简单了。据说，每次魏忠贤想要惩处某位官员的时候，就拿着奏疏等皇帝忙于做自己的木工活时去汇报，熹宗总是头也不抬，说：“你们用心去行，我已知道了！”天启六年，在浙江巡抚潘汝桢的提议下，在全国竟然掀起了为魏忠贤建生祠的高潮。还有无耻的生员陆万龄竟然提议让目不识丁的魏忠贤配祀孔子，说魏忠贤除东林党，就像孔子杀少正卯一样有功于世道。魏忠贤的专权，尽管是由于个人得到皇帝的宠爱与授权，但是，没有庞大的阉党集团的支持，天启年间的宦祸，不可能演变得如此之烈！

乳母客氏

魏忠贤阉党集团中，首逆除魏忠贤外，另一位便是熹宗的乳母客氏。魏忠贤的流毒，主要肆虐于外廷，正直的士大夫多受其残害。客氏的险恶，主要集中于宫中，不依附于己的宦官及后妃多受其害。客氏之所以能够专宠于宫中，首先是因为其熹宗乳母的身份。熹宗即位之初，生母王氏已然去世。前面谈过，熹宗的父亲朱常洛在正妃死后没有再立妃子，即位后也没有册封皇后，因此，熹宗也就没有嫡母了。宫中地位较高的是两位李选侍，即东李和西李。客氏以乳母受宠于熹宗，在宫中的气焰远高于两位选侍。

客氏名巴巴，本是定兴县侯巴儿（侯二）之妻，生子侯国兴。她在 18 岁的时候被选入宫中，充当皇太孙朱由校的乳母。客氏美貌妖艳，在宫中本就不能安分。魏忠贤先前侍奉过的太监魏朝，就曾与客氏“对食”。原来，宫中值班太监不能在宫内做饭，每到吃饭时间，只能吃自带的冷餐，而宫女则可以起火，于是太监们便托相熟的宫女代为温饭，久而久之，宫女与太监结为相好，称作“对食”，又作“菜户”，与外间夫妇无异。明初，这种现象还是偷偷摸摸的。到了万历以后，则是公开的了。如果有宫女久而无伴，甚至还会遭到其他宫女们的嗤笑。客氏先后对食的“菜户”，有魏朝、魏忠贤。魏朝与魏忠贤为了得到客氏，曾经起过争执，而最后由朱由校裁决将客氏配给了魏忠贤。据一些笔记史料记载，客氏的私生活，并不仅限于魏朝与魏忠贤。她甚至可能与朱由校有染，所谓“邀上淫宠”。年纪轻轻的朱由校，对于三十几岁美貌妖艳的客氏的诱惑，定然是无法把持。熹宗即位后不到 10 天，就封客氏为奉圣夫人。客氏此后与皇帝同出入，形影不离。天启元年二月，皇帝大婚，娶了张皇后。客氏自然必须回避了。熹宗为此对客氏优容有加。若非客氏是已婚入宫，恐怕又是一个成化时代的“万贵妃”。客氏在朱由校做皇帝期间，作为一个乳母所受到的隆遇，的确是前所未有的。每逢生日，朱由校一定会亲自去祝贺。她每一次出行，其排场都不亚于皇帝。出宫入宫，必定是清尘除道，香烟缭绕，“老祖太太千岁”呼声震天。

客氏宫中为恶的第一步，就是除去光宗朱常洛的原来亲信宦官、司礼监秉笔太监王安。王安是明代少有的为士大夫所称道的宦官之一。他为人刚直，从万历二十年（1592）就服侍朱常洛、朱由校父子。尤其在移宫一事上，他联合外廷的杨涟、刘一燝等大臣拥朱由校登基，使朱由校摆脱了“西李”的控制。熹宗登基后，也很感激王安，言无不纳。魏忠贤也投靠在他门下。然而，王安此人，“刚直而疏”，心思不够缜密，又常常患病。因此，他与熹宗的接触逐渐变少，而魏忠贤借客氏之力日益亲近熹宗，大有取而代之之势。天启元年（1621）五月，朱由校任命王安为司礼监掌印太监。按照惯例，王安自然要推辞一番。这时候，客氏的作用便显现出来了。她劝熹宗干脆批准了王安的辞呈。然后，魏忠贤嗾使给事中霍维华弹劾王安，再利用秉笔太监的身份矫旨将王安发配到南海子去做净军。从魏忠贤本人来说，王安于他有恩，不忍加害。但是，客氏的一句话坚定了魏忠贤除去王安的决心。客氏说：“尔我孰若西李，而欲遗患也！”意思是说，你我跟李选侍比怎么样，她都被王安逼得移宫僻居，我们为什么要留下遗患呢？客氏身为妇人，却无妇人之仁，做事非常狠毒。其实，王安有恩于熹宗，如若不死，随时都有可能翻身。客氏和魏忠贤于是派当初李选侍宫中的太监刘朝去掌管南海子。刘朝本就与王安有仇。让刘朝掌管南海子净军，是欲处死王安无疑。刘朝到任后，不让王安饮食。王安就取篱落中的“芦菔”为食。芦菔又名萝葡，其根茎可食用。大概王安当时也就是掘草根为食吧。然而，就这样，王安仍坚持了三天没死。刘朝实在有点不耐烦了，于是“扑杀之”，遂为客氏和魏忠贤除了心头大患。

客氏深知，自己在宫中的地位是没有合法性的。大婚后的熹宗，曾经一度因为外廷的御史刘兰等人的请求，将客氏遣出皇宫。但是，事隔不久，熹宗就重新召回了客氏。熹宗对臣下们说：“朕思客氏朝夕勤侍朕躬，未离左右，自出宫去，午膳至晚通未进用。暮夜至晓臆泣，痛心不止，安歇勿宁，朕头晕恍惚。以后还着时常进内奉侍，宽慰朕怀。”既然皇帝因为客氏的离去，引起了厌食、失眠、头晕恍惚诸多病症，大臣们再要反对，也是无效了。因此，终天启一朝，客氏始终自由出入宫廷。但是，客氏明白，自己的地位只不过因熹宗的宠爱而获得；一旦熹宗死去，自己的地位也就一落千丈了。因此，选择谁接替熹宗死后的皇位，就非常重要了。据说，客氏与魏忠贤处心积虑地想废除张皇后，然后以魏忠贤侄子魏良卿的女儿为后。但是，熹宗对张皇后颇有夫妇之情，以致此计不能成功。客氏更害怕皇帝的妃子产下皇子，母以子贵，从而得到熹宗的喜爱，而使自己失宠。因此，天启一朝中朱由校生下了不少的皇子，但无一能够长成。熹宗总共有三个孩子。长子朱慈然，谥怀冲太子，《明史》称“不详其所生母”。在《内起居注》颇详实的明代，这实在令人奇怪。次子朱慈焴，慧妃范氏所生，未满 1 岁即夭折。三子慈炅，容妃任氏所生，未满 1 岁亦夭折。一些学者认为，这都有可能是魏忠贤和客氏下的毒手。更有甚者，不少的皇子其实是在胎中已遭客氏的暗算，例如裕妃张氏之孕。裕妃张氏因为无意中得罪客氏和魏忠贤，客氏、魏忠贤就假传圣旨，将裕妃幽禁于别宫，逐去宫女，断绝饮食。当时的裕妃已然怀有身孕，却被活活地饿死宫中。宫中的其他妃子，从此对客氏非常恐惧。例如曾生育皇二子的慧妃范氏，担心自己会落得和裕氏同样的下场，就在平时预藏食物，后来果然被客氏幽禁半月之久，靠着私藏的食物活了下来。

魏忠贤与客氏两人，一方面处心积虑地除去宫中一切可能对他们不利的因素，一方面向熹宗进献自己的养女，冀图能生得一男半女。然而，熹宗一生三男二女，都早早夭折，魏忠贤与客氏的如意算盘始终没有拨转。所以，熹宗的去世，对于客氏的打击是非常沉重的。信王朱由检入宫即位后，客氏就再没有居留宫廷的理由了。九月初三日离宫的那一天，客氏早早地起床。五更时分，身着哀服，入熹宗灵堂，取熹宗幼时的胎发、痘痂及指甲等物焚化，痛哭而去。两个多月以后，即天启七年的十一月十七日，客氏被从私宅中带出，押解到宫中专门处罚宫女的地方浣衣局，严刑审讯。审讯得出的结果令人诧异：当时宫中有8位宫女怀孕，客氏承认这8名宫女都是自己从外面带进去的婢女，是想学吕不韦的榜样，觊觎皇位。结合魏忠贤曾在熹宗死前说已有两名宫女怀孕，宫女怀孕这件事也许真是客氏和魏忠贤精心安排的。如果客氏所说是真的话，那么她自然是罪不容诛，于是在浣衣局被活活笞死。

皇后张嫣

天启元年二月三日，即位不久的熹宗大婚，纳祥符县张国纪女为中宫，并在四月正式册立，即后来的懿安皇后。张氏名嫣，小字宝珠，性情颇为严正。在明代后期混乱的局势中，张皇后却始终清醒。例如，在天启朝，她非常讨厌魏忠贤与客氏，对于魏忠贤的野心也深有提防；在崇祯一朝，她受到思宗的尊敬和礼遇，而且对于朝中的大臣如周延儒等人的欺上罔下行为非常厌恶。在百姓的眼中，张皇后有着极好的声望。因此，当李自成的农民起义军攻进北京城后，入宫的李岩第一个想到要保护的人便是张后。据说，李岩入宫，令宫女扶张后上座，行九拜之礼，令人护卫。当天晚上，张皇后自缢而死。从这一点来说，皇后张嫣的性情“严正”，确是事实。明亡之后，有一个自称张皇后的女子向清朝投降。对此，清代学者朱彝尊曾作了一番辨别，说：“魏忠贤养女任氏，送给熹宗，被立为贵妃。农民军攻进北京后，流转民间，诈称熹宗皇后。被送往官府，光禄寺每月供养。人们所以都说熹宗张皇后失节。沉冤莫雪，故附白之。”从《明史》的记载看，张皇后确实是在大顺农民起义军进城之后自缢而死，年38岁。

张皇后入宫之时，年15岁，体态颀秀，相貌丰整。入宫之后，她十分厌恶客氏。一次召客氏于宫中，欲绳之以法。此事使客氏和魏忠贤非常害怕，总想借机报复。于是，魏忠贤指使手下散布谣言，说皇后张嫣是盗犯孙二的女儿，而不是张国纪的女儿；孙二因为犯有死刑，就将女儿托付给生员张国纪，张国纪将这段隐情不据实反映，犯有欺君之罪。顺天府丞刘志选弹劾张后的父亲张国纪。御史梁梦环也乘机兴风作浪。幸好，熹宗唯一理智的地方，似乎就是尚存有一份夫妇之情，不至于因完全没有证据的流言而惩办张皇后，而相反是果断地下旨谴责刘志选，从而使阉党不敢妄动。从张皇后那边看，魏忠贤就像是秦代的赵高，是一个阴险的阉宦。有一次，熹宗去见皇后，见桌上一本书，便问：“什么书呢？”张皇后说：“《赵高传》。”明代内宫后妃，所必读之书是明太祖命儒臣编定的《女诫》，其要义即禁止后宫干政，《赵高传》之类的史书并不是宫中后妃所必读或应当读的。张后此举，自然大有深意，即想以赵高来譬喻魏忠贤来提醒熹宗。熹宗当时的反应是“嘿然”，不吭声。熹宗想是意识到魏忠贤、客氏与张皇后的对立。他不愿惩办魏忠贤和客氏，当然也不希望魏忠贤伤害张皇后。但是，魏忠贤得知此事后，大怒。第二天，熹宗在便殿搜出几个人带着兵刃。此事自然非同小可。熹宗本人也大惊，命令将这几个人交给东厂审讯。于是，司礼监秉笔兼掌东厂太监魏忠贤便借机诬告张国纪，说张国纪想弑君，然后立信王朱由检为皇帝。这一阴谋一旦得逞，则张国纪、张皇后、信王朱由检将无一幸免，而魏忠贤也一举除掉了所有对手。但是，当魏忠贤把这件事和他的亲信王体乾商议的时候，王体乾提醒魏忠贤说：“主上凡事愦愦，独于夫妇、兄弟间不薄，一不慎，吾辈无遗类矣。”魏忠贤听后也心中暗惊，于是遂将那几个人处死，杀人灭口，化解了此事。后来，张皇后在信王朱由检即位一事上，起了很大的作用。熹宗临死前不久，对张皇后说，魏忠贤告诉我说后宫有二人怀孕了，以后生男就立为皇帝。张皇后表示反对，认为应当早立信王。熹宗对于张皇后，始终爱惜。他临死之时，将张皇后托付于弟弟信王朱由检，命曰：“中宫配朕七年，常正言匡谏，获益颇多。今后年少寡居，良可怜悯，善事中宫。”此后，思宗对张皇后确亦非常敬重。有一次，思宗的皇后周氏对思宗说周延儒人品如何不行，思宗心中不满后宫议论朝政，问周氏怎么知道，周氏以张皇后对，思宗遂无言。

不过，在遍布魏忠贤和客氏爪牙的后宫中，张皇后还是遭到客、魏二人的暗算。天启三年，张皇后有孕。魏忠贤和客氏密令宫女在为皇后捻腰的时候下重手。一个年方 18 岁的皇后，哪里明白这些道理。宫女们按魏、客的吩咐，“捶之过猛，竟损元子”。

这一事，后来成为杨涟弹劾魏忠贤的第十条罪状。其实，作为皇后，虽然宽容待人，而且正直敢言，但是无法纠正宫中的歪风邪气，不能不说是一种缺憾。清代学者查继佐在《罪惟录》中说，张皇后敢于在当时陈《赵高传》于几案，就说明她的“不慊”的勇气，然而“即以慊风诸妃，万不能实诸妃妊，他日称皇太后也，惜也”。谈迁也说，尽管张皇后谦而不妒，使妃子们都能接触到皇帝，但是却不能保全诸妃的生育，以致自己也无法在天启以后做皇太后，真是可叹。这样的批评，应当说是苛求了。在当时的情形下，张皇后能保全自己，已经是她不胆怯的最好结果了。

信王朱由检

天启五年八月，熹宗在客氏、魏忠贤的陪同下到西苑游乐，在桥北浅水处大船上饮酒。然后，又与王体乾、魏忠贤及两名亲信小太监去深水处泛小舟荡漾，却被一阵狂风刮翻了小船，差点被淹死。经过这次惊吓，熹宗的身体每况愈下。天启七年夏，病情加剧。八月十一日，召见异母弟信王朱由检，招呼弟弟说：“来，吾弟当为尧舜。”信王想推辞，皇后自屏风后走出，说：“皇叔义不容辞，且事情紧急，恐怕发生变故。”信王才愿意继承皇位。次日，召见内阁大臣黄立极，说：“昨召见信王，朕心甚悦，体觉稍安。”体觉稍安，只是因为安排了后事，所以放心了许多。10 天之后，熹宗就驾崩了。信王朱由检，即后来的明代最后一个皇帝思宗。

朱由检比熹宗朱由校小 5 岁，受过比朱由校更好的教育。这是因为，朱由检在天启二年（1622）被他的哥哥朱由校封为信王。13 岁的信王，年龄也刚好到了接受教育的时候，由进士出身的翰林院官员们悉心调教。等他 18 岁的时候，朱由校又为他完婚，聘周奎之女为王妃。从这些事情看来，朱由校本人虽然贪玩，但是对于一个长兄应该做的事情，却一点也没有耽误。所以，朱由检的文化修养比他的哥哥朱由校要高得多。朱由检善书法、诗文，也善于弹琴。朱彝尊说朱由检的书法“龙腾虎跃”，气韵非凡。其次，朱由检少年时期的生活环境要安静得多。熹宗朱由校因为是皇长孙、皇太子，一直被后宫中的投机分子如李选侍（西李）、魏忠贤等人居为奇货，导引坏了。而朱由检虽然也是从小失去生母，但一直在另一位李选侍（东李）的抚养下，比较健康地成长。东李人品极端正。受东李的影响，朱由检从小就养成了独立奋斗的刚毅性格和良好的生活习惯。当时，熹宗朱由校无子无女，孑然一身，而兄弟七人也只剩下五弟一人，朱由检已经是朱由校唯一的继承人了。在朝臣们心中，期盼信王朱由检继位的愿望也早就有了。一些在野的大臣们闲聊的时候，都主张劝信王早日出阁讲学。出阁讲学，一般是皇太子的礼节。当然，这样的奏疏，是谁都不敢上奏的，因为这无异于诅咒熹宗早死无后。但是，在信王朱由检那里，却是一种韬光养晦的气象。信王朱由检基本上托病不愿上朝，以避免遭到魏忠贤的猜忌。

天启七年（1627）八月十二日，熹宗让信王入继大统的决心已定，而留给信王的嘱咐是两点：一，善事中宫；二，重用忠贤。也许，熹宗压根就想不到，侍奉他小心谨慎的魏忠贤并不会同样如此侍候信王朱由检的。熹宗弥留的最后几天，魏忠贤一直在苦思良策以应对将来可能发生的事情。他想居摄，但是内阁大学士施凤来却说：“居摄远不可考，且学他不得。”他想搞宫廷政变，但是兵部尚书崔呈秀却说：“恐外有义兵。”在明代的政治环境中，异姓称帝的可能性根本就不存在。所以，熹宗死的第二天，魏忠贤无可奈何之下，向外公布了张皇后的懿旨："召信王入继大统。"此后的数月中，在魏忠贤与新即位的朱由检之间，将进行着一场殊死的较量。清除前朝的宠臣，似乎是明代政治发展的一种规律，在崇祯一朝也同样会发生作用。

天启七年（1627）八月二十二日熹宗的去世，标志着明代一个黑暗时代的结束。清代学者谈迁在其《国榷》中说，天启一朝，与正德一朝极相似。熹宗"好猎乐内，嫉谏悦倖，无一不同"。以此看来，天启一朝，魏忠贤诚然罪过极大，大臣更显无耻，然而作为最高统治者，熹宗亦难辞其咎，不能不为这一时代的黑暗承担责任。

朱由校档案

姓名：朱由校	出生：万历三十三年（1605）十一月
属相：蛇	卒年：天启七年（1627）
享年：23岁	在位：7年
年号：天启	谥号：悊皇帝
庙号：熹宗	陵寝：德陵
父亲：朱常洛	母亲：王选侍
初婚：16岁	配偶：张皇后
子女：3子，2女	继位人：朱由检
最得意：制造出非常机巧的水戏玩具	最失意：儿子早夭
最痛心：乳母客氏一度被逐出宫廷	最不幸：溺水染病而亡
最擅长：土木工程	

相关阅读书目推荐

（1）王天有主编：《明朝十六帝·熹宗悊皇帝朱由校》，紫禁城出版社，1999年

（2）林金树、高寿仙：《天启皇帝大传》，辽宁教育出版社，1993年

（3）徐凯：《泰昌帝　天启帝》，吉林文史出版社，1996年

思宗朱由检

崇祯元年（1628）——十七年（1644）

思宗可能是明代皇帝中性格最为复杂的一个。正如一位学者所言，在思宗身上，机智和愚蠢，胆略与刚愎，高明与昏庸，兼而有之。当然，复杂性格的背后，是复杂的政治形势。农民起义、后金军队的入侵、灾荒、大臣之间的党同伐异，都是让思宗头痛的难题。处理这样的难题，成功或者失误都属于正常。在史学界，有一种所谓“17世纪危机”的理论，即认为17世纪中叶全球气候变冷，导致处于温带的中国北方庄稼生长和收获期明显缩短，并进而引发饥荒和瘟疫，以及长江中下游稻米高产区因过度追求货币的增值而导致粮食匮乏，动摇了明王朝的社会与经济基础结构。清兵的入关与清朝的建立，才引导着中国从危机中走了出来。这样的理论，似乎也可以为思宗这个亡国之君开脱了。孟森说：“思宗而在万历以前，非亡国之君；在天启之后，则必亡而已矣！”思宗死的时候，也是这样自解的。此后，历史学家对于思宗普遍抱有同情，以为崇祯帝的一生实是“不是亡国之君的亡国悲剧”。然而，人才何代无之？要在知人善任罢了。然而崇祯一朝“有君而无臣”。思宗既想有心为治，却不识用人之道，以致酿成亡国悲剧，未必无过。而且，孟森也说思宗“苛察自用，无知人之明”

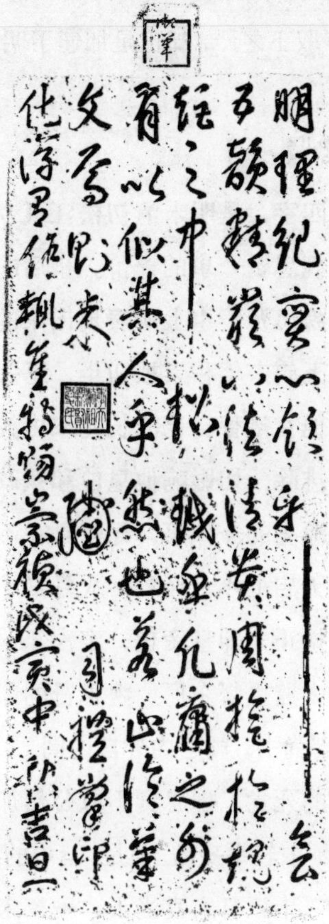

赐曹化淳法书碑　京 552

明崇祯十一年（1638）八月十五日刻。碑在北京西城区鼓楼西大街。拓片碑身高 271 厘米，宽 106 厘米，额高 24 厘米，宽 23 厘米。思宗朱由检撰并草书。

“不知恤民”。因此，一方面，一个勤政、自律、立志有为的皇帝无奈成为亡国之君，固然使人同情；然而，另一方面，思宗用人之拙、疑心之重、驭下之严，却正是加速了明王朝覆亡的催化剂。

自信：除魏忠贤

“神明自运”四字，是明末清初松江（今上海市）名士夏允彝对思宗除去太监魏忠贤一事的评价。稍后的历史学家如谈迁等人，对于思宗在除魏忠贤一事上所表现出来的稳重、魄力，都叹赏不已。的确，在天启末年和崇祯初年，思宗的政治才能曾昙花一现般绚丽夺目。他在接替自己的长兄朱由校的皇位之后，很快进入角色，并顺利排除一切影响他皇位和执政的因素。在明代历史中，思宗干得最漂亮的一件事，无疑是在不动声色中除去了权倾朝野的魏忠贤。天启七年（1627）八月二十四日，天启皇帝死后的第三天，朱由检正式即皇帝位，定次年改元崇祯。当时，魏忠贤以司礼监秉笔太监提督东厂。魏忠贤的亲信田尔耕为锦衣卫提督；崔呈秀为兵部尚书。朝廷内外自内阁、六部乃至四方总督、巡抚，遍布魏忠贤的死党。魏忠贤不敢公然加害思宗，只是因为明代皇权的权威而不敢轻举妄动，但是，暗中的毒害还是有可能的。所以，思宗在八月二十三日入宫当天，一夜未眠，取来巡视宦官身上的佩剑以防身，又牢记皇嫂张皇后的告诫，不吃宫中的食物，只吃袖中私藏的麦饼。整个皇宫，都处在一种非常恐怖和压抑的气氛当中。登基之后的思宗，深知要除去魏忠贤，必须要首先稳固自己的地位并保证自己的安全。他一面像他的哥哥朱由校一样，优待魏忠贤和客氏，一面将信王府中的侍奉宦官和宫女逐渐带到了宫中，以保证自己的安全。

魏忠贤对于思宗，则始终无法揣透其心意。他不知道新上任的皇帝到底将如何对待他。他的策略，就是送一些美女给思宗。思宗在明代皇帝中有一个特点，就是不怎么好色。在当时战战兢兢的心态下，思宗自然对美色更无兴趣了。据说，思宗怕引起魏忠贤的担心，将魏忠贤送来的4名绝色女子全部留了下来，但却仔细地将4名女子都搜了身。结果，4名女子的裙带顶端都系着一颗细小的药丸，宫中称为“迷魂香”，实际上是一种能自然挥发的春药。思宗命4人将药丸毁去。魏忠贤千方百计地想导引思宗做一个荒淫的皇帝，一计不成，另生一计，就派一个小太监坐在宫中的复壁内，手中持“迷魂香”，使室中自然氤氲着一种奇异的幽香，以达到催情的效果。这一招，同样被思宗识破，并大发感叹说：“皇考、皇兄皆为此误矣！”既然美色无法打动思宗，魏忠贤于是干脆采用更赤裸的试探方式。这时，一些无耻的臣工们仍然不停地上疏为魏忠贤大唱颂歌，思宗读这些奏疏的时候，总是“且阅且笑”。魏忠贤于是在九月二十五日向皇帝上了一道《久抱建祠之愧疏》，向皇帝请求停止为他建造生祠的活动。思宗的批复是不温不火：“以后各处生祠，其欲举未行者，概行停止。”这样一次顺水推舟之举，便抑止了朝野上下对于魏忠贤的进一步崇拜，而又不致引起魏忠贤的恼怒。思宗还不断地嘉奖魏忠贤、王体乾、崔呈秀等人。自然，思宗心中明白，这一切早晚都会收回来的。他在静静地等候时机，同时暗暗地削弱魏忠贤的影响力。

政治斗争是非常微妙的。也许，当时朝廷中的大臣们，都在寻思保全自己的良策，有投机的，有不动声色的，有戆直冒死直谏的。因此，最后倒魏的时机竟然是由魏忠贤的党羽首先发动的。天启七年（1627）十月十三日，御史杨维垣上疏弹劾崔呈秀，却美化“厂臣”魏忠贤——“呈秀毫无益于厂臣，而且若为厂臣累。盖厂臣公而呈秀私，厂臣不爱钱而呈秀贪，厂臣尚知为国为民，而呈秀惟知恃权纳贿”。这摆明了是丢车保帅之策。思宗自然知道时任兵部尚书的崔呈秀在阉党中的分量。崔呈秀在魏忠贤门下号称“五虎”之一，是魏忠贤的得力干将。而且，由于是魏忠贤的亲信，崔呈秀的儿子崔铎虽然目不识丁却还能中进士。逐去崔呈秀等于断了魏忠贤一臂。在静候了7天后，思宗决定免除崔呈秀的兵部尚书一职，令他回乡守制。此一举动，等于是掀开了倒魏的大幕。敏锐的官员们觉察到政治局势的动向，于是揭发和弹劾魏忠贤的奏疏开始接二连三地出现。十月二十二日，工部主事陆澄源弹劾魏忠贤；十月二十四日，兵部主事钱元慤弹劾魏忠贤；十月二十五日，刑部员外郎史躬盛弹劾魏忠贤。思宗一直不动声色，任由着臣工们攻击魏忠贤的高潮一波胜过一波，中间还得面对魏忠贤的哭诉，依然无动于衷。十月二十六日，海盐县贡生钱嘉征上疏攻击魏忠贤十大罪状：一，并帝；二，蔑后；三，弄兵；四，无二祖列宗；五，克削藩封；六，无圣；七，滥爵；八，掩边攻；九，伤民财；十，亵名器。应当说，钱嘉征此疏并不是空洞的议论，十条罪名大都可以坐实。于是，思宗立即开始行动，召魏忠贤，命令太监当着魏忠贤的面宣读了钱嘉征的奏疏。魏忠贤“震恐伤魄”，立即去找了他的赌友——原信王府太监徐应元，讨教对策。徐应元劝魏忠贤辞去爵位，也许可以保富贵。次日，魏忠贤请求引疾辞爵，得到思宗的允许。十一月初一日，思宗斥责徐应元，并再次将魏忠贤贬往中都凤阳祖陵司香。然而，魏忠贤是过惯了有权有势生活的人，出京的时候竟然还带着卫兵1000人、40余辆大车浩浩荡荡地向南去了。一个戴罪的宦官竟然还敢如此跋扈，无疑进一步刺激了思宗敏感的神经。于是，思宗接着下了一道谕旨，命锦衣卫旗校将魏忠贤缉拿回京。十一月初六日，在阜城县（今河北阜城）南关的旅舍中，亲兵散尽的魏忠贤孤零零地待在旅馆里，听着旁边房间里一位书生的《桂枝儿》小曲。只听得“势去时衰，零落如飘草……似这般荒凉也，真个不如死”，魏忠贤在旅馆中绕房疾走，自缢而亡。从此，树倒猢狲散，清算魏忠贤余党的行动也很快就着手进行了。在思宗的一再严厉督责下，崇祯二年（1629）三月十九日，所谓阉党逆案终于定谳。

思宗能除去魏忠贤，固然说明了明代皇权的至高无上地位，再有权势的宦官，其实只是能借助皇权为恶罢了，很难动皇权分毫。然而，思宗在除去魏忠贤过程中所表现出来的胆略，还是令人钦佩。紧接着钦定逆案，无疑更进一步肃清了魏忠贤的政治影响。这些，都体现了思宗的远见卓识。然而，思宗以一己之力除魏忠贤一事，显然让他对于自己的政治才能产生了过高的估计。他在此后十余年的统治中，事事独断，事事亲为，过度迷信自己的能力。这样，思宗的自信，慢慢地变成了自负，变成了刚愎自用。所以，一方面他成为明代最勤政的皇帝之一，但另一方面，他的事事亲为却没有收到很好的效果。正如他自己所说，他虽然不是亡国之君，但事事乃亡国之象。然而，崇祯帝之亡国，未必与己无关，如杀袁崇焕一节，即是愚蠢的自毁长城之举。

多疑：杀袁崇焕

思宗的多疑，在明代历史上也是有名的。在他即位不久，就曾经有一个名叫陕嗣宗的御史上疏指出思宗的性格中有“五不自知”，其中有一条即“日涉于猜疑而不自知”。在处理袁崇焕问

袁崇焕像　京 1202

民国六年（1917）刻。石在北京东城区左安门内龙潭。拓片长 90 厘米，宽 27 厘米。袁崇焕草书，首题张伯桢行书。

题上，思宗从极度信任逐渐转为极度生疑。

袁崇焕，字元素，号自如，祖籍广东东莞县，落籍于广西藤县。由于是南方人，思宗私下里称他为“蛮子”。明代两广并不是文化发达的地域，所以当地出身的官员倒确有另外一种气质。像出身于广东琼州府（今海南省）的海瑞，也曾经是一代名臣。袁崇焕的才能，体现在军事方面。即使在他被杀之前的一段时间，思宗仍是以为“守辽非蛮子不可”。可以说，他是明末最善于与后金军队作战的明军将领。他是一名文臣，万历四十七年（1619）的进士，却在天启六年（1626）就做上了肩负东北防务重任的辽东巡抚。这充分说明了他的军事才能。曾经向思宗推荐过袁崇焕的官员吕纯如，对袁崇焕就有“不怕死，不爱钱”的评价。“文官不爱钱，武官不怕死”，就足以开出一个太平盛世来。明代的边将中，不贪财的极少。明代的许多次兵变，多半是因为边将的贪财和克扣军饷造成的。因此，袁崇焕“不爱钱，不怕死”的性格，也就决定了他必然能够取得士兵们的拥戴。袁崇焕的军队在明末也就成为最能作战的军队。

从万历四十七年（1619）的萨尔浒之战后，在明军与后金军队的力量对比中，后金军队明显占据优势。幸好宁远一战，袁崇焕用新式武器红衣大炮胜了一次，暂时使辽东战局在天启六年出现转机。但是，袁崇焕很快被魏忠贤罢免。思宗即位，在处理完魏忠贤一事之后，便全力应付辽东战局。天启七年（1627）十一月重新召还了袁崇焕。次年元月，即任命袁崇焕督师蓟辽，兼督登莱天津军务，等于是将辽东的防务全部委托给了袁崇焕。然而仅仅 3 年过后，崇祯三年（1630）三月十六日的下午，袁崇焕便在京城的西市被凌迟处死，然后传首边关示众。这可说是思宗统治期间最大的冤案。历史学家们对袁崇焕之冤死，有过许多的解释，例如袁崇焕“五年平辽”的夸夸其谈、擅杀毛文龙、党争的后遗症、皇太极的反间计，这些恐怕都是致袁崇焕于死地的重要原因。但是，杀袁崇焕的决定，毕竟是由思宗亲自做出，而且立即派刑部侍郎涂国鼎前去执行，更可怕的是实行非常残忍的凌迟之刑。对比3年前的平台召见、君臣面晤、赐尚方宝剑，已是天壤之别。其间变化，固不能没有思宗的心理因素。所谓外因通过内因起作用，若不是思宗素来多疑，皇太极的反间计也未必能成功。关于皇太极的反间计，阎崇年先生在其《正说清朝十二帝》中曾经细述过，无非是效仿《三国演义》中周瑜利用蒋干盗书的模式，让俘来的宦官杨某偷听得“袁经略有密约”的对谈，再纵杨某逃跑。杨某一回京城向思宗汇报，自然袁崇焕便麻烦了。况且，此事又发生在后金军队逼近京城之时。

袁崇焕在崇祯元年（1628）七月接受皇帝召对时，夸下“五年平辽”的海口。这不但让皇帝欣喜，更让在旁的大臣们惊讶。因为，在当时明朝与后金的对抗中，明军能在辽东抑住后金军队的进攻，已属不易。“五年而辽东外患可平，全辽可复”的豪言壮语，无异梦呓。袁崇焕这么说，据他自己讲，不过是为了“聊慰上意”，暂时宽慰宽慰思宗而已。然而，思宗是一个急于求功、遇事刻苛的主子，到时可是要循名责实的。平心而论，袁崇焕在辽东宁远、锦州一线的防卫布置得很好。所以，最终后金军队选择进攻的路线是绕过宁远、锦州一线，从蓟门南下，进逼京师。崇祯二年（1629）十月下旬，后金军队10万到达遵化城下，距京师不过二三百里。十一月初一日，京师戒严。袁崇焕的反应是立即命山海关总兵赵率教增援，然后自己也于十一月初五日率兵入关。按照当时总督京城防卫的大学士孙承宗的意见，明军应当拒敌于顺义、蓟州、三河一线，而不应退守通州、昌平。但是，袁崇焕先是没有设法阻截后金军队，接着又退守京城。十一月十六日，袁崇焕的大军到达京师广渠门外。这样，袁崇焕此举无异于纵敌深入，而京城内外的官民因此更受骚扰。一时间，谣言四起，说袁崇焕与后金有密约在先，是故意引后金军队入关的。这也是后来袁崇焕被处死时遗体被民众“抢食”的原因。皇太极及其谋臣范文程策动了除去袁崇焕的反间计，也许正是受当时谣言的启发。思宗对于袁崇焕的容忍与信任，伴随着宦官杨某的入告，肯定也荡然无存了。十一月二十日，满桂在德胜门，袁崇焕在广渠门，同时与后金军队开战。满桂退守德胜门之瓮城，而袁崇焕身先士卒，将皇太极逼退。二十三日，袁崇焕入城晋见皇帝，请求像满桂一样，可以让士兵入城休整，却遭到思宗的断然拒绝。思宗真不愧是一个猜忌之主，一方面对袁崇焕有戒备之心，一方面却在召见时脱下貂皮大衣为袁崇焕披上。用温情脉脉的面纱来掩遮自己的猜忌之心，思宗的做法令人想到不久前他除去魏忠贤的心机，真是让人叹为观止。可怜的是，袁崇焕却丝毫没有觉察。二十七日，袁崇焕击退了皇太极的军队，京师外围局势趋于平静。

崇祯二年（1629）十二月初一日，思宗在平台召见了袁崇焕、祖大寿、满桂三人，着锦衣卫拿下袁崇焕。祖大寿是袁崇焕部将，遂节制辽兵，率部东返，离开战场。后来还是靠着狱中袁崇焕的亲笔书信，才将祖大寿及守辽军队召还，并收复永平、遵化一带。但是，一些别有用心的人想利用袁崇焕来整倒内阁辅臣钱龙锡，说钱龙锡与袁崇焕两人早就密议与后金议和。议和，这对于刚愎自用的思宗来说，在当时是不可容忍的。因此，此论一出，袁崇焕算是死定了。崇祯三年（1630）三月十六日，崇祯帝命将袁崇焕凌迟处死，妻妾兄弟流放到福建。《明史·袁崇焕传》说："崇焕无子，家亦无余资，天下冤之。"袁崇焕一死，辽东的战局更无人可以收拾。因此，当崇祯三年农民起义声势明显壮大后，明王朝从此便陷入内忧外患的双重困境之中。但是，思宗似乎从来就不会从失误中吸取教训。在此之后，他还曾密令孙传庭在崇祯十五年（1642）杀了李自成的同乡贺人龙，等于杀了一名在镇压农民起义中颇为悍勇的将领。贺人龙被杀后，农民起义军酌酒相庆："贺疯子死，取关中如拾芥矣！"因此，思宗的多疑、擅杀，无异于自毁长城。

躁刻：驭下太严

一个人的悲剧，常是他的性格的悲剧。孟子说过，帝者与师处，王者与友处，亡国与役处。就是说，一个亡国的君主总是将他的臣民视为奴役。思宗恰恰正是这么一个人。虽说在明代君主高度专权的政治环境中，皇帝是不可能以"师、友"的态度来对待臣民的，但是，思宗对于大臣的态度，其严峻和刻薄已经超出想象。作为一个自律甚严、急于求成的皇帝，他总是希望在最短的时间内改变长期以来政府的陋习。陕嗣宗批评思宗的"五不自知"的奏疏中说："今皇上于二三大臣间，呼之而前，唯恐不速，长跪逾时，备加谴诃，甚者刚遭指摘，便责以受贿。敬大臣之心何在？臣恐日习于尊倨而不自知！"又说思宗"日趋于纷苛而不自知"。应当说，陕嗣宗的批评是非常深刻的。一个过分苛求的皇帝之下，是很难出现敢于担当的大臣的。所以，无为而治的明代皇帝如孝宗、穆宗统治的时代，倒是名臣辈出。后代历史学家常感叹崇祯朝“有君而无臣”，其实，因为思宗过分地苛责大臣，大臣们动辄得咎，哪里敢有什么动作呢？所以，崇祯一朝中，真正能够办事、愿意办事的大臣不多；而且，崇祯一朝中，被杀的大臣也颇多。频繁地更换大臣和滥杀大臣，是崇祯朝的特点之一。

崇祯一朝17年，设内阁大学士如弈棋一般，轮换了50人，变换之快，真是让人咋舌。其中任期较长的两人，分别是温体仁和周延儒。两人在《明史》中都列名于奸臣传中。

温体仁，字长卿，祖籍乌程，后落籍归安，为人“外曲谨而中猛鸷，机深刺骨”，是一个城府极深之人。崇祯元年（1628），他通过攻击钱谦益在主持会试中有舞弊嫌疑而得到思宗的赏识。次年，有御史任赞化攻击温体仁娶娼受贿，反而被思宗以为党羽钱谦益而罢免。思宗有鉴于万历、天启朝的党争，对于大臣结党最为反感。他对于温体仁的欣赏，是因为温体仁“孤立”“无党”。崇祯三年（1630）六月，温体仁入阁为大学士。此后，温体仁为大学士8年。

周延儒，字玉绳，宜兴人，早温体仁一年入阁。二人在内阁中并不相让，相互倾轧。崇祯六年（1633）六月，周延儒被温体仁逐出京城，温体仁把持了内阁，于是民间遂有民谣说“内阁翻成妓馆，乌归王巴篾片，总是遭瘟”。这是指当时内阁中的三位大臣：温体仁、王应熊和吴宗达。温，乌程籍，归安人；王，巴县人；吴，因无所作为，人称“篾片”。一时间，这首民谣在京城街头成为笑谈。堂堂内阁大学士被人如此讥笑，可见其人品之劣。然而，就是这样的温体仁，却一直把持内阁8年，直到崇祯十年才被罢免。之后，周延儒复入阁。但是，崇祯十六年（1643），周延儒被勒令自尽。在周延儒之前，内阁大学士薛国观也被思宗处死。总共17年间，被杀的大学士有两人，被遣戍的大学士也有两人，即钱龙锡、刘鸿训。作为皇帝最亲信的大臣，内阁大学士轻易落到这样的下场，实在令大臣们寒心。孟森说："自有阁辅以来，戮死者惟一夏言。崇祯间则再见，岂复有敬大臣之意？"在六部尚书中，刑部尚书换了17人；然而，17人中，薛贞被处死，韩继思、郑三俊、刘之凤、李觉斯、徐石麒等先后下狱，狱中瘐死2人，大部分人都不得善终。兵部尚书中，王洽因崇祯二年清兵入关而下狱瘐死，陈新甲因泄漏议和之事而被处死。在地方督抚中，总督中被诛者7人：郑崇俭、袁崇焕、刘策、杨一鹏、熊文灿、范志完、赵光忭。巡抚被戮者11人：蓟镇王应豸、山西耿如杞、宣府李养冲、登莱孙元化、大同张翼明、顺天陈祖苞、保定张其平、山东颜继祖、四川邵捷春、永平马成名、顺天潘永图，另外还有河南巡抚李仙凤被逮自杀。这些大臣，都是应对辽东战事和平息农民起义的将领，他们动辄遭罪被杀，也就很容易说明崇祯朝军事上的大溃败了。

对于一般的言官，思宗也总是非常严峻。崇祯元年十一月，户科给事中韩一良上疏言官场贪污之风甚盛。当然，这样的奏疏只是就事论事，并不明指谁人贪污，谁人受贿。但是，思宗一面表彰韩一良的忠心和敢言，一方面却非要韩一良指名道姓以回奏。韩一良知道一旦指名道姓，就是得罪人的事情，所以只说是"风闻"。思宗大怒："难道一人不知，遽有此疏？限五日内指名来。"按思宗的意思，既然言官忠心为国，就要敢于破除情面。韩一良只好找一些已经有议论的官员来搪塞。但是，思宗再对韩一良疏中"臣两月内辞却书帕已五百金"纠缠不休，要韩一良说出

500两银子是哪些人送的。这时，韩一良再不肯说。于是，韩一良被革职为民。仅仅数月之间，从表彰到革职，还算敢言的韩一良却得到这样的对待。在晚明社会中，官场中的弊端自然不少。相互间送书帕（书仪）是极正常的事。思宗希望一举之间将这种风气杜绝，却又着意在惩罚官员，这样官员们最终只是互相袒护，不敢再说真话了。崇祯二年关于工部招商中收取回扣一事的处理，也充分体现了思宗急于求治的急躁心理。这一年的闰四月，工部尚书张凤翔上疏指出工部招商收取回扣之弊政。内阁大学士韩爌、李标、钱龙锡都说："此从来陋规，望皇上宽处，后边人敢说。"但是，最终思宗将巡视工部库房的工科给事中王都、陕西道御史高赉明革职严办，等于是让一两个臣工为多年来的积弊承担责任。这也反映思宗随意处理臣工的做事风格，而这样的行为，最终导致了大小臣工们对于朝政中的一切事情，一概是噤口不言。

皇帝督责越严，臣下越不敢担当；皇帝焦劳越勤，臣下就越偷安怠慢。晚明著名的学者刘宗周就在批评思宗的奏疏中这样说："求治之心操之过急，不免酿为功利；功利之不已，转为刑名；刑名之不已，流为猜忌；猜忌之不已，积为壅蔽。"崇祯朝的政局，正是这样发展下去的，而思宗最终也只落得众叛亲离。崇祯十七年（1644）三月十九日，思宗煤山上吊时，身边仅有司礼监太监王承恩陪伴。

思宗自杀以后，他的子女散归民间，下落不明，从而引起人们的各种猜测。

长公主、皇太子与朱三太子

思宗的子女不幸生在了末代帝王之家，这就注定了他们悲剧的命运。皇太子先后出现过两个；朱三太子先后出现过多次。不过，他们的下场无一例外都很悲惨，都最终被处死。相比较而言，思宗的女儿后来的下落倒还比较清楚。这是因为，思宗在决意自缢之前，为了不让自己的女儿受辱，曾先后对自己的两个女儿下毒手。即使侥幸生还，也绝无法遁逸。

武侠小说常伪托的长平公主，实际上死于顺治三年（1646）。思宗总共有六女，其中四女早逝。崇祯十七年（1644），思宗还有两个女儿，即长平公主和昭仁公主。崇祯帝自杀前，入寿宁宫，长平公主牵衣而哭。崇祯帝说："汝何故生我家？"挥剑砍去，断长平公主左臂，长平公主昏死过去。接着，思宗入昭仁宫，砍杀昭仁公主。长平公主昏死后，被人抬到周皇后的父亲周奎家中，五天后竟然苏醒过来。顺治二年（1645），长平公主上书给清世祖，请求准予出家。清世祖不同意，命将长平公主许配给当初思宗为她选定的驸马周显，并赐给土田、府邸、金钱、车马。但长平公主经历家破国亡之痛，郁郁寡欢，次年逝世。

思宗共有 7 个儿子。其中，周皇后生子三人，即太子慈烺、怀隐王慈烜（皇二子）、定王慈炯（皇三子）；田贵妃生子四人，即永王慈炤（皇四子）、悼灵王慈焕（皇五子）、悼怀王（皇六子）、皇七子。崇祯十七年（1644），太子 16 岁，皇三子定王慈炯 14 岁，皇四子慈炤应当也有 10 余岁。除了这三个儿子外，其他的儿子都已早逝。与对待女儿的方式不同，思宗在死前命皇太子、皇三子、皇四子分别藏匿于公卿贵戚家中。太子来不及去成国公府，便隐匿于民间，定王和永王一齐去了周皇后的父亲周奎家。三月十九日，李自成进城，命令搜寻太子与定王、永王。二十日清晨，嘉定侯周奎将定王、永王交出。太子据说亦被李自成的军队搜获。

太子与闯王李自成之间还有一段对话。太子挺立不屈，谈吐自如，问李自成说：“何不杀我？”闯王说：“汝无罪，我岂妄杀！”太子说：“既然这样，听我一句话：一，不可惊我祖宗陵寝；二，速葬我父皇母后；三，不可杀我百姓。”四月十三日，李自成东征吴三桂时，定王、永王随军前往。据说，太子当时也在军中。据《明史》记载，李自成曾封太子为宋王。此后，太子、定王、永王的下落都不清楚，或说曾被吴三桂夺去，或说定王曾在城南遇害。崇祯十七年（1644）十一月，北京出现皇太子；顺治二年（1645）南京的南明小朝廷中亦出现皇太子。无疑，两位皇太子中必有一假。

先说北京出现的皇太子。崇祯十七年（1644）十一月的北京城，已经牢固地掌握在清朝的手中。然而，一个貌似太子的男子在一位太监的陪同下出现在嘉定侯周奎府中，自称皇太子。当时在周奎府中的长平公主见后，与他抱头痛哭。单看这一节，想来太子应该是真的，否则以长平公主之心如死灰，何以会与一个陌生男子抱头痛哭？而且，长平公主与太子都是周皇后所生，乃是一母同胞的姐弟，怎么可能认错呢？周奎举家向太子行君臣之礼，并问太子：“你一直藏在哪里？”太子回答说：“城陷之日，我单独藏匿在东厂门外。一日夜出，潜至东华门，投身于一个豆腐店里。店小二心知我是避难的人，给我穿上旧衣服，让我在灶前烧火，又害怕我暴露，五天之后将我送到崇文门外的尼姑庵中，在那里假装贫困无依的孤儿住了半个月。常侍（太监）来尼姑庵，发现了我，又把我带回家，藏在密室里。听说公主还在，所以就来相见了。”说完，与公主哭别而去。几天之后，太子又来了，公主告诫他说：“慎毋再至矣。”也许公主明白，三月份周奎既然能把皇三子定王和皇四子永王交给李自成，这次也许会再出卖太子给清朝。果然，十一月十九日太子再来，周奎留宿太子。二十二日，他要求太子自称姓刘，是一个假太子。太子说："悔不从公主之言，今已晚矣。"当晚，周奎令家人将太子逐出门外。太子出门后，被巡逻的清兵以"犯夜"罪逮捕，交给刑部审理，断为假冒太子。主审的刑部主事钱凤览找来原司礼监太监王德化、原锦衣卫10名侍卫太子的锦衣卫来辨认，都说是真太子。侍卫们还下跪说："此真太子，愿毋伤。"于是钱凤览上书朝廷，指责某些明朝的官员以真太子为假太子。周奎等人竟然还说："即以真为假，亦为国家除害。"这位昔日的国丈，似乎已完全将自己的角色转换成一个新的"大清国"的臣民了。最后，摄政王多尔衮出面，宣布将太子押于监狱，后来太子即被处决于狱中。凡争言太子为真的臣工都被处罚，钱凤览被处以绞刑。这件事情详细地记载于《甲申传信录》，与《明史》中李自成封太子为宋王的情节有所出入。而且，清人所编的《明史》中也未提及这一次在北京出现的太子，而只提及南明小朝廷中出现的皇太子事件。《明史》是不是故意回避这一次事件呢？孟森就认为北京出现的太子是真的，而南明小朝廷出现的太子是假的，但百姓痛恨弘光政权朱由崧，所以宁愿相信是真太子。那么，南京出现的皇太子事件是怎么样的呢？

顺治二年（1645）三月一日，太监李继周奉弘光皇帝朱由崧之御札，将盛传正流落于苏州、杭州的皇太子接到南京。据说，太子本不愿去南京，行前曾问李继周说："迎我进京，让皇帝与我做否？"李继周说："此事奴婢不知。"皇太子入南京后，被安排在兴善寺暂住。弘光帝派两名太监去见太子，辨认真伪。两人一见太子，就抱头恸哭，脱下衣服给太子穿。弘光帝得知之后，大怒，说："真假未辩，何得便尔"，接着便处死了两名太监，并杀了李继周灭口。原总督京营太监卢九德也来探视，正视良久，不敢表态。太子呵斥道："卢九德，汝何不叩首？"卢九德下意识地跪下便叩首，说："奴婢无礼。"太子说："你才隔多长时候，肥胖至此，可见在南京受用！"卢九德只敢叩头："小爷保重。"卢九德向弘光帝的报告是："有些相像，却认不真。"皇太子在南京的消息传出去之后，引发了弘光朝的政治危机。处于长江中游的左良玉，就以护太子的名义进逼南京；在江北的黄得功、刘良佐等总兵也上疏要求善视太子。但是，弘光帝深知，如果太子是真，自己捡来的皇位可能就不保了。因此，在他的布置下，辨认工作慢慢地便朝"假太子"的方向转移。尤其是曾经充任太子讲官的王铎，更是一口咬定太子是假。最后，审讯的结果是：假太子真名叫王之明。接下来的审讯过程颇有意思。三月初八，一审问官指太子为王之明，太子说："我南来，从不曾说自己是太子，你等不认罢了，何必更名改姓？李继周持皇伯谕帖来召我，非我自来者。"三月十五日，都察院左都御史李沾提审。李沾大喊王之明，太子不应。李沾怒道："为何不应？"太子说："何不喊'明之王'？"李沾大怒，吩咐用刑，太子高呼皇天上帝。当时，南京士民都说弘光朝廷欲绝先帝血脉。因此，到最后弘光政权虽然不承认太子的真实性，却也不敢加害太子。五月十日，清军大举南下，弘光帝逃到了太平府。南京市民冲入监狱，殴打王铎，放出太子，并拥太子登上皇位。只可惜 5 天之后，清军即进入南京城。当时，清军的统帅多铎问："太子何在？"投降的弘光朝大臣们说："太子是假的，真名叫王之明。"多铎笑道："逃难之人，自然改姓易名，若说姓朱，早就被你们杀了。”一名降臣说：“太子原也不承认自己叫王之明，是马士英安排下的。”多铎笑道：“奸臣！奸臣！”五月二十五日，多铎设宴招待刚擒获的弘光帝，并将他的位置安排在皇太子之下。皇太子对弘光帝说：“皇伯手札召我来，反不认，又改姓名，极刑加我，岂奸臣所为，皇伯或不知？”弘光帝支支吾吾，不敢出声。几个月以后，多铎将太子和弘光帝都带往北京，随后都被清廷处死。

皇太子案刚结束，清初又接连出现了朱三太子案。顺治八年（1651），有冒称崇祯第三子名朱慈焕者；康熙十二年（1673），有名杨起隆者冒称朱三太子；康熙四十六年（1707），又有化名王士元者，自称为朱三太子朱慈焕，后被凌迟处死；康熙六十年（1721），朱一贵之子自称朱三太子，聚众造反。因此，朱三太子案先后出现四次。但是，朱三太子到底是不是指思宗的第三子？思宗的第三子名朱慈炯，即定王。按照皇位继承的顺序来说，皇太子既已被杀，则年龄最大的皇三子朱慈炯是最合法的明朝皇位继承人，这也就是“朱三太子”名字吸引人之处。还有一点，朱三太子案中两次指朱三太子为“朱慈焕”，而不是真正的皇三子“朱慈炯”。原因何在？朱慈焕是思宗的第五子，5 岁即病死。据《明史》记载，朱慈焕死前曾对思宗说：“九莲菩萨说：‘皇上待外戚太薄，将让他的儿子都死掉。’”九莲菩萨即神宗的生母李太后。思宗觉得此事奇怪，便封朱慈焕为“玄机慈应真君”。所以，朱三太子案中频频以朱慈焕为号召，大概是因为此类活动多依托于民间宗教，所以朱慈焕“玄机慈应真君”的身份具有更大的蛊惑力，应当与真正的皇子没有什么关系。

朱由检档案

姓名：朱由检　　出生：万历三十八年（1610）十二月

属相：犬　　卒年：崇祯十七年（1644）

享年：35 岁　　在位：17 年

年号：崇祯　　谥号：庄烈愍皇帝

庙号：思宗，后改毅宗、怀宗　　陵寝：思陵

父亲：朱常洛　　母亲：刘贤妃

初婚：18 岁　　配偶：周皇后

子女：7 子，6 女　　继位人：无

最得意：除魏忠贤　　最失意：面对内忧外患，无法应对

最痛心：亡国自杀　　最不幸：幼年丧母，手刃亲女

最擅长：猜忌

相关阅读书目推荐

（1）王天有主编：《明朝十六帝·毅宗烈皇帝》，紫禁城出版社，1999 年

（2）樊树志：《崇祯传》，人民出版社，1997 年

（3）张德信、谭天星：《崇祯皇帝大传》，辽宁教育出版社，1993 年

附　录

明代帝王世系（1368—1644）

太祖朱元璋　洪武元年（1368）——三十一年（1398）

惠帝朱允炆　建文元年（1399）——四年（1402）

成祖朱　棣　永乐元年（1403）——二十二年（1424）

仁宗朱高炽　洪熙元年（1425）

宣宗朱瞻基　宣德元年（1426）——十年（1435）

英宗朱祁镇　正统元年（1436）——十四年（1449）

代宗朱祁钰　景泰元年（1450）——八年（1457）

英宗朱祁镇　天顺元年（1457）——八年（1464）

宪宗朱见深　成化元年（1465）——二十三年（1487）

孝宗朱祐樘　弘治元年（1488）——十八年（1505）

武宗朱厚照　正德元年（1506）——十六年（1521）

世宗朱厚熜　嘉靖元年（1522）——四十五年（1566）

穆宗朱载垕　隆庆元年（1567）——六年（1572）

神宗朱翊钧　万历元年（1573）——四十八年（1620）

光宗朱常洛　泰昌元年（1620）

熹宗朱由校　天启元年（1621）——七年（1627）

思宗朱由检　崇祯元年（1628）——十七年(1644)